魏晋风

从群雄逐鹿到门阀政治

水木森 著

华文出版社
SINO-CULTURE PRESS

图书在版编目（ＣＩＰ）数据

魏晋风：从群雄逐鹿到门阀政治 / 水木森著. —— 北京：华文出版社，2023.7
ISBN 978－7－5075－5601－8

Ⅰ.①魏… Ⅱ.①水… Ⅲ.①中国历史－研究－魏晋南北朝时代 Ⅳ.①K235.07

中国国家版本馆CIP数据核字(2023)第107623号

魏晋风：从群雄逐鹿到门阀政治

作　　者	水木森	
出版策划	胡　子	
责任编辑	寇　宁	
出版发行	华文出版社	
地　　址	北京市西城区广安门外大街 305 号 8 区 2 号楼	
邮政编码	100055	
网　　址	http://www.hwcbs.cn	
电　　话	总编室 010－58336239　责任编辑 010－58336195	
	发行部 010－58336267	
经　　销	新华书店	
印　　刷	三河市龙大印装有限公司	
开　　本	710mm×1000mm　1/16	
印　　张	18.75	
字　　数	242 千字	
版　　次	2023 年 7 月第 1 版	
印　　次	2023 年 7 月第 1 次印刷	
标准书号	ISBN 978－7－5075－5601－8	
定　　价	59.80 元	

序言　多姿多彩的魏晋

　　历史轨迹存在于意料之外与情理之中，存在于合逻辑与不合逻辑之间。站在历史角度，将某个阶段的事件联系起来，我们将会有令人惊喜的发现。

　　刘肇联合宦官扫灭外戚窦氏集团，实现亲政，开创永元之隆，将东汉带入四海宾服的鼎盛时期，宦官也从此参与朝政。东汉晚期，外戚和宦官轮流掌握朝政成为时代潮流，这是东汉走向灭亡的推力。史上唯一获得皇帝称号的宦官曹腾悄悄达到人生顶峰，为子孙辈奠定了雄厚基础。

　　曹操以宦官之孙的身份登上历史舞台，多少有些另类，但他受先辈荫庇，凭雄才伟略，逐鹿中原，鏖战群雄，开创了一个新时代。曹丕子承父业，更进一步，建魏代汉。曹丕紧握皇权，纵横捭阖，在三方博弈中丝毫不落下风。继任者曹叡是那个时代最有权势的皇帝，创造魏国巅峰时期的辉煌，也为皇权旁落留下了祸根。

　　三国四家，魏蜀吴三家整体势力相当，谁也灭不了谁，藏身于魏国的"第四家"却终结了三国。司马懿老谋深算又长寿，成功熬死曹操、曹丕、曹叡三代，假痴不癫，一举消灭权臣曹爽，全面控制朝政。司马师、司马昭将皇帝玩弄于股掌，强力打击异己，制造恐怖气氛。无论是皇帝的反击，还是权臣的反抗，最终都归于灭亡。

　　司马昭打着魏国旗号灭蜀，借钟会之乱又在事实上灭亡魏国。他的嫡长子司马炎袭承职爵，建晋代魏。司马炎吸取历史教训，进行一系列改革，分封宗王和功臣，开创太康盛世。因实行嫡长子继承制，司马炎不得不选择司马衷做太子。为保太子将来稳坐皇位，他甚至带头腐化，企图通过荣华富贵腐化和笼络世族门阀，消除他们的权力欲望。

司马衷当皇帝后，杨太后集团专权，贾皇后集团专权，各宗王武力争夺朝政大权。在王衍等世族门阀的支持下，东海王司马越成为八王之乱最终胜利者。遗憾的是，司马越、王衍等人面对匈奴人刘渊起兵束手无策。刘渊势力坐大，永嘉之乱爆发，晋朝在中原的政权灭亡。

在王导、王敦等人的强力支持下，琅琊王司马睿在建康（今江苏南京）重建东晋。南下世族门阀联合江南世族门阀共同拥立司马睿，导致东晋成为世族门阀与皇帝共治的王朝。世族门阀之间的矛盾、世族门阀与皇室的矛盾，世族门阀与寒门庶族的矛盾等，此起彼伏，无法根本性调解。

永嘉之乱后，匈奴政权并没延续多久，迅速陷入杀戮和更替的恶性循环中。中原再度混乱，各族纷纷崛起建国。东晋获得发展势力空间。经过长期内斗，统率荆州兵的实力世族门阀桓温崛起，并有北伐中原的雄心壮志。在中原，一番混战后，相继出现具备一统天下实力的前燕、前秦。天下再度出现三足鼎立局面。

桓温率晋军北伐前秦、北伐前燕，都因世族门阀相互制约传统而壮志难酬。符坚却在王猛辅佐下，精心治理前秦，迅速崛起，抓住关键时机，一举消灭前燕、兼并仇池、代国，实力空前壮大。

前秦东晋南北对峙，都想一统天下。权臣桓温死后，桓冲继承职位，与其他世族门阀和平共处。桓冲负责长江中上游防御，谢安等世族门阀负责长江下游防御。在前秦危险来临之际，谢安下令组建以北方南渡游民为主的北府兵，与荆州兵分别负责防御前秦。

在前秦军试探性进攻后，符坚不顾群臣反对，起举国之兵进攻北府兵防守的江淮一线。谢石率北府兵迎战前秦军，在淝水（今安徽寿县一带）形成对峙局面。北府兵抓住机会将前秦军击败，趁机收复黄河以南土地。

东晋形势大好，皇帝司马曜却趁机伙同弟弟司马道子夺取谢安的辅政权。谢安辅政被架空，谢石北伐被叫停。司马道子夺取辅政大权后，昏庸腐化令人侧目，原本平息的各阶层矛盾迅速激化。桓温儿子桓玄趁机复兴桓氏家族。他率军杀进建康城，除掉司马道子父子，废黜皇帝，建楚代晋。

桓玄此举触动了各世族门阀以及北府兵利益。寒门出身的刘裕率北府兵旧部，消灭桓玄，恢复东晋，并率军北伐中原。遗憾的是，刘裕在前方浴血奋战，各种反对势力在后方叛乱。几经征战后，刘裕发现世族门阀共治框架已无法挽救颓势，最终决定建宋代晋。东晋至此灭亡。

从曹丕建魏代汉，到刘裕建宋代晋，这两百多年间，世族门阀始终是主导力量。世族门阀的兴旺浮沉，伴随着精彩而复杂的故事，让历史显得分外精彩。本书以通俗笔法分享魏晋精彩历史，以飨读者。

是以为序！

水木森

2023 年春于武汉

目　录

第一章　三代人的乱世辉煌

东汉末，一个宦官，一个宦官养子，一个宦官养孙，性格不同，梦想各异，却最终成就了一个皇帝。

一、乱世宦官，令人尊崇

历史轨迹存在于意料之外与情理之中，存在于合逻辑与不合逻辑之间。魏晋历史便是如此。

东汉后，天下三足鼎立。东汉灭亡根源于外戚、宦官及世族门阀之间的斗争。巧合的是，建魏代汉的魏文帝曹丕既是外戚，也是宦官后代，还获得北方世族门阀一致支持。他通过所谓的禅让形式取代了东汉，在数十年后，司马炎也通过所谓的禅让形式取代了魏国，在两百年后，刘裕同样通过所谓的禅让形式取代了晋朝。这是魏晋时代基本的历史轨迹，探究个中原因非常精彩。

曹丕能成为权势熏天的外戚，获得北方世族门阀支持，得益于他父亲曹操，但追根溯源的话，得益于他的宦官曾祖曹腾及贪官祖父曹嵩一步步积累的人脉和家底。曹丕称帝后，追封祖父曹嵩为太皇帝。他儿子曹叡称帝后，进一步将高祖曹腾追封为高皇帝。公开将宦官追封为皇帝，曹叡是历史上的唯一。作为宦官，能光明正大拥有皇帝称号，曹腾也是历史上的唯一。

曹氏家族的两个唯一，是从宦官曹腾默默无闻奋斗开始的。宦官又称太监，是古代专供皇帝及其家族役使的奴仆。从东汉开始，宦官全部由阉人①充当。据说这样，宦官在侍候后宫时，皇帝才能真正放心——不担心宦官会淫乱后宫，不担心宦官因有子嗣而心有旁骛。不过，阉人充当宦官，生理上遭到摧残，心理也容易扭曲，容易做事不留后路，特别绝情。

东汉是宦官的黄金时代。东汉中后期，宦官深受皇帝及后宫器重。出于驾驭朝臣和外戚的需要，宦官被允许参与朝政、封爵和收养儿子，还可将爵位和财产传给后代。

宦官亲近皇帝，对皇帝及后妃的喜好了然于胸，容易得到皇帝及后宫宠信。他们可以参政，可以封侯，可以收养子，可以将爵位和财产传承下去，却不像士大夫那样长期读书，受礼教束缚，导致他们容易升官，更容易德不配位。宦官一受宠，官职、封爵、财富、妻子、养子接连蜂拥而来，很快会形成势力网。尤其是宦官养子，是东汉中晚期的一大毒瘤，他们常常仗势欺人，胡作非为。因为愿意做宦官养子的人，基本上不是读书人，更容易得势便狂妄。

曹腾是历史上唯一被授予正统王朝皇帝称号的宦官。在宦官胡作非为的时代，他的一举一动显得格外与众不同。东汉中末期，皇帝遭宦官和外戚轮流控制，朝廷内党同伐异。东汉从四海宾服剧变为危机四起，在大规模农民起义后，不可避免地走向分裂。曹腾经历多次劫难，目睹朝廷腐化衰败，但始终为人胸怀宽广，不结仇，不记仇，管束好养子及亲信，保全自己，寻机达到人生顶峰。最终，他获得善终，为养子养孙积累了大量资源。他养子曹嵩虽没大本事，但一直做高官，不断升迁；他养孙曹操入朝廷屡犯禁忌却安然无恙，到地方则如鱼得水、如龙入渊。

曹腾见证了东汉由盛转衰的历史，却最终成为那个混乱时代的受益者，为子孙发展壮大夯实了基础，与他淡然自若、审时度势有关。

永元四年（92），东汉第四位皇帝刘肇联合宦官扫灭外戚窦氏集

———————————

① 阉人，此处指割掉生殖器官的男性。

团，实现亲政。宦官开始参与朝政。刘肇亲理政事，每日临朝听政，深夜批阅奏章，从不荒怠政事，十分体恤百姓疾苦，多次下诏理冤狱、恤鳏寡、矜孤弱、薄赋敛，告诫上下官吏反省天灾人祸的发生原因。他还多次下诏纳贤，主张宽刑，大胆授权班超等人在西域重新设置西域都护，平定西域诸国，降服南匈奴。到元兴元年（105）时，东汉国力达到鼎盛，人口和土地都达到巅峰，开创永元之隆。在这个盛世，宦官参政的危害已悄然播下种子。宦官曹腾也开始登上历史舞台。

延平元年（106），刘肇死去，他刚满百天的小儿子刘隆继任皇帝。半年后，刘隆死去。掌控朝政大权的邓太后与车骑将军邓骘密谋，迎立清河孝王的儿子、十三岁的刘祜为皇帝，即汉安帝。当时，曹腾出任黄门从官，对应后世八品官，是不知名的角色，但已开启人生发达之路。因为汉安帝与外戚邓氏的矛盾和斗争越来越激烈，宦官干政条件逐渐成熟。

永宁元年（120），汉安帝与邓太后多次博弈后，被迫同意立刘保为太子。邓太后下令选年少温谨的黄门从官伺候太子读书。曹腾年轻、谨慎、厚重，被选中，深受太子宠爱。曹腾默默努力数年，终于获得赏识和重用机会。不过，这个机会充满杀机。

在刘保当太子同年，郎中杜根上奏请邓太后归政。邓太后怒杀杜根，使得朝内外吓得胆战心惊。汉安帝不敢吭声，但从此恨上邓太后及邓家子弟。建光元年（121），邓太后死后，汉安帝亲政。汉安帝借助中黄门李闰、江京为首的宦官集团消灭了奉公守法的外戚邓氏集团。朝廷内外有正义感的人非常不满。汉安帝根本不在乎，更宠信李闰、江京等得势宦官，将江京封都乡侯、李闰封雍乡侯。

杨震等朝臣上疏请求汉安帝约束和惩戒飞扬跋扈的宦官。汉安帝根本不理会。李闰、江京为首的宦官集团反过来造谣诬告杨震等人。汉安帝却下令查处。杨震被逼自杀。从此，朝中大臣无人敢提出约束和惩戒宦官。李闰、江京等宦官为所欲为。

宦官在朝廷作威作福，还将势力延伸到后宫。阎皇后多年不育，邓太后逼汉安帝立宫人李氏所生的儿子刘保为太子。阎皇后鸩杀李氏，担心太子将来会报杀母之仇，见汉安帝无条件宠信宦官，便与江京、樊丰等宦官串通一气，怂恿废除太子。汉安帝宠信宦官，也宠爱阎皇后，便不顾朝臣反对，强行废黜刘保太子之位，封他为济阴王。

作为太子伴读宦官，曹腾一下子看清了宦官专权的本质——任人唯亲，为所欲为，非友即敌。他一下子从大红人变成边缘人。好在他人缘好，得势宦官江京、樊丰等人并未对他动手。曹腾只好埋头潜伏，等待时机。

延光四年（125）四月三十日，汉安帝突然病死。皇后阎姬和外戚阎显及江京、樊丰等宦官抢先拥立刘懿为皇帝。阎姬晋升皇太后，临朝摄政，车骑将军阎显掌管朝政，江京、樊丰等宦官继续位居高位。济阴王刘保因被废黜，与皇权无缘。

半年后，刘懿病重，阎显和江京等人又密谋册立新皇帝。因刘保被废而失势的宦官中黄门孙程等十九人，趁机发动政变，合力斩杀江京、樊丰等飞扬跋扈的宦官，将济阴王刘保接到宫里拥立为皇帝，即汉顺帝。一个宦官集团成功替代另一个宦官集团。人缘好的曹腾迎来新的机会。

借助宦官的力量，汉顺帝将阎显、阎景、阎晏及党羽全部杀掉，把皇太后阎姬迁到离宫居住。孙程、王康等十九个宦官被封侯。曹腾不在这些人之中，但也成为受益者——他没封侯，但升官了。

为了回报宦官，汉顺帝不仅将朝政大权交给宦官，还史无前例地允许宦官养子给宦官养老，继承宦官的财产和爵位。孙程等十九个封侯宦官纷纷收养子。一些投机取巧的人纷纷给宦官做养子，狗仗人势，压榨百姓，鱼肉乡里。曹腾将这一切看在眼里，默默关注着局势的发展，寻求封侯机会。

阳嘉四年（135），汉顺帝想利用外戚势力来平衡宦官集团，任命梁皇后的父亲梁商为大将军，掌管朝政。梁商德才兼备，执掌朝政可圈可点。他儿子梁冀不学无术，无才无德，却强行继任大将军，与宦官勾结，弄权专横。东汉政治更加腐败，阶级矛盾日益尖锐，百姓怨声载道，民不聊生。曹腾继续低调谦和。无论是外戚、宦官，还是朝中大臣，他都尽力保持友好关系。

建康元年（144）秋，汉顺帝死去。他刚满两岁的儿子刘炳继位，是为汉冲帝。梁太后临朝听政，大将军梁冀掌握朝政大权。一年后，刘炳死去。朝臣们想立年长有德的清河王刘蒜当皇帝。大将军梁冀和梁太后却强行拥立八岁的刘缵为皇帝，即汉质帝。汉质帝年幼而聪明，对梁氏把持朝政不满，公开指责梁冀为"跋扈将军"。结果，不到一年，汉质帝就一命呜呼。东汉必须再次册立皇帝。

此时，朝臣们跟梁冀已水火不容。朝臣再次要求册立清河王为皇帝。梁冀主张册立刘志为皇帝。双方互不相让。在一场血腥的斗争即将爆发时，人缘不错的曹腾等七个宦官站出来，调解大将军梁冀和朝臣之间的矛盾。结果是，大部分朝臣和梁冀一致同意册立刘志为皇帝，刘志许诺娶梁冀小妹妹梁女莹为皇后。李固和杜乔坚持己见，但已经变成少数派。

刘志即汉桓帝。刘志当皇帝后，梁太后继续垂帘听政，大将军梁冀继续执掌朝政，梁女莹成功当上皇后。曹腾因定策有功，被封费亭侯，升任大长秋①，加位特进②。随后，曹腾从曹氏家族中选曹嵩做养子，与他结成对食③的吴氏也变成贵夫人。因养父曹腾的关系，曹嵩自动获得做官资格。

曹腾在宫里供职三十多年，经历六任皇帝，目睹过多次政治事件。宦官干政、外戚干政，他见怪不怪，但独行特立，与外戚、士大夫、宦官同时搞好关系。

当时，士大夫受外戚和宦官双重压制，很难出人头地。曹腾虽与外戚梁冀是同盟关系，但也重用和赏识士大夫，推荐了不少天下知名

---

① 大长秋是近侍官首领，宣达皇后旨意，管理宫中事宜，等级是二千石。

② 特进，地位同三公。

③ 对食，此处指宫女和太监结成挂名夫妻。

人士担任重要职务。虞放、边韶、延固、张温、张奂、堂溪、赵典等杰出人物，都是曹腾所推荐的。在宦官飞扬跋扈时期，曹腾逐渐在士大夫及世族门阀中树立了良好口碑。

曹腾努力平衡各方势力关系，难免遭人误解。不过，他胸怀宽广，不记仇，不借权势打击误解他的人。蜀郡太守托送计簿的官吏送礼物给曹腾。益州刺史种暠在斜谷（今陕西终南山）附近查获书信，上书奏告蜀郡太守，趁机弹劾曹腾，请求将曹腾交给廷尉问罪。汉桓帝没怪罪曹腾。曹腾也不计较种暠弹劾，反而在汉桓帝面前称赞种暠能干。宫内外都赞美曹腾。种暠后来当了司徒，对别人说："我能今天位列三公，都是曹常侍的恩德！"

位列三公的司徒都宣扬曹腾的美德。在宦官权势熏天的时代，作为得势的宦官，曹腾能这样，非常难得。后来的历史证明，曹腾经营的人脉资源，是其子孙的避风港和进一步发展壮大的坚实基础。

二、宦官荫庇，福及子孙

汉桓帝登基后，梁太后临朝听制，大将军梁冀把持朝政，曹腾等宦官升官封爵，唯有汉桓帝本人并不快乐。他只是傀儡，朝中大权在梁冀手中。对梁冀，他不得不极尽尊崇。梁冀穷奢极欲，搜刮财富，修建豪宅，残忍贪暴，民愤极大。作为皇帝，他看到这些也无能为力。

令汉桓帝不安的是，梁冀仗着一个妹妹是皇太后，一个妹妹是皇后，对皇帝、皇后、皇太后都不恭顺。皇帝心里不爽，皇后心里不爽、皇太后心里也不爽，都不约而同地将目光转移到宦官身上，拉拢宦官，寻求安慰，甚至想制约梁冀。

曹腾是大长秋，常年在后宫，看出端倪后，便以年老多病为借口，辞职回家养老。因为他是宦官，又是别人眼中大将军梁冀的盟友，可能成为各方攻击的目标。功成名就，告老还乡，远离政治斗争，成为他最明智的选择。

和平元年（150），梁太后临死前宣布归政给皇帝，希望汉桓帝与梁冀都"好自为之"。汉桓帝明白梁太后的想法，她不想亲自下令杀死哥哥梁冀，也不期望皇帝和梁冀相互残杀。当时，汉桓帝完全被梁冀控制。梁太后这明显是在警告梁冀。只是，梁冀根本不在意。

延熹二年（159），一直没生孩子的皇后梁女莹忧愤而死。梁冀妻子孙寿推荐邓猛女为新皇后。汉桓帝宠爱邓猛女，封邓猛女母亲为长安君。梁冀嫉恨长安君，公开欺压她。长安君跑到汉桓帝那里诉苦。汉桓帝再也坐不住了，决定除掉梁冀。

汉桓帝虽名义上亲政，但朝臣几乎都是梁冀亲信，一举一动都在梁冀掌控中。依靠谁夺回权力呢？他将目光转向宦官。宫中有权势的宦官，即使不是梁冀同党，至少也不会反梁冀。汉桓帝决定，先找跟梁冀不一条心的宦官。他借上厕所名义跟随从宦官唐衡聊天，得知中常侍单超、徐璜、具瑗、左悺等人与梁冀不和。于是，汉桓帝与单超、徐璜、具瑗、左悺等人密谋，一举除掉了梁冀集团。

诛灭梁冀，单超、左悺、徐璜、具瑗、唐衡功劳巨大。汉桓帝将他们封侯，世称"五侯"。单超出任车骑将军，位同三公，掌管车骑军。朝政和军权落入宦官手中。徐璜、具瑗、左悺、唐衡得势后，大量收干儿子。他们派干儿子、侄子、兄弟到各地做官。那些人的官职来得容易，仗着有靠山，贪污勒索，为所欲为，专门坑害百姓。后来，汉桓帝也担忧他们太过火，慢慢地限制徐璜、具瑗、左悺、唐衡——重用侯览等宦官分夺他们的权力，借口残害百姓惩处他们。

新被重用的宦官上台后，也同样残暴专横，鱼肉百姓，甚至危害百姓的举动有过之无不及。曹腾没参与那些事，与那些作恶宦官比起来，谁令人厌恶，谁令人尊重，朝野都心里清楚。

曹腾养子曹嵩为人处世圆滑得体，不像其他宦官的养子那样跋扈，受到朝内外好评，一路升官到司隶校尉。相比曹腾，曹嵩做官并不清廉，时常因权导利，悄然积累财富，不知不觉富甲一方。

利用养父积累的人脉和声望，曹嵩不声不响地收敛财富，跟当时东汉的政策有关。

延熹三年（160），羌族烧当、烧何等部起义。中郎将皇甫规采用镇压与安抚相结合的方法平息了起义。事后，朝廷面临巨大财政亏空。为维持糜烂奢侈的生活和减轻国库财政支出，汉桓帝下诏减发公卿百官的俸禄，借贷王侯的一半租税，同时以不同价钱卖关内侯、虎贲郎、羽林郎、缇骑营士和五大夫官爵。

不问才能品德，只要有钱就能买官做。皇帝公开卖官，朝政腐败公开化、合法化。在这种大环境下，无论是为自己，还是为子孙，曹嵩都有足够的捞钱动力。他不追求其他宦官养子那种飞扬跋扈，更在乎实际利益，喜欢闷声捞钱。

延熹八年（165），皇后邓猛女死去，城门校尉窦武的女儿窦妙当上了皇后。窦武倾向支持士大夫，被卷入与宦官争斗的党锢之祸中。

延熹九年（166），张汜、徐宣等宦官党羽故意在皇帝大赦前犯罪危害百姓。他们企图做坏事后"合法地逃脱惩罚"。成瑨、翟超、刘质、黄浮等人不畏权贵，在大赦后，仍然按律杀了张汜、徐宣等人。有宦官向汉桓帝诬告成瑨、翟超、刘质、黄浮等人藐视皇权。汉桓帝听信一面之词，重处成瑨、翟超、刘质、黄浮等人。

这件事引发朝臣强烈不满。太尉陈蕃和司空刘茂一同向汉桓帝进谏，请求不要处置成瑨、翟超、刘质、黄浮等人。汉桓帝不高兴。刘茂不敢多说。陈蕃继续上书劝阻，引经据典为受罚官员辩解，请求尽早清除宦官乱政的不正之风。汉桓帝不理他。宦官嫉恨士大夫集团，大加报复。朝中大臣、地方官员及民间读书人纷纷指责宦官乱政，为非作歹，排斥忠良。汉桓帝震怒，大批官员或者被免，或者死在狱中，或者逃亡外地。

后来，李膺处死故意在大赦前杀人的张成的儿子。在宦官的支持下，张成上书诬陷李膺等人"结党诽谤朝政，祸乱各地风俗"。士人与宦官之间的矛盾公开爆发。结党营私是皇帝的最大忌讳。汉桓帝大怒，诏告天下，逮捕、审理党人。杜密、陈翔等重臣，陈寔、范滂等士人，都被通缉。

窦武同情和支持士大夫，在延熹十年（167）上书求情。负责审理此案的宦官王甫等人也为党人的言辞所感动。而李膺等人在狱中故意供出宦官的养子。部分宦官害怕牵连自己，也向皇帝进言，说天时到了大赦天下的时候。汉桓帝宣布改元永康，大赦天下。党人获得释放，放归田里，终身罢黜。

建宁元年（168）初，汉桓帝死，窦皇后册立刘宏为皇帝，以皇太后身份垂帘听政。窦武出任大将军，陈蕃出任太尉，胡广出任司徒，一起掌握朝政。名士李膺、杜密、尹勋、刘瑜等人重新被起用。东汉出现重用贤人趋势。

不过，宦官势力依然强大。曹节、王甫等宦官谄媚侍奉窦太后。窦太后非常宠信宦官，在宦官怂恿下，多次乱下命令。陈蕃、窦武等人认为，宦官根本就不该干涉朝政。他们私下商议后，上书窦太后，请求革除宦官参政。窦太后却认为，宦官参政是前几朝皇帝时都存在的，再正常不过，宦官有恶劣行为，可以杀掉，但没必要禁止宦官参政。窦太后反复衡量，处死了表现恶劣的管霸、苏康等宦官，同时保护了曹节等人。

窦武等人不满意，准备先斩后奏，抢先杀掉曹节、王甫等人。没想到，宦官蒙骗汉灵帝，杀掉山冰等宦官，抢夺印、玺、符、节等，胁迫尚书令假传诏令，劫持窦太后，追捕窦武、陈蕃等人。这次政变后，宦官完全控制朝廷，牢牢压制着满朝文武。

宦官完全掌控朝廷后，与宦官有关联的人便鸿运当头。曹腾没参与，但他的亲信参与了。事后，那些宦官回报曹腾，将他养子曹嵩升任大鸿胪，位列九卿，给予他十几岁的孙子曹操做官资格。

熹平三年（174），曹操被举孝廉，奉命入京都洛阳为郎。孝廉是汉朝察举科目之一。孝廉是孝顺父母、办事廉正的意思。东汉时，察举被世族门阀垄断。他们互相吹捧，弄虚作假，只有世族门阀子弟才会被举荐，非世族门阀子弟，无论多有才干，都没机会。有童谣："举秀才，不知书；举孝廉，父别居。"

曹操被举孝廉，连他自己都不相信。因为曹操年幼时非常另类，很小就在长辈面前使诈。他机智警敏，有随机权衡应变能力，且任性豪侠、放荡不羁，不修品行，不研究学业，喜欢飞鹰走狗，游荡无度。

曹操叔叔多次打小报告，要求曹嵩管教曹操。曹嵩并不理会，认为那并不是多大的事。曹操憎恨叔叔背后打小报告，便设一计，让他从此闭嘴。

有一次，曹操在路上遇到叔叔，假装眼歪嘴斜流口水。叔叔感到奇怪，关心地问："你怎么了？"曹操说："我中风了。"叔叔慌忙去告诉曹嵩。曹嵩很惊愕，过来看曹操时，发现他一切正常。曹嵩问曹操："叔叔不是说你中风了吗？这么快就好了？"曹操委屈地说："我没中风，可能是叔叔不喜欢我，才会那样说。"曹嵩产生疑心，从此不再相信弟弟说曹操的事。

曹操小时候的另类举动，传到很多人耳中，引起大家的争议。大部分人认为曹操是会折腾的纨绔子弟，没什么特别才能，长大后不会有什么大出息。桥玄、何颙、许劭却认为曹操是非凡的人。尤其是许劭的评价，简单、明了、易记——治世之能臣，乱世之奸雄。很多人认为这些评论是炒作曹操，饭后谈资，并没放心上。

当时的人都深信曹操长大会做官，不过没想到曹操做官，不是凭荫庇，而是凭举孝廉。得知曹操被举孝廉，很多士大夫不屑，认为他只不过沾宦官爷爷的光而已。令所有人意外的是，获得做官资格的曹操却并不想混官场，而要立志实践所学兵法，凭个人能力拯救汉朝。

曹操敢作敢为，进入官场后，能否实现梦想呢？

三、有志青年，不畏挫折

相比爷爷曹腾当官小心翼翼搞好各方关系，相比父亲曹嵩当官闷声发大财，以举孝廉身份进入官场的曹操完全是另外一种面孔。他有梦想，有气魄，不畏权贵，有担当。当然，他有先辈荫庇，遇事能逢凶化吉，有资本在一次次挫败后东山再起。

曹操举孝廉，入京都洛阳为郎。郎是帝王的侍从官，只有皇帝非常信任的官僚子弟或功劳巨大的士兵才有资格出任。曹操出任郎，也仅仅是镀镀金。没多久，汉灵帝就任命他为洛阳北部尉，负责管理洛阳城北部治安。

洛阳北部尉级别不高，但管的是皇亲贵戚聚居的地方，接触的是达官贵人。很多世族门阀子弟都不愿出任洛阳北部尉。曹操不嫌洛阳北部尉官小麻烦多，想借机会实现治理腐败的梦想。

曹操一到职，就申明禁令，严肃法纪，制造十根五色大棒悬挂在衙门左右，宣称有违反禁令的人，无论是谁，都用五色棒打死。一时间，洛阳城内，无论是贵族士大夫，还是平民百姓，都大吃一惊，静待曹操究竟敢不敢惩罚违令的皇亲贵戚。

当大家等着看笑话时，却惊讶地发现曹操捅破了一个大娄子。皇帝宠幸宦官蹇硕的叔叔仗势欺人，明目张胆地违禁夜行。正在值班的曹操遇到了他，毫不留情，亲自用五色棒将他打死。

蹇硕向汉灵帝哭诉，要求惩罚曹操。大鸿胪曹嵩也慌忙求见汉灵帝，替曹操求情。曾经当红宦官的孙子处死如今当红宦官违法的叔叔，双方都请皇帝出面主持正义。汉灵帝左右为难，不知道偏向谁好，便征询左右及朝臣意见。曹嵩的人缘明显要好过蹇硕。不过，蹇硕是皇帝最宠信的宦官。大家谁都不敢得罪，建议和为贵。蹇硕见支持曹家的人更多，自己叔叔又不占理，只好和为贵，不了了之。

事后，洛阳的皇亲贵戚及宦官都收敛了不少，没人敢在洛阳北部违法乱纪。曹操一时间成为名人。一些权贵心里不是滋味，碍于大鸿胪曹嵩的面子，只好明升暗降，撺掇皇帝调曹操出任顿丘县令。

光和元年（178），曹操堂妹夫濦强侯宋奇被宦官诛杀。宦官趁机做文章。曹操受到牵连，被免官。曹操不想待在洛阳无事可做，回到家乡谯县闲居。在闲居期间，他一边读书，一边思考无法实现治理腐败梦想的原因。

没多久，曹嵩由大鸿胪改任大司农。经过曹嵩一番打点，光和三年（180），曹操又被征召为议郎。议郎是皇帝顾问，在皇宫里轮流当值，负责守卫门户等，有参与朝政的权力。曹操隐居期间思考的结果，是朝廷腐败源于皇帝宠信的宦官一手遮天。他是宦官曹腾的孙子，不好出面奏请杀宦官，便上书为被宦官陷害而死的窦武、陈蕃等人平反。党锢之祸是汉灵帝亲自定性的，他不认为那件事做错了，因而没理会。曹操又多次上书进谏。汉灵帝偶尔回应一下，大部分不搭理。曹操逐渐发现单凭他无法匡正朝政腐败，只好隐忍待机惩治那些不法分子。

中平元年（184），黄巾起义爆发。汉灵帝趁机让曹操出任骑都尉，命令他与皇甫嵩等人一起去镇压颍川黄巾军。在朝廷当官受挫的曹操，在战场上找到了用武之地。他们大破黄巾军，斩首数万级。因战功，曹操升任济南相。在济南相任内，曹操治事如初，继续尽力整顿吏治。

济南国有十多个县，各县长吏多依附贵势，贪赃枉法，无所顾忌。曹操之前的历任国相对那些人睁一只眼闭一只眼，置之不问。曹操到职后，大力整饬，一下奏免了十分之八的长吏。济南国震动，贪官污吏纷纷逃窜。济南国的贪官污吏没有了，到洛阳向皇帝告曹操状的人却多了起来。

汉灵帝虽然很给大司农曹嵩面子，也知道曹操是在为朝廷着想，但架不住告状的人实在太多，于是下令先调任曹操为东郡太守，再将他调回朝廷当议郎。他认为，曹操做议郎后不断上奏，给他惹的麻烦远远要比地方任职时少。

皇帝明显受权贵左右，曹操无法实现整治贪官污吏的梦想，出任议郎也郁闷压抑，便托词有病，请求回归乡里。汉灵帝顺势批准了曹操的请求。曹操再次回到家乡谯县隐居，春夏读书，秋冬打猎，思考人生，与族兄弟们习武论道，远比待在洛阳出任议郎开心。

天下纷乱，冀州刺史王芬联合许攸、周旌等地方豪强，谋划废黜汉灵帝，立合肥侯为新皇帝。王芬等人邀请曹操入伙，遭拒绝。不久，王芬事败自杀。曹操置身事外，继续对外摆出"两耳不闻窗外事，一心只读圣贤书"的架势。

年纪轻轻的曹操隐居，他父亲曹嵩却仍然在官场上积极进取。曹嵩袭承曹腾爵位，也为官多年，一路升职到大司农，但内心依然不满足。中平四年（187）十一月，太尉崔烈被免职。趁此机会，大司农曹嵩贿赂中官，主动向西园捐一亿万钱，换得太尉之职。太尉位列三公，仅次于大将军。曹嵩当上太尉，志得意满，达到政治生涯最高峰。

好事不长久。中平五年（188），黄巾军余部再度起义，有星火燎原之势。东汉朝廷不断派军镇压，各地黄巾军此伏彼起。为镇压起义，同年三月，汉灵帝接受太常刘焉的建议，将部分刺史改为州牧，由宗室或重臣担任，让州牧掌握地方军政大权，以便加强地方实力和控制地方，有效镇压黄巾军残部。

此政策一出，原本游离于士大夫集团和宦官集团之外的势力——地方世族门阀获得空前壮大机会。他们掌握强大财力和人力资源，无论谁担任州牧，都需要足够重视他们。那些在朝廷担任要职的世族门阀弟子，不仅容易当上州牧，还容易成为一方诸侯。军政权力下放给州牧，地方军拥兵自重，逐渐成为时尚。他们以镇压黄巾军为名，悄然发展壮大势力。当利益发生冲突时，群雄互相攻击，最终无视皇帝，想攻打谁就攻打谁。各诸侯都注重发展势力，重视人才。被赦免的党人、民间底层读书人、武夫，各级官吏，都获得重用机会——只要有本事，都有机会实现梦想。这也给了曹操发挥才干的机会。

对曹操来说，新形势是机会，对曹嵩来说，它却是劫难。曹嵩刚刚当了五个月太尉，就被当作朝廷替罪羊罢官。花费一亿万钱得到的太尉之位，曹嵩尚未坐热就被免职，非常郁闷，心灰意冷地回到谯县（今安徽亳州）老家。

曹嵩走回老家，赋闲在家的曹操却再次回洛阳。军权下放到地方后，黄巾起义浪潮得到遏制，东汉覆亡危机化解。一些有野心的将领或官员趁机拥兵割据，对朝廷形成隐形威胁。为震慑各地方势力，同时防止黄巾军再次死灰复燃，大将军何进策划了洛阳大阅兵。

洛阳大阅兵后，为分大将军何进的兵权，汉灵帝下令设西园八校尉，任命宦官蹇硕为上军校尉，袁绍、鲍鸿、曹操、赵融、冯芳、夏牟、淳于琼七人为校尉，归上军校尉管辖。不仅如此，司隶校尉以下将领，包括大将军，也归上军校尉统率。汉灵帝明知道曹操和蹇硕是冤家，却安排曹操做蹇硕的直接下属，明显有让他们相互监督、互相牵制的意味。不过，令曹操心安的是，袁绍也是八校尉之一。袁绍是坚定的反宦官派，是曹操对付蹇硕的天然盟友。

大将军何进忙活半天，最终弄了个宦官蹇硕做顶头上司，内心极其不服气。蹇硕深知何进不服气，对他又害怕又妒忌，便与其他宦官一起劝皇帝，派何进率军去镇压边章、韩遂所部反军。何进看穿其阴谋，借口要等袁绍镇压徐州、兖州黄巾军返回后再出兵。

光熹元年（189）年初，汉灵帝死去。蹇硕计划在何进入宫时将他杀掉。何进事先得知消息，称病请假。蹇硕没除掉何进。刘辩当上皇帝后，何太后临朝听政，大将军何进和太傅袁隗辅政，录尚书事。

何进受宦官欺压，等掌握朝廷大权后，就暗中布置诛灭宦官。因为宦官为天下人嫉恶，太傅袁隗侄子袁绍也劝何进尽快除掉宦官。何进认为灭宦官是民心所向。袁氏家族累世宠贵，四世三公，在朝野非常有声望。袁绍喜欢养豪杰之士，手下有著名谋士逢纪、何颙、荀攸等人。袁绍认为，除掉宦官，是为天下士大夫主持正义，能提升声望。

何进获得袁绍支持，蹇硕惴惴不安，联络赵忠等人密谋抢先杀掉何进。中常侍郭胜深得何太后与何进信任，劝阻赵忠等人别听蹇硕的，同时将消息告诉了何进。何进派人捕杀蹇硕，亲自接管禁卫军，然后想趁机杀掉所有作威作福的宦官。何太后阻止何进采取行动，强行收回禁卫军统率权。袁绍又建议何进抢先将宦官全部杀掉。何进不敢行动。

得知消息的何太后猜忌何进，倾向于保护宦官。袁绍又建议何进秘密召董卓率军进京，胁迫何太后同意诛杀宦官。曹操和陈琳努力劝何进此举不可，但何进不听劝谏，最终采纳了袁绍的建议。

何进要杀宦官，人人皆知。宦官惶惶不可终日。不久，段珪、毕岚等几十个宦官袭杀了被骗进宫的何进。袁绍等人得知消息，借机率军入宫追杀宦官。张让和段珪劫持皇帝刘辩和陈留王刘协半夜出逃到黄河渡口小平津，遇到率军朝洛阳赶的董卓。董卓率军带皇帝一起回洛阳，挟天子令诸侯，掌控朝政。

长期待在边疆统兵的董卓不懂朝廷礼仪，自恃战功，依仗凉州兵，野心勃勃，目中无人。他趁何进死的机会，收编何进旧部，派心腹吕布杀掉执金吾，接管京城防卫军。

鲍信率先察觉到董卓有野心，劝袁绍趁董卓根基不稳除掉他。袁绍惧怕董卓，优柔寡断，不敢采取行动。没多久，董卓完全控制朝廷，权势远超皇帝。他废皇帝刘辩为弘农王，改立陈留王刘协为皇帝，亲自出任太尉，掌管全国军队，又加任国相，掌握宰相权，处理朝政大事。

董卓察觉手握实权的袁绍和曹操对己不利，想除掉他们。董卓试图拉拢袁绍，遭到拒绝。袁绍与董卓针锋相对，双方手按剑柄，差一点当场打起来。当晚，袁绍逃离洛阳，到渤海郡避难。曹操识破董卓阴谋，暗中谋划除掉董卓。在刺杀董卓失利后，他也连夜逃出洛阳。在董卓淫威逼迫和阴谋陷害下，朝中许多忠义之臣，不是被逼迫出逃，就是被消灭。

曹操逃出洛阳，回到陈留谯县，将近几年朝廷内的重大变故告诉了曹嵩，说他要"散家财，合义兵"。曹嵩对局势无能为力，也不反对曹操追求梦想，将家财分为两部分，一部分给曹操，另一部分给小儿子曹德。起兵有风险，曹嵩愿意给曹操大量财产，但不愿意跟随他征战，最终决定带曹德及一部分家财到琅琊避祸。

曹嵩当官时闷声发大财，虽然当太尉时亏了一亿万钱，但长期积累起来的家财非常丰厚。曹操变卖了给他的那部分家财，带着堂兄弟曹仁、曹洪、曹纯及其他家族成员，与夏侯惇、夏侯渊兄弟及其家族，迅速组成一支三千人的军队。

初平元年（190），反董卓成为时代潮流，韩馥、刘岱、孔伷、张咨、袁绍等十余地方实力派起兵反董卓。曹操出任代理奋武将军，率军参加讨董卓。反董卓联军盟主是袁绍。没多久，曹操再次对袁绍失望。

董卓被联军击败，挟持皇帝迁都长安，抢掠和焚毁洛阳城。这些倒行逆施激起百姓的愤怒与反抗。这是反董卓联军进攻的大好机会。不过，孙坚所率先锋军遭挫后，反董卓联军惧怕董卓精锐凉州军的战力，无人敢向关西推进，都屯兵在酸枣（今河南延津）一带。曹操建议联军趁机与董卓军决战。袁绍不听。曹操率三千人追击董卓所部，遭到伏击，大败而归。他的士兵死伤大半，自身也中箭受伤。

满怀梦想拯救时局的曹操带伤率残部撤回酸枣。在总结失败教训后，他建议诸军各据要地，再分兵西入武关，围困董卓所部。盟主袁绍不置可否，关东诸将也不听从曹操的建议。曹操这才明白，诸军名为讨董卓，实际上各自心怀鬼胎，意在伺机发展势力。

孙坚在洛阳废墟中意外得到在混乱中丢失的传国玉玺。诸将纷纷产生觊觎之心。诸军之间发生摩擦，相互火拼。失望至极的曹操带伤率残部返回陈留，开始独立创业。联军解散。诸将纷纷率部回各自领地，军阀混战开始。

这次讨伐董卓联军的参与者或者其后代，大多成为逐鹿天下的枭雄，曹操、袁绍、袁术、刘备及孙坚儿子孙权，无论如何都想不到，劲敌原来都是曾经的盟友。当然，他们也不会想到，日后篡夺汉朝江山的人是曾经拼尽全力保汉朝的曹操的后代。

第二章　挟天子追逐梦想

天下群雄纷起，割地称侯称王。曹操追求复兴汉室，挟天子令诸侯，率部南征北战。他奋斗到生命终结时，天下三分，统一无望，但拒绝称帝，一生功过任人评说。

一、歼灭群雄，增强实力

反董卓同盟解散，曹操从撤军那一刻起，就开始独立打江山。

曹操充分利用熟读兵书的优势，深度分析周边的势力，先选择势力弱的对手，再兼并对手，壮大实力。相比各诸侯的军队，起义军战斗力更弱一些。曹操放弃对起义军的偏见和仇恨，从而解决自身的兵源问题。

初平二年（191），在东郡，曹操率军大败于毒、白绕、眭固等人所率黑山军。黄巾起义军主力被镇压后，东汉朝廷发生内讧，冀州黑山等地农民发动起义，活动在中山、常山、赵郡、上党、河内等地的山谷之中。这些军队被称为黑山军。黑山军在河北西部声势浩大，给河北各地造成了压力。曹操击败黑山军后，一路猛追，企图将其兼并。

到内黄后，曹操得知匈奴首领于扶罗背叛袁绍，还挟持了张杨。袁绍派曲义率军打败于扶罗所部。于扶罗率残部逃往黎阳（今河南浚县），成功偷袭耿祉所部，势力得到恢复。曹操认为这是壮大势力的机会。于是，他暂时放弃追击黑山军，率军突然袭击于扶罗所部。于扶罗大败，落荒而逃。曹操缴获大量物资。袁绍得知消息后，也非常高兴，上表奏请曹操为东郡太守。曹操此战名利双收，取得一方诸侯资格。

第二年，青州黄巾军实力发展迅速，攻下了兖州所属郡县，阵斩兖州刺史刘岱。济北相鲍信等人无法收拾残局，派人请曹操出任兖州牧，一起镇压黄巾军，恢复兖州秩序。曹操牢牢抓住了这个天赐良机。

刘岱、鲍信等人，曹操从小就认识，且跟他们有一定交情。曹操毫不犹豫地率军去帮助鲍信等人。曹操和鲍信将所属军队合编，一起进攻黄巾军。当时，黄巾军势头正旺盛，鲍信率军反攻黄巾军时战死。曹操收集残部，继续率军与黄巾军作战。

曹操多设置疑兵，虚虚实实，不分昼夜地派小股军队骚扰黄巾军。黄巾军疲于应付，旺盛的士气逐渐被耗尽。曹操抓住时机，率军攻击黄巾军。黄巾军战败，士气败落。曹操率军持续追击。初平三年（192）冬，曹操成功诱降三十余万黄巾军。与其他诸侯憎恨黄巾军不一样，曹操以独到眼光看到了黄巾军的价值，将黄巾军精锐进行改编，编入军队中，号称青州兵，然后将黄巾军老弱病残及家属全部安置在境内，分给他们土地，让他们从事农业生产。就这样，曹操拥有了一支精兵，还拥有了大量耕田并缴纳粮草的百姓，军力和经济能力都显著提升。

趁着兼并青州黄巾军的机会，曹操再次出手帮助袁绍，率军打败围攻袁绍的刘备、单经及陶谦等诸军。这一举动，曹操赢得了好口碑，也引起一些人惊慌。袁术是袁逢嫡次子，袁绍是袁逢庶子，但袁绍年龄比袁术大。袁术看不起庶出的袁绍，更看不起宦官之孙曹操，见曹操帮助袁绍几次都打胜仗，心里不爽，便联合黑山军、南匈奴军，一起围攻曹操所部。

初平四年（193）春，在匡亭（在河南长垣境内），曹操率军与袁术、黑山军、南匈奴军大战。袁术满脑子世族门阀观念，特别讲究出身，认为曹操是宦官孙子、狂妄不经的人，根本看不到他的才干和实力。曹操以少胜多，将一场被群殴的战斗活生生地打成一次围猎，不仅击败袁术、黑山军、南匈奴联军，还一口气追击了六百里。直到得知徐州牧陶谦率军攻入兖州南部任城，曹操才停下来，整顿军队去迎战陶谦。这一战后，曹操清楚地看到门第观念的迂腐，在日后用人时更强调唯才是举，为人处世时更注重实用。

陶谦率军攻打袁绍时，被曹操袭击过，损兵折将不少。趁曹操在匡亭"被群殴"时，他率军袭击曹操后方的任城。他怎么都想不到，曹操与袁术等人交战，取得一面倒的胜利，还有能力迅速率军反击。陶谦闻讯撤走。曹操想趁机向东南扩展势力，率军紧追不舍，一口气攻下徐州十多个城。陶谦所部屡战屡败，最终退到徐州首府郯县（今山东郯城），凭借坚固城池抵抗，同时派人四处求援。不久，曹操所部军粮将尽，被迫撤走。

赢得这场战争后，曹操写信给在琅琊避祸的父亲曹嵩和弟弟曹德，让他们来自己身边。曹嵩接到信就与曹德一起带着家财和仆人，浩浩荡荡地赶往兖州。兴平元年（194）春，曹嵩和曹德一行路过徐州境内时，被陶谦派兵杀害，抢走所带家财。

曹操得知消息，非常悲愤，率军猛攻徐州。他率军所到之处，尽情杀戮。陶谦没想到曹操的报复来得如此迅速、如此凶猛，抵挡不住，投降都无门，率残部不断撤退。曹操率军一路攻打至东海，直到得知留守后方官员发动变乱才停止，迅速率军撤回。陶谦已经生病，将徐州牧让给一直帮他抵抗曹操的刘备。

原来，曹操率军攻打徐州时毫无分别的杀戮，让东郡守备陈宫不满，陈宫与张邈、许汜、张超、王楷等人同谋叛乱，迎接吕布出任兖州牧。吕布是勇冠天下的猛将，但有勇无谋，诸多事都听从陈宫安排。兖州所属郡县大多随陈宫投降吕布，只有程昱、荀彧、夏侯惇镇守的鄄城、东郡范县、东阿县一直忠诚于曹操。吕布率军急攻鄄城、东郡范县、东阿县，形势异常危急。

曹操率军从徐州赶回后，得知吕布驻扎在濮阳，立即率军围攻濮阳。吕布勇猛善战，加上部下拥护，曹操率军围攻了一百多天，都无法攻下濮阳。在作战期间，蝗灾爆发。双方不得不停止战争。曹操率军回到鄄城。

回鄄城后，遭遇空前挫折的曹操非常悲观。此时，他失去了兖州，军粮已尽，身边也只有少量残兵败将。曹操多次帮助过的袁绍此时没伸手帮他，而是派人来劝说他投靠自己，让他举家迁到邺城（今河北临漳一带）去。这举动看似非常仗义，其实是趁火打劫，想兼并曹操所部。曹操准备答应袁绍，但被谋士程昱劝阻。因为前去投奔袁绍，就意味着此前的努力付诸东流。曹操醒悟后，决定重整旗鼓，率军继续作战。

一番思索后，曹操意识到此前失败跟自己情绪化有关，对吕布这样的对手，不能硬拼实力，更多需要智取，一点点消耗他的实力和耐心，最终寻机将他消灭。

在顿悟后，曹操在政治军事方面成熟了很多，不再带情绪处理事务，遇到任何事也以考虑最高利益为主，不计较一时得失和个人面子。兴平二年（195），曹操率军攻打吕布时，如同脱胎换骨地变成另外一个人，三战三胜，相继夺取定陶、廪丘等地，成功收复兖州。

吕布战败，率残部去投靠徐州牧刘备。曹操审时度势，没继续追击，果断停下来积蓄实力，寻找最佳机会。吕布和刘备一山不容二虎，曹操率军追击，只会促使他们团结起来，而将其晾在一边，他们之间迟早会起冲突。

这一年七月，因李傕、郭汜火拼，汉献帝刘协趁机从长安东逃，诏令各路诸侯勤王。汉献帝任命曹操为兖州牧，命令他率军勤王。曹操接受任命，但是否勤王，一直犹豫不定。因为，各路诸侯都忙于扩张实力，没人真正在乎皇帝的安危。

当时，曹操周边各种势力虎视眈眈。他必须消除周边明显的威胁，才有精力考虑是否勤王迎接皇帝。建安元年（196）二月，曹操率军击败汝南、颍川一带的何仪、刘辟等部黄巾军，再次收编黄巾军。得知曹操获得大胜利，汉献帝又任命曹操为建德将军。毫无疑问，他急切希望曹操尽快率军勤王。

曹操依然有些狐疑，派董昭先去汉献帝身边看看情况。经董昭劝说，侍从汉献帝的杨奉等人上表请求任命曹操为镇东将军，继承费亭侯爵位。汉献帝没犹豫，批准了。曹操继承费亭侯爵位，心满意足，才考虑迎接汉献帝。

曹操手下一些谋臣认为，中原大地尚未平定，迎接皇帝尚早，皇帝身边的韩暹、杨奉等人又骄横难以控制，迎接皇帝会带来一些意料之外的麻烦。谋士荀彧和程昱极力催促曹操尽快去迎接皇帝，不要让其他诸侯抢了先。曹操反复思考后，下定决心，派曹洪率军去迎接汉献帝。不过，卫将军董承与袁术部将苌奴率军据险阻止，让曹洪无法迎接皇帝。

七月时，汉献帝回到洛阳。为牵制韩暹等跋扈将领，董承改变态度，又秘密写信邀请曹操到洛阳。一个月后，曹操亲自率军到洛阳。当时，汉献帝身边没多少护卫军。曹操率军到洛阳，汉献帝等人将他当救星。曹操公布韩暹、张杨的罪行，请求杀掉他们。韩暹闻风逃奔，杨奉不久因护驾之功被特赦。在曹操要求下，汉献帝下令杀台崇、冯硕、侯祈等人，封董承等十三人为列侯，曹操兼任司隶校尉、录尚书事。

因洛阳在董卓撤离时烧毁，无法防守，物资供应也困难，曹操听从董昭的建议，在九月护卫汉献帝迁都到许昌。因迁都有功，曹操晋升为大将军、武平侯。杨奉反对迁都到许昌，率军截击迁都队伍。曹操率军将杨奉所部打败，并在迁都许昌后一个月内彻底消灭杨奉所部。曹操声望空前壮大，出任司空，行车骑将军事，总揽朝政大权。

曹操掌控朝廷大权后，与诸侯逐鹿中原时，便处于政治优势地位。他想攻打哪个诸侯时，便让皇帝下令指责那个诸侯，然后率军攻打。建安二年（197），曹操率军攻打张绣时，是如此；同年，他率军消灭称帝的袁术时，也是如此；建安三年（198），曹操派裴茂率军消灭李傕时，也是如此。就这样，几场战争下来，曹操逐渐赢得民心，声望进一步提升。

等声望和势力都提升后，曹操又率军进攻徐州，消灭他的劲敌吕布。当时，吕布已经取代刘备当上徐州牧。刘备被迫率少量人马驻在下邳。曹操得知吕布所部上下离心，便采用军事进攻和政治瓦解相结合的办法。果然，吕布与刘备相互猜忌。刘备被迫率部投靠曹操。曹操不计前嫌，接纳刘备，继续向吕布施压。到这年年底，魏续、宋宪等人趁吕布率军驻扎在外发动政变，捆绑陈宫，率军归降曹操。吕布见大势已去，被迫开城向曹操投降。

鉴于吕布反复无常的性格，曹操下令处死吕布、陈宫、高顺等人，收降张辽、臧霸、孙观等人。这一战后，曹操控制徐州，与袁绍成为中原势力最大的两个诸侯，双方冲突不可避免。

二、以弱胜强，一统中原

曹操和袁绍自幼相识，青年时也长期共事，彼此知根知底。曹操没贸然进攻袁绍，先在建安四年（199）派史涣、曹仁率军进攻河内郡的眭固所部，夺取河内郡。当时，眭固杀河内太守张杨，拥兵自立，非常不得人心。史涣、曹仁顺利完成任务。曹操的势力范围扩张到黄河以北，已经触及袁绍的势力范围。在中原逐鹿中，这对昔日好友不可避免地要对战了。

曹操是宦官孙子，自幼遭一些世族门阀子弟排挤；袁绍是四世三公家族的庶子，遭嫡兄弟排挤。两人关系非常好。袁绍喜欢交结朋友，也带曹操交往了一部分世族门阀子弟。进入官场后，曹操与袁绍政见不同，但在大是大非面前，他总是毫不犹豫地支持袁绍。逐鹿中原后，曹操也主动帮过袁绍几次。袁绍专注于黄河以北发展势力，曹操与他背靠背，集中精力在黄河以南发展势力。

在曹操消灭眭固后，袁绍也意识到兄弟对决不可避免，也在做准备。建安四年（199）六月，袁绍挑选十万精兵，一万匹战马，准备进攻许昌。袁、曹决战，一触即发，战争来得比曹操预料得更早。

袁绍家族是当时实力最强大的世族门阀，"四世居三公位""门生故吏遍于天下"。袁绍自幼喜欢交结各阶层朋友，与人交往宽宥，没门第观念。加上天下诸侯反董卓时，袁绍出任反董卓联军盟主，声名远扬，拥有冀州、并州、幽州、青州四州之地，掌控数十万军队的袁绍成为北方世族门阀子弟心目中独一无二的英雄。

袁绍是北方最强大的势力。曹操想统一北方，必须消灭他。袁绍兵精粮足，后方稳固，相当自信，根本不把曹操放在眼里，派袁谭驻守青州、袁熙驻守幽州、高干驻守并州，然后摆出一副"任你放马过来"的架势。袁绍的军力、财力、人脉、声望都远远超过曹操，已经被北方大多数世族门阀推为盟主。相反，信奉实用主义的曹操，在某些方面限制世族门阀，是被某些世族门阀抵制非议的。

袁绍有很多优势，也有劣势。他手下谋士多且分成派系，而他为人外宽内忌，缺乏判断力和行动力，在手下出现分歧时，无力统一各方意见。

袁绍准备出兵攻打曹操时，沮授、田丰劝他应先积蓄实力，加强防御工事，逐步经营黄河南边，多造船只，整修器械，分派精良骑兵，抄掠对方的边境。审配、郭图从军事角度分析，认为要趁占优势的机会与曹操决战，不能等曹操实力坐大。沮授反驳说，曹操挟天子令诸侯，法令畅通，士兵精强，处在正义一方，且难打。郭图说，正因为如此，更要趁曹操尚不强大时消灭他，否则危害更大。两人争论，袁绍无法拿主意，不置可否。

事后，袁绍分别与沮授、田丰、审配、郭图等人商议，听取意见。沮授谏阻出兵违背袁绍意图，郭图等人趁机说沮授的军权太大、威望太高，难于控制。这话正中袁绍软肋。袁绍怀疑沮授不忠，决定分权，增设郭图、淳于琼与沮授并列为监军。一切准备后，他下令军队向曹操发起进攻。

袁绍举兵南下的消息传到许昌，曹操召集大家一起商议对策。许多人认为，袁军强大，不可敌。曹操非常了解袁绍，相信自己必然会战胜袁绍。袁绍志大才疏，胆略不足，刻薄寡恩，刚愎自用，兵多而指挥不明，将骄而政令不一。在讨论中，曹操公开宣布这些可以战胜袁绍的理由，然后力排众议，集中所能集中的数万兵力对抗袁绍。

针对袁绍兵力部署情况，曹操根据自身兵少将寡的现状，全力争取战略上的主动，制定重点设防总方针。曹操派臧霸率精兵从琅琊入青州，占领北海、东安等地，负责战略牵制，巩固右翼，防止袁绍所部从东面袭击许昌；亲自率军进据冀州黎阳，派于禁率二千名步骑兵屯守黄河南岸的延津，负责协助东郡太守刘延扼守白马（今河南滑县一带），负责阻滞袁绍军渡黄河长驱南下，同时派主力军在官渡（今河南中牟一带）一带筑垒固守，负责阻挡袁绍军从正面进攻许昌。因为官渡地处鸿沟上游，濒临汴水，靠近许昌，战略地位重要且后勤补给方便。

曹操派人去拉拢关中和凉州，以稳定侧翼。不过，曹操人脉及声望比不上袁绍。袁绍早已派使者招揽诸侯，招诱兖州、豫州诸郡支持他。荆州牧刘表反对曹操挟天子以令诸侯，不仅积极支持袁绍，还派人去策动诸州郡反曹操。关中诸将保持中立，既不帮助袁绍，也不帮助曹操。除阳安郡都尉李通拒绝反曹操外，其他诸郡响应袁绍。

曹操发现周边诸侯大多反他，意识到形势严峻，不得不咬牙坚持。天下诸侯畏惧袁绍的势力，但也有人看到曹操取胜的希望。袁绍派使者游说张绣一起抗击曹操。张绣跟曹操有旧仇，准备同意联袁抗曹。贾诩却极力劝张绣率部归顺曹操。张绣听从了贾诩的建议。曹操感恩张绣雪中送炭，不计前嫌，任命他为扬武将军。

建安四年（199）十二月，曹操亲自率军到官渡，准备迎击袁绍。没想到，刘备在关键时刻"暴雷"。刘备曾从陶谦那里接任徐州牧，后被吕布夺走，被迫投靠吕布，在曹操进攻吕布时，改为投奔曹操。刘备被任命为豫州牧、左将军。袁术在淮南称帝，众叛亲离，沦落为孤家寡人。袁术手下能征善战的孙策在江南自立。吕布和曹操又先后大败袁术，让他损失大量兵力和土地。同年，袁术走投无路，低下高贵的头，写信求助袁绍，表示愿意归顺，将帝号让给袁绍。袁绍正准备跟曹操决战，同意接纳袁术。

袁术收拾残部，前往青州刺史袁谭那里。曹操得知消息，派刘备、朱灵率军去堵截。刘备当徐州牧时，袁术多次派兵攻打刘备，两人有宿怨。刘备率军拦截袁术所部非常卖力。袁术被击败，退往寿春，不久病死。

曹操派刘备去截击袁术，是想给他找袁术报仇的机会，顺便让他跟袁氏家族结怨。不过，袁绍并没因袁术的死跟刘备结怨，还因共同反曹操走到一起。建安五年（200）正月，董承等人密谋诛杀曹操的事情暴露，被曹操杀掉。董承身上搜出诛灭曹操的衣带诏，上面有刘备的名字。刘备得知消息，率军袭杀徐州刺史车胄，占据徐州，再次反曹操。

曹操震惊之余，不顾诸将反对，秘密从官渡前线赶到徐州城下，以迅雷不及掩耳之势攻占徐州。刘备战败，只身投奔袁绍。关羽被曹操俘获，"降刘不降曹"，在曹操手下效力。张飞在混乱中走失。

刘备前来投奔，袁绍非常高规格地接待他，授予他高官。他决定，以衣带诏为借口，率先攻击曹操。建安五年（200），袁绍派颜良等人率军进攻白马，亲自率军进屯黎阳。

此前，曹操处在"正义一方"，因刘备的叛逃，他瞬间在道义上陷入"人人得而诛之"的境地。曹操实力比袁绍弱得多，曹操所占黄河以南地区，地盘既小，又是四战之地，残破不堪，还没完全恢复，物资比不上袁绍那里丰富，曹操的兵力也远不及袁绍的。袁绍率军来攻，许昌震动。曹操安慰众将，说他了解袁绍为人，如今他只不过虚张声势而已。

郭图、淳于琼、颜良等人率军围攻白马，企图夺取黄河南岸要点，以保障主力渡河，与曹军主力决战。刘延扛不住。为争取主动，赢得初战胜利，曹操亲自率兵北上解白马之围。荀攸认为袁绍兵多，建议曹操声东击西，分散其兵力，先引兵到延津，伪装渡河攻袁绍后方，使袁绍分兵向西，然后派轻骑兵袭击进攻白马的袁军，攻其不备，一举击败颜良。曹操采纳谋士荀攸的计谋，先进军延津，做出要渡河袭击袁军的态势。袁绍中计，果然分兵延津，令正在进攻白马的郭图、淳于琼率军向西挺进延津。沮授劝阻袁绍不能让性格急促的颜良独自担任大将。袁绍不听从。

在郭图、淳于琼等人率军奔赴延津后，曹操突然率轻骑兵袭击颜良所部。颜良率军与张辽所部交战时，关羽策马冲到颜良身边，在万众之中刺死了他。袁军诸将不能挡住关羽。袁军溃散。白马之围遂解。

曹操救出白马军民，沿黄河西撤。袁绍率军渡河追击，到延津南后，派文丑、刘备继续率六千骑兵追击。曹操率六百骑兵逃不及，战不过，见追兵渐近，急中生智命令军士解鞍放马，故意将辎重丢弃在道旁。袁军中计，纷纷争抢财物。曹操率仅有骑兵突然杀出，大破追兵。徐晃率军反击过程中阵斩文丑。曹操初战得胜，主动撤军，继续扼守官渡。颜良、文丑是河北名将，被一战而斩，袁军锐气大挫。

袁军初战失利，但兵力、粮草、军货、财力仍占据明显优势。曹操回官渡后，沮授向袁绍献计，要发挥粮草、军货、财力优势，用持久缓进战术来消耗曹操。袁绍不听。

关羽得知刘备在袁绍那里，前去投奔。在堵截关羽的过程中，曹操损兵折将。袁绍又恢复信心，率军进军阳武，准备南下进攻许昌。一个月后，袁军主力接近官渡，依沙堆立营，东西宽约数十里。曹操立营与袁军对峙。九月，曹操率军出击，作战不利，被迫退回营垒坚守。

袁绍下令构筑楼橹，堆土如山，用箭俯射曹营。曹操令人制作抛石装置，发石击毁袁绍所筑楼橹。袁绍又下令掘地道进攻，曹操令人在营内掘长堑相抵抗。双方相持三个月，曹操处境困难，前方兵少粮缺，士兵疲乏，后方也不稳固，几乎失去坚守信心。他写信给荀彧，商议要退守许昌。荀彧回信鼓励曹操坚守下去，说"正是出奇制胜的时机，千万不可坐失"。曹操决心继续坚守待机，加强防守，命负责后勤补给的任峻采取十路纵队为一部，缩短运输队前后距离，用复阵加强护卫，防止袁绍派军袭击；同时积极寻求和捕捉战机，派徐晃、史涣率军截击、烧毁袁绍数千辆粮车，破坏袁绍的补给供应。

双方进入相持阶段，相互比后勤补给和掐粮道，成为主要作战方式。相持日久，曹操缺乏粮食，百姓也疲乏，很多人叛变去投奔袁绍。袁绍派车运粮，令淳于琼率一万人护送。沮授建议袁绍"另派蒋奇率支援军在运粮军队外围行进防御"。袁绍不听。淳于琼率运粮军夜宿离官渡四十里处的乌巢（今河南延津境内）时，没外围军协助防御。

关键时刻，袁绍谋士许攸投降曹操。许攸很早就认识曹操和袁绍。曹操与袁绍在官渡相持不下时，许攸家人犯法，留守邺城的审配将他家人逮捕。许攸得知消息大怒，带着淳于琼押送军粮夜宿乌巢的军事秘密投奔曹操。曹操、袁绍、许攸少年时是朋友。许攸来投奔时，曹操正在洗脚，高兴得来不及穿鞋就亲自跑出去迎接。一见面，曹操就说："你来了，大事可成！"

简单交谈后，许攸迫不及待献计："如今，你孤军独守，既无援军，也无粮食，危急存亡关键时刻到了。现在，袁绍有粮食存在乌巢，虽然有士兵护送，但无防备，只要派轻兵急袭乌巢，烧其粮草，不过三天，袁绍就会败亡！"

曹操听后大喜，挑选精兵，马含衔枚，士兵拿着柴草，连夜向乌巢出发。他们到达乌巢就放火，趁乱进攻袁军。守将淳于琼及千余人被杀。乌巢失守后，袁绍部将张郃、高览率部投降。袁军全盘崩溃。袁绍仅带八百骑兵逃回河北。曹操大获全胜，歼灭和俘获七万余人。

官渡之战增强了曹操实力，为进一步消灭袁绍，统一北方奠定坚实基础。此战击溃袁绍，北方无人能和曹操抗衡。曹操统一北方已是大势所趋。

袁绍逃回北方后，曹操并没率军急于追击，而是等待时机。袁绍死去，袁绍儿子之间火拼，曹操依旧隔岸观火，等待时机。建安七年（202），袁谭不敌袁尚，向曹操乞降。曹操表示接纳投降，却不急于出兵，而是想办法挑拨袁尚和袁谭继续互斗。建安九年（204）二月，曹操乘袁尚出兵攻打袁谭的机会，率军攻占邺城。袁尚乘夜逃跑，袁军溃散。曹操把大本营北迁到冀州邺城。此后，政令皆从邺城出，汉献帝所在许昌只留些许官吏。

建安十年（205），曹操以负约为名，率军攻灭袁谭，夺取冀州和青州。袁尚兵败后，逃奔幽州刺史袁熙。不久，袁尚、袁熙又逃奔三郡乌桓。同年，黑山军首领张燕率十余万部众投降曹操。建安十一年（206），曹操攻灭高干，平定并州。

袁氏残余势力和乌桓人合流。建安十二年（207），曹操率军远征乌桓，在白狼山（今辽宁大阳山）击败乌桓单于蹋顿与袁尚、袁熙等人数万骑兵。乌桓单于蹋顿被临阵斩杀。曹军大获全胜，俘虏二十余万人。

袁尚等人逃奔割据平州的公孙康。曹操给公孙康派出使者。公孙康果然斩杀袁尚、袁熙，将其首级献与曹操。至此，袁氏残余势力肃清，乌桓也被曹操彻底打残，从此没再给中原带来大威胁。

经过数年苦战，曹操消灭袁绍，统一北方，消除了南下后顾之忧。

三、兵败赤壁，成就孙刘

在统一中原后，建安十三年（208）正月，曹操回到邺城。曹操与袁绍在官渡对决，荆州牧刘表积极联络各地诸侯反曹操。如今，曹操想趁胜"复仇"，消灭刘表，占领荆州。

为了进攻荆州，曹操做了充分准备。他下令在邺城凿玄武池训练水军；派张辽、于禁、乐进等人率军驻扎在许昌以南，为南征做相关准备；命令马腾及家属迁居邺城，以避免西北方向的威胁，随后，他下令罢黜三公，重新设置丞相、御史大夫，亲自出任丞相。

建安十三年（208）七月，曹操亲自率军南下，进攻荆州。一个月后，刘表病死，蔡瑁、张允等人拥立刘表小儿子刘琮继任荆州牧。曹操采纳荀彧的建议，率军轻装抄捷径前进，迅速占领宛城，然后相机而动。

面对曹操所率大军，蒯越、傅巽等人劝刘琮投降曹操，说："逆顺有一定的道理，强弱有一定的形势。以臣属身份抗拒天子，是对国家的叛逆；以刚接手的荆州抵御朝廷大军，必会陷入危险；依靠弱小的刘备去对抗强大的曹操，一定会失败。这三个方面，我们都不行，拿什么迎战曹操所率大军？您要考虑一下，您比得上刘备吗？如果刘备所部挡不住曹操所部，即使投入荆州全部力量，也不足以自保；如果刘备所部挡得住曹操所部，他就不会再居于您之下了。"这番说辞明显将曹操当作代表天子的正义一方。刘琮听罢，也觉得是如此，便采纳了他们的建议，隐瞒着刘备、刘琦等人，派人去向曹操请降。

得知刘表死后，小儿子刘琮继任荆州牧，曹操心理压力一下子小了很多。他有信心打得过刘表，更有信心打得过年幼的刘琮。他一边率军继续前进，一边在琢磨处理让他心里不爽很久的孔融。

在统一北方前，北方世族门阀中始终有一部分人对曹操有偏见。四世三公名门之家的袁术是代表人物，但他已经死去。击败袁绍后，曹操成为北方实际统治者。他认为，在北方世族门阀中，看不起他宦官之后的绝不仅仅只袁术一人，便想选一个代表杀鸡儆猴，加强权威，镇住那些企图不法的世族门阀。

孔子十九世孙孔融是建安七子之一，当时的文坛领袖和道德模范。他有严重道德癖，看待一切事物，都以传统固有道德为准绳。孔融担任北海相时，被黄巾军包围，情势紧急。有人劝孔融向袁绍、曹操求救，孔融怒杀那个出主意的人。有人提出向平原国相刘备求救时，孔融立即派太史慈去搬救兵。无论是袁绍，还是曹操，势力都远远超过刘备，孔融宁可向势力小的求救，都不向势力大的求救，最重要原因是，刘备是"中山靖王之后"，是高贵的人，而袁绍是妾生的，曹操是宦官后代，都不入孔融法眼。

建安元年（196），汉献帝迁都许昌后，征召孔融出任将作大匠，不久又升任少府。每逢朝会时，孔融经常拿他所认定的传统道德做评价。无论是世族门阀子弟，还是寒门子弟，无论担任多高官职，只要被认为不符合传统道德，孔融都会毫不犹豫抨击。曹操攻下邺城后，曹丕私自娶袁熙妻子甄氏。孔融写信揶揄过曹操；建安十二年（207），曹操远征乌桓，孔融引经据典挖苦过；曹操上表请求禁酒，孔融多次写信给曹操，反对禁酒，言词傲慢无礼。曹操是宦官孙子，但通过努力奋斗，晋升到丞相。孔融一而再再而三给曹操出洋相，根本原因是从骨子里看不起他。

当时，孔融是北方世族门阀领袖。曹操担心孔融影响他的权威，妨碍他统一天下的大业。因孔融名重天下，曹操表面上容忍，暗中却寻机收拾孔融，震慑其他世族门阀子弟。郗虑揣摩曹操的心事，以蔑视国法为由，奏免孔融。曹操设计挑拨郗虑与孔融关系。孔融怒怼郗虑。两人公开闹矛盾。不满孔融的人趁机列举孔融"招合徒众""欲图不轨""谤讪朝廷""不遵超仪"等罪名。

建安十三年（208）八月二十九日，曹操下令处死孔融，株连全家。第二天，曹操率军到新野县，刘琮以荆州投降曹操。曹操没预料到荆州牧刘琮会闻风而降，一举奉献上荆州八郡。事情发生得太突然。曹操与将领们简单商议后，表示接受刘琮投降，让刘琮使者带路，立即率军赶往荆州各地接管城池。

曹操到新野那天，依附刘表、屯兵樊城的刘备才得知相关消息，既惊骇又气愤，无奈地放弃樊城南逃。刘备率部南逃，曹操将追击刘备当作当务之急。江陵（今湖北荆州）储存有军用物资，如果刘备所部趁乱占据江陵顽抗，那么曹操将会面临大麻烦。曹操命令军队留下辎重，轻装前进。

追到襄阳时，曹操得知刘备已向南撤走，便亲自率五千精锐骑兵加速追赶。他们一天一夜跑了三百多里，最终在当阳县长坂坡追上刘备所部。刘备不敢迎战，抛下妻子及儿子，与诸葛亮、张飞、赵云等数十人骑马逃走。曹操俘获大量人马辎重，准备进一步追击。张飞据守河岸，拆去桥梁，握着长矛，怒目而视，对曹操所部大喊："我是张翼德，有谁敢来决一死战！"曹操见前面树林上空有扬尘，怀疑有伏兵，放弃追击。刘备得以顺利逃走。

曹操率部进入江陵城，任命刘琮为青州刺史，封列侯，此外还有蒯越等十五人被封侯爵。曹操从狱中释放韩嵩，用朋友礼节来接待他，让他品评荆州士人优劣，然后分别加以任用。不久，韩嵩被任命为大鸿胪，蒯越为光禄勋，刘先为尚书，邓羲为侍中。

接管荆州首府江陵后，曹操考虑下一步进军计划时，得知南逃的刘备已与江南的孙权结成联盟了。

原来，在曹操率军向荆州进发时，孙权就派鲁肃去荆州窥探虚实。鲁肃抵达夏口（今湖北武汉境内）时，得知曹操率军轻装南下，便日夜兼程北上。等他到南郡时，刘琮已经投降曹操，刘备已经向南撤退。鲁肃便去追刘备，向他传达孙权的意图，与他讨论天下大事。一番交谈后，刘备便采纳鲁肃的建议，率部进驻樊口（今湖北鄂州西部）。

曹操率军从江陵出发，顺长江东下。刘备的军师诸葛亮自告奋勇，随鲁肃一起去见孙权，寻求双方结盟抗击曹操。在柴桑，诸葛亮见到孙权，先用投降曹操来激起他的斗志，再展示己方势力，分析曹操所部优劣势，最后表达刘备愿意与孙权联合抗击曹操的意愿。孙权见刘备也抗击曹操，同意结盟。

这时，曹操写信给孙权："如今，我奉天子之命，讨伐有罪的叛逆，军旗指向南方，刘琮已经降服。我统领水军八十万人，准备与将军一起在吴地打猎。"孙权把这封威胁意味非常明显的信给部属们看。他们无不惊惶失色。德高望重的老臣张昭率先做一番分析，然后提出"依我的愚见，我们最好迎接曹操，投降朝廷"。其他人纷纷响应，只有鲁肃一言不发。

孙权见此，起身去上厕所。鲁肃随即跟上去。孙权知道他有话要说，握着他的手问他的看法。鲁肃将投降曹操的利弊做了分析。孙权明确表示不想投降曹操，要跟曹操一决高下。鲁肃劝孙权把周瑜召回来，商议大计。

周瑜回来后，分析双方优劣势，主动请求率军抗击曹操。孙权有鲁肃和周瑜鼎力支持，将抗击曹操的意义进一步升华——"曹操想篡夺汉朝，只不过忌讳袁绍、吕布、刘表与我。现在，那几个英雄已被消灭，只剩下我还在。我与曹操势不两立"，然后还不忘称赞一番周瑜"你主张迎战曹军，正合我意，是上天把你授给了我"。

孙权下决心后，当着大臣的面，就势拔出佩刀，砍向奏案："从现在开始，任何人胆敢再说投降曹操的，就与奏案一样！"

抗曹战略确定下来了。如何实施呢？为抗击曹操，周瑜早已悄悄做好准备。当天夜里，周瑜带着搜集的情报见孙权，详细分析曹操所部存在的弱点，表示他只要五万精兵，就足以制服敌军。孙权听罢，信心进一步加强，表示虽然暂时凑不齐五万精兵，但已有三万，战船、粮草及武器装备都已备齐，让周瑜、鲁肃、程普率军先行，他将继续调集人马，多运辎重、粮草，作为后援。万一周瑜在前方作战不利，他不会怪罪，将亲自率军与曹操决战。

周瑜为左都督，程普为右都督，各率一万余人，先去与刘备所部会合，合力迎战曹操；鲁肃为赞军校尉，协助筹划战略，另率一万人跟随其后。

相比孙权信心满满，从容不迫，退居樊口的刘备焦虑不安，每天派士兵在江边眺望。周瑜率军前来，刘备屈尊去见周瑜。得知周瑜只有三万精兵，刘备有些失望。不过，周瑜信心十足。刘备既惭愧，又很高兴，率关羽、张飞等两千人，跟在周瑜所部后面，一起进攻曹操。

孙刘联军逆水而上，到赤壁时，发现曹军正在训练渡江。正如周瑜此前所预料，曹军水土不服，军中已瘟疫流行。新编水军及新附荆州水军难以磨合，士气明显不足。周瑜率军出击，取得初战胜利。曹操被迫把水军撤到江北与陆军会合，把战船停在北岸乌林一侧，继续操练水军，等待良机。周瑜便把战船停靠南岸赤壁一侧，与曹军隔长江对峙。

北方士兵不习惯坐船，便将舰船首尾连接起来，人马在船上如履平地。黄盖献计用火攻，并与周瑜演了连环计。他先派人送信给曹操，谎称投降。曹操结合从间谍那里得知的消息，对黄盖投降深信不疑。黄盖约定在一个有东南风的凌晨渡江投降。他选取十艘艨艟战船，装上干芦苇和枯柴，在里边浇上油，外面裹上帷幕，上边插上旌旗，预先备好快艇，系在船尾。东南风正急，黄盖将十艘战船排在最前面，到江心时升起船帆，其余船在后面依次前进。曹操军中官兵走出营来观看。相距有两里多远时，那十艘船同时点火，火烈风猛，船像箭一样向前飞驶，把曹操的战船全部烧光。火势蔓延到陆地营寨。顷刻间，浓烟烈火，遮天蔽日，曹军烧死的和淹死的不计其数。

周瑜等人率轻装精锐士兵紧随在后，鼓声震天，奋勇向前。曹军大败。曹操率军从华容道撤退。他们遇到泥泞，道路不通，天又刮起大风。曹操让老弱残兵背草铺路，骑兵才勉强通过。周瑜、刘备联军水陆并进，一直尾随追击，但已经来不及。

此战曹军伤亡过半。曹操回江陵后，担心因赤壁失利而导致后方不稳，立即赶回北方，留下曹仁、徐晃等人镇守南郡，命令文聘镇守江夏、乐进镇守襄阳、满宠率军镇守当阳。

孙刘联军取得赤壁之战胜利后，孙权亲自率军北攻合肥，中计，被迫退兵。周瑜率军继续进攻曹仁镇守的南郡首府江陵，隔江对峙，同时另派甘宁率军袭取夷陵。曹仁分兵围攻。甘宁向周瑜告急，周瑜用吕蒙之计，留凌统守后，自己与吕蒙率军前往解救。等解甘宁之围后，周瑜撤军到北岸。吴军先锋先包围前来迎战的牛金所部曹军，反被曹仁两次突入救出牛金。在双方大战中，周瑜被流箭射中右胁，伤势非常重，不得不率军撤退。曹仁得知周瑜受伤，率军到阵前叫战。周瑜强撑起来，案行军营，激扬吏士。曹仁被迫撤退。

周瑜率军与曹仁所部鏖战时，刘备奏请刘琦为荆州刺史，并趁机率军夺取荆州南部的武陵、长沙、桂阳、零陵四郡，正式夺得立足之地。孙权任命周瑜为南郡太守，程普为江夏太守，全柔为桂阳太守。为更好联合对付曹操，孙权将公安借给刘备，让他率军驻扎那里。

这一战，曹操失去在短时间内统一天下的可能。刘备获得立足之地，孙权的势力也获得发展。相比而言，刘备的收获最大——他的势力从此日益壮大，进而谋取益州。孙权屡次亲率军进攻合肥，数战不利，损兵折将。曹操退回北方后，决定进行休养生息，多次下求贤令，恢复和巩固力量。

曹操通过以少胜多赢得官渡之战，又被孙权刘备联军以少胜多赢了赤壁之战。这场战争留下太多令人反思的地方。历朝历代的人都站在各自立场上给予了各自褒贬不一的评价。

四、人生顶峰，终身遗憾

赤壁之战失败了，曹操的雄心壮志依旧在——"老骥伏枥，志在千里；烈士暮年，壮心不已"，在积蓄三年实力后，得知刘备、孙权的势力都在迅速壮大，他又迫不及待地跨上战马，争夺西部要地。

关中诸侯林立，相互混战。汉献帝早年曾被董卓挟持到关中。董卓死后，董卓部下相互打起来，汉献帝寻机逃离关中。曹操逐鹿中原时，关中诸侯之间相对势均力敌，一直相互对峙，没出现强大的诸侯。建安十六年（211），曹操经过三年多休养和反思，决定先收复关中，兼并那些实力相对小的诸侯。

建安十六年（211）三月，曹操派钟繇和夏侯渊一起率军讨伐汉中诸侯张鲁，并以此为名进军关中。关中诸侯马超、韩遂、杨秋等人得到消息，非常害怕，联合起来对抗曹操。曹操派曹仁率军进攻关中。马超等人率军扼守潼关，抵抗曹仁所部西进。

马超文武双全，武艺超群，亲自率军镇守潼关。曹仁率军努力作战，但无法前进一步。曹操得知消息，亲自率军增援曹仁。经过长期谋划，建安十六年（211）七月，曹操率军大败关中联军，突破潼关，向关中挺进。马超等人想割地求和，换取曹操撤军。曹操不同意，率军继续进攻，志在消灭关中诸侯。

九月，马超、韩遂等人再次请求割地求和，并送世子做人质。曹操询问贾诩的看法，贾诩建议先假装同意割地求和，然后趁其不意消灭他们。曹操采纳了这条妙计，再次大败韩遂、马超等人联军。这一战后，韩遂和马超败逃到凉州，杨秋逃回安定，成宜和李堪等人被杀。关中军阀被扫除。一个月后，曹操又率军进攻安定，杨秋投降。

曹操率军撤回，命令夏侯渊率军继续西征。经过两年战斗，这支西征军先后赶走马超、消灭韩遂、宋建、横扫羌族、氐族部落，征服关右各种势力，将凉州基本纳入统治范围内。

一系列征战取胜，曹操的声望再次飙升。建安十七年（212），汉献帝特许曹操比照汉初丞相萧何的故事，"参拜不名、剑履上殿"。建安十八年（213），曹操起兵四十万，亲自率军南征孙权。

在曹操眼里，孙权是那个时代最聪明的人，曾公开感叹生子当如孙仲谋。孙权是那个时代与曹冲齐名的神童。曹操以前没引起足够重视，在赤壁之战中输了，现在想在江淮一线，通过决战击败孙权，报仇雪恨，找回颜面。

建安十九年（214）正月，曹操率军到达濡须口（今安徽无为北），攻破孙权设在江北的营寨，俘虏公孙阳，取得初战胜利。孙权得知消息，丝毫不畏惧，亲率七万大军，到濡须口抵御曹操。两军相持月余，曹操所部水军作战失利。春雨飘泼、江水上涨，曹操见难以取胜，便撤军北还。曹操与孙权亲自披挂上阵的战争就此结束。曹操没战胜孙权。

曹操回军一个月后，汉献帝册封他为魏公，加九锡，建魏国，定都邺城。魏国拥有冀州十郡，设置丞相、太尉、大将军等百官。此时曹操已经功成名就，离天子之位越来越近。不过，曹操内心惦记的依然是曾在赤壁联手击败他的孙权和刘备。

曹操与孙权已经对阵过。在江淮之地，双方势均力敌，谁也无法向前推进一步，多年以来战线一直徘徊在濡须口一带。对付孙权，曹操知道要从长计议，但也知道活不过小他二十八岁的孙权，只能留给子孙辈了。

再看刘备，虽然他也快花甲年华，却如鱼得水，不仅在荆州站稳脚跟，还将势力扩张到益州。曹操曾多次与刘备对阵，结果一直是胜利，胜利，胜利，只不过那时规模并不大。想来想去，曹操决定在有生之年，再与刘备来一次正面大决战。

建安二十年（215）三月，曹操得知刘备已占益州，决定先集中力量抢占要地。汉中是益州门户，刘备攻占益州，下一步必然要攻取汉中。于是，曹操抢先一步，率十万大军亲征汉中诸侯张鲁，目的是占领汉中要地，为下一步进入益州做准备。

汉中处于山地，曹操率军稳打稳扎，频频取得胜利，一路攻克河池，斩杀氐王窦茂，攻占阳平关，打开进入关中的大门。张鲁听说阳平关失守，率部逃往巴中防守。曹操率军攻占南郑，缴获张鲁府库的珍宝。随后，曹操又一步步推进。张鲁思考再三，决定投降曹操。汉中成为曹操的统治区。

汉中与益州相接，曹操率军进入汉中的消息传到益州。刚刚易主的益州百姓感到震动。司马懿劝曹操趁机率军攻占蜀中。在关键时刻，曹操却因后方发生叛乱，不得不撤回。同时，他留下夏侯渊、郭淮、徐晃、张郃等将领镇守汉中，并派张郃率军进攻巴西。

这一年，镇守荆州的关羽与孙权发生矛盾。孙权派人袭取了荆州南部四郡。刘备率军支援关羽，准备与孙权大战。张郃趁机率军进攻巴西，成功攻打到宕渠一带。刘备感到震惊，急忙与孙权讲和，以湘水划界，然后率张飞等人在瓦口关大破张郃所部。在张郃退走后，在法正、黄权等人劝谏下，刘备准备率军攻打汉中。

建安二十一年（216）四月，曹操从汉中撤回后，汉献帝册封他为魏王，三万户食邑，地位在诸侯王上，奏事不称臣，受诏不拜，以天子旌冕、车服、旌旗、礼乐郊祀天地，出入得称警跸，宗庙、祖、腊皆如汉制，国都邺城，王子都晋封为列侯。此时，曹操名义虽非天子，但已经有天子之实。一年后，汉献帝又赐予曹操王冕十二旒，乘金根车，驾六马，设五时副车。五官中郎将曹丕被册立为魏王世子。

曹操晋封魏王后，并没急着跟刘备对战，而是在建安二十二年（217）春再次率军猛攻濡须口。这一次，曹操出征目的是击败孙权，然后拉拢他，拆散刘孙联盟，避免遭刘孙夹击。曹操出其不意，击败孙权。孙权派都尉徐详求降。曹操同意，允诺重新结为姻亲。

时隔不久，刘备派张飞、马超、雷铜、吴兰等人率军攻打下辩①。曹操派曹洪、曹休、曹真率军抵抗。双方势均力敌，在汉中僵持着。

建安二十三年（218），张飞率军进驻固山，企图截断曹洪所部后方联系。曹休识破张飞的计谋。他建议曹洪趁蜀军兵力尚未集结之时袭击雷铜、吴兰所部。曹洪采纳建议，率军发起攻击。蜀军损失惨重。雷铜、吴兰等人战死。马超、张飞等人得知消息，被迫率军退走。

刘备又派陈式率军攻打马鸣阁道，企图断绝汉中与许昌的联系。徐晃率军迎战，一鼓作气击败陈式所部，斩杀非常多。

刘备得知消息，亲率大军赶到阳平关。夏侯渊、张郃等人率军与刘备在阳平关对峙。在许昌练兵的曹操得知消息，也亲自率大军赶往长安坐镇，以便随时指挥汉中战事。这时，北部边塞硝烟再起，曹操命令曹彰、田豫率军北征乌桓和鲜卑。曹彰、田豫不辱使命，取得北征胜利。

建安二十四年（219）正月，刘备率军从阳平关南渡沔水，到定军山扎营。夏侯渊率军来抢定军山。刘备派军趁夜火烧夏侯渊军营的外围鹿角。夏侯渊派张郃率军守东围鹿角，自己率军守南围鹿角。刘备将一万多兵分为十部，轮流猛攻张郃所部。张郃亲自率军上阵作战。刘备所部一时难以取胜。

夏侯渊派兵去救援张郃，没想到自己却意外战死。原来，刘备派黄忠率军攻打南围鹿角时，正好赶上夏侯渊率四百精兵在修复鹿角。黄忠抓住机会，乘着兵众多，地势高，鼓噪大喊，率军冲过去。在南围鹿角混战中，黄忠一举将夏侯渊斩杀。随后，黄忠又趁机攻向十五

① 下辩，古地名，下辩道，属武都郡，治所在今甘肃成县。

里之外的曹军军营。曹军因丧失主帅，迅速溃败。黄忠率军追击，斩杀益州刺史赵颙等人。

夏侯渊意外战死，汉中曹军惶恐不安。郭淮、杜袭等人推举张郃统领汉中诸军，以安众心。张郃率军驻守阳平关。夏侯渊死后，刘备准备率军渡汉水，进攻郭淮所部。郭淮部下见己方兵力过少，难以匹敌，建议依汉水结阵。郭淮不愿示弱，坚持远离汉水结阵，准备趁刘备所部半渡时袭击。刘备观察郭淮军阵后，没率军渡汉水。

得知夏侯渊战死，曹操既震惊又伤心，建安二十四年（219）三月亲自抵达汉中，进驻阳平关，与刘备对战。刘备踌躇满志，说即使曹操亲自前来，也不能改变什么，他一定要占领汉中。刘备在山上扎营，占据险要，固守不战，与曹操对峙。

曹操亲自来争夺汉中，将数千万粮草搬运到北山囤积，摆出持久战架势。刘备也派人回成都，让诸葛亮调兵来支援。杨洪认为，汉中是益州咽喉，家门之祸、存亡之机，劝诸葛亮全力运送粮草支援。

当时，黄忠在赵云营内。黄忠见曹操运来那么多粮草，建议赵云率军去劫取。囤粮重地，有重兵把守。为谨慎起见，赵云与黄忠约定期限后，让黄忠率军去劫粮。黄忠逾期未归，赵云率轻骑兵前往接应，与曹军相遇。曹军紧追不舍，直到赵云营前。赵云下令打开营门，偃旗息鼓。曹军怀疑有伏兵，引军退走。赵云趁机反击，曹军惊骇，自相践踏，死伤极多。

这一战后，刘备信心十足，主动出击，派义子刘封在阳平关前叫阵。曹操大骂刘备常派义子出战，称将派亲儿子曹彰来与刘封一战。随后，曹操派人去召曹彰来援汉中。曹彰接到消息，日夜兼程，赶到长安时，曹操已撤出汉中。

曹操撤退时，将汉中百姓迁走。刘备占领汉中全境，派刘封、孟达乘胜攻取魏兴、上庸、新城。刘备一生与曹操对战数次，汉中之战是唯一胜利的一次。他非常高兴，自称汉中王。

曹操对战孙权无法取得大战果，对战刘备又势均力敌，便意识到已经无法短时间内改变天下三分格局，迅速撤回中原，准备重新制定三方博弈战略。

曹操撤回，荆州前线传来令人震惊的消息。原来，关羽趁襄樊兵力空虚之际，从荆州向襄樊一带发起大规模进攻。曹操深知关羽勇猛，立刻派于禁率军去救樊城。

建安二十四年（219）八月，因天降暴雨，汉水溢流，百姓遭受洪灾。关羽趁机率军乘大船进攻，俘虏于禁，斩杀庞德，并将樊城团团围住。当时，樊城只有数千守军，城被水淹，水面离城楼仅有数尺。曹仁率军死守。曹操得知消息，又派徐晃率军去救樊城。十月，曹操从关中赶到洛阳，亲自指挥救援樊城。

在关键时刻，局势又发生突变。曹操期待的意外惊喜如期到来。见刘备势力迅速坐大，早有攻取荆州之心的孙权便想联结曹操，派吕蒙率军偷袭荆州首府江陵。曹操收到孙权的书信后，意识到转机来临，立即派人将相关消息告知曹仁，命令他继续坚守，说魏王将到摩陂，同时派十二营兵去增援徐晃，命令徐晃率军反击关羽。

经过恶战，关羽败走。吕蒙率军偷袭江陵得手。在前线作战失利的关羽被迫撤往益州。在途中，关羽被孙权部将擒杀。为了避免刘备报复，同时将祸水引到曹操身上，孙权派人将关羽首级送到洛阳，制造曹操杀死关羽的假象。曹操看穿孙权的计谋，又将祸水"还"回去，公开高规格安葬关羽，大张旗鼓地宣布任命孙权为骠骑将军、荆州牧——他企图用"荆州牧"来刺激刘备，激发刘备仇恨孙权。

孙权见一计不成，又生一计。他派人送贡品，主动向曹操称臣，劝曹操称帝。经历局势大起大落的曹操，在斗智斗勇方面已到炉火纯青的程度。他明白孙权此举不怀好意，想在关键时刻将刘备的愤怒转到他身上，便公开将孙权的信给群臣看，还大骂："孙权那小子想将我往火炉上放啊！"

有人没看透曹操的用意，抱着一片忠诚，趁机也劝曹操称帝。曹操对他们说了一番意味深长的话："如果天命在我这里，我当个周文王也不错！"

一番斗智斗勇后，年老的曹操生命也走到了尽头。建安二十五年（220）正月，曹操死在洛阳。他奋斗的一生结束了，留下一个三足鼎立局面。对世子曹丕来说，守成，面临巨大挑战，即要对阵曹操都头痛的对手刘备和孙权；进取，面临巨大机会，即拥有实现人生梦想的条件和别人无法企及的资源和财富，登上天子位只有一步之遥。

是守成，还是进取，曹丕要给历史一个交代。

第三章　要给历史一个交代

是守成，还是进取？反正都要承受压力。曹丕选择进取，充分发挥才干，挑拨对手敌对，寻机称帝，整顿内部，化解压力，实现王朝更替。

一、危急时刻，成就王业

建安二十五年（220），是历史处在十字路口的一年，也是曹丕胆战心惊度过的一年。

建安二十五年（220）正月二十三，一生南征北战的魏王曹操病死在洛阳。当时，曹操已经消灭北方各割据势力，统一中原，与刘备、孙权三分天下。经过多年兼并战争，曹操成为北方人统一天下的希望所在。他死去，意味着天下局势将发生巨大变化。

曹操死时，世子曹丕尚在邺城，驻守在洛阳的军队骚动不安。曹操部下出现意见分歧。有人想先保守秘密，不公布曹操去世消息，等世子到洛阳后再说。有人认为应把各城池守将换成曹操家乡人，防止各地发生意外事件。在洛阳的大臣争吵不休。谏议大夫贾逵和魏郡太守徐宣力排众议，坚持发布丧事，命令各将领坚守岗位，等待命令。

远在邺城的世子曹丕得知父王死的消息时，感觉天崩地踏，恸哭不已。他身边的大臣也相聚痛哭，一片混乱。中庶子司马孚认为，当务之急不是哭泣，便站出来劝慰曹丕："先王去世，举国上下都仰仗您的号令。您要上为祖宗基业着想，下为全国百姓考虑，怎么能效法普通人的尽孝方式呢？"

见司马孚劝谏，曹丕停止哭泣，向司马孚请教下一步该怎么办。司马孚在朝堂上大声说："如今，大王去世，全国震动，当务之急是拜立新王，以镇抚天下。难道你们只会哭吗？"群臣停止哭，开始商议接下来急办的事。

是先继位，还是先办理魏王丧事。曹丕和群臣展开商讨。他们一致认为继位是当务之急，但在具体流程上出现巨大分歧。有人认为，世子曹丕即魏王位，应先有皇帝诏令。陈矫认为，魏王在外去世，全国惊惶恐惧，情况危急，世子应立即继魏王位。新魏王继位安定人心，才能避免发生各种意外。曹丕支持陈矫，召集百官，安排礼议，要求大家在一天内完成继位所有准备。

第二天，在邺城，曹丕以奉魏王后命令为由，宣布继任魏王，大赦天下。新魏王曹丕安排部分亲信镇守邺城，然后率领部分亲信日夜兼程赶往洛阳。

邺城是魏王封地首府。在击败袁绍占领邺城后，曹操将邺城打造成大本营。曹操封魏王后，邺城成为魏国王都。

建安二十四年（219），曹丕以魏王世子身份镇守邺城。当时，曹操在外征战，面临巨大危机——刘备占汉中称王；关羽发动襄樊战役，于禁全军覆没，曹仁被困樊城；孙权趁机率军袭击合肥。战局不利，曹操疲于奔命，内部也蕴含杀机。

相府西曹掾魏讽颇有智谋，口才出众，善于蛊惑人心。曹操率军出征时，魏讽没跟随，而是留守后方。得知曹操面临窘境，魏讽不仅不尽职尽责排忧解难，还趁机以保卫汉室为旗号，联合金祎、耿纪、韦晃等人，勾结长乐卫尉陈祎，准备率军袭击邺城，杀死曹操家人。

曹操已经在邺城经营多年，也笼络了一些亲信。长乐卫尉掌领卫士，负责守卫宫殿、门户，负责护卫邺城王宫。陈祎深知反曹操的最终结局，心中恐惧，主动向世子曹丕告密。曹丕大惊，不敢有丝毫马虎，将计就计，率军伏杀魏讽、金祎、耿纪、韦晃等人，并趁机清洗在邺城的官员将领，消灭亲汉反曹势力。

这件事有惊无险地过去后，曹丕更重视掌握舆论控制权。他自幼酷爱文学，积极组织文学团体，与很多文人关系亲近。邺城事件后，他继续参与鼓励文学创作，趁机笼络大批士人，培育亲信势力。只要有机会，他就会参加文人聚会，通过与文人交流，了解民情和舆论走向。

这次魏王曹操突然死去，曹丕亲信发挥了重要作用。在赶往洛阳发丧途中，曹丕收到御史大夫华歆带来的汉献帝任命诏书、丞相印绶和魏王玺绶。曹丕成为合法的丞相、魏王兼任冀州牧。他提心吊胆的继位问题解决了一大半，剩下的是，如何处置对魏王之位有威胁的弟弟们。

曹丕于中平四年（187）冬生于谯，天资聪颖，从小接受过良好教育，广学博览，有深厚文学素养。他六岁时学会射箭，八岁时学会骑马，十岁就开始随父南征北战，体魄强健，见闻丰富。此外，曹丕还有高超的武艺，曾与精研武术的奋威将军比剑，三战三胜。不过，曹丕虽然优秀，但他兄弟中优秀的也不少。他世子之路从不缺乏强有力的竞争者。曹丕有二十五个兄弟，能与他比肩的就有曹昂、曹冲、曹植三人。

曹昂是曹操嫡长子。曹丕是曹操嫡次子。在曹昂面前，曹丕没任何竞争力。曹昂在征讨张绣时为保护曹操而死，曹丕才有做世子的机会。

曹丕最大的竞争对手是曹冲。曹冲是与孙权齐名的神童，是曹丕众兄弟中最聪明的，也是最受曹操宠爱的。曹昂死后，曹操准备让曹冲做世子。曹冲五六岁时智力就已经接近成人，知识和判断能力如成年人。有一次，孙权送来一头大象。曹操想知道大象的重量，询问属下，但他们都想不出称象的办法。曹冲说："把象放到大船上，在水面所达到的地方做上记号，再让船装上其他东西，称一下那些东西，就能知道大象有多重。"曹操听了很高兴，马上照此法称象。

曹冲聪慧过人，天性仁厚爱人，身边一些人不慎有了过失，也总是设法替人说情。遗憾的是，曹冲在十三岁时病死了。

曹冲死后，曹操曾对曹丕说："曹冲早死是我的不幸，然而，对你而言，是幸运的事。"曹丕后来也常对人说："如果曹冲活着，我也没登基称帝机会。"不过，曹昂死了，曹冲死了，曹丕世子之路也并不平坦。多才多艺深受曹操宠爱的曹植，是曹丕强劲的竞争对手。

曹植是曹操嫡四子，曹丕是曹操嫡次子。曹植才华横溢，写文章与父亲曹操、二哥曹丕并称"三曹"。在曹植面前，曹丕除了是二哥外，没丝毫竞争优势。曹操长期在立嗣问题上犹疑不决。贾诩、崔琰、司马懿、陈群、桓阶、邢颙、吴质等人拥护曹丕；丁仪、丁廙、杨修、孔桂、杨俊、贾逵、邯郸淳等人拥护曹植。他们各自结为党羽，设计谋、造舆论，尔虞我诈，互相倾轧。世子之争变成拥护曹丕集团和拥护曹植集团之争。

丞相主簿杨修长期在曹操左右，成为世子之争关键人物。杨修出身著名世族门阀弘农杨氏，智谋过人，消息特别灵通。他支持曹植，为曹植出谋划策，将曹操的喜好和一举一动秘密告诉曹植。结果，曹植一举一动越来越受曹操喜欢。曹植渐渐占优势，差一点就当上世子。不过，曹植占优势后，行为任性，不注意节制，醉酒擅闯司马门。曹操不高兴。

杨修聪明透顶，但不懂得藏拙，多次看破并说破曹操的心思。曹操得知曹植一举一动都是杨修出谋划策教的，非常忌恨。建安二十二年（217），曹操最终选曹丕做世子。在汉中之战撤退时，杨修向同僚说破曹操的计谋，提前准备撤退。曹操恼怒，趁机下令处死杨修。

曹丕当上魏王后，如何进一步消除曹植集团的威胁，成为必须考虑的问题。令曹丕意外的是，孔武有力的三弟曹彰先让他感到了威胁。曹彰镇守长安，在得知父王死讯后，抢先从长安赶到洛阳，并公开向相关官员询问魏王印玺。贾逵拒绝告知魏王印玺相关消息，并严肃警告曹彰："这不是您应该过问的事。"曹彰没继续纠缠，但曹丕听到此消息，内心不安。

曹彰长着黄胡子，武功高强，喜搏猛虎，膂力过人，不善文章，曾在建安二十三年（218）率军征服乌桓，降服鲜卑大单于轲比能。他手中掌握着大量军队，如果发动叛乱，那危害难以想象。

不过，曹丕相信曹彰即使有想法，也不是他的对手。因为，曹操曾批评曹彰说："你不向往读书学习圣贤之道，却好骑马击剑，这些都是只能对付一个人的，有什么好珍贵的？"曹彰不喜欢《诗经》《尚书》，崇拜卫青、霍去病那样的人，人生梦想就是做将军。曹操没将曹彰列入继任人考察范围。

到洛阳后，曹丕先依据父王曹操遗嘱，将他葬在邺城西郊，然后封曹彰万户侯，命令他速回长安。在笼络三弟曹彰后，曹丕着手打压曾经的对手四弟曹植。灌均迎合曹丕，故意说临淄侯曹植坏话。曹丕趁机将曹植贬为安乡侯，杀死曹植的党羽丁仪、丁廙及其家人。事后，曹丕命令所有曹氏宗族子弟迅速各回岗位，没皇帝诏令不得来京城。

为巩固统治和提升威望，曹丕下令废除中常侍和小黄门，改设散骑常侍，又宣布严禁宦官干政；然后采纳陈群的意见，确立九品中正制，缓和曹氏与世族门阀关系，取得他们支持，从而笼络统治阶层中上层。

曹丕做梦也没想到，限制宦官干政和推行九品中正制，成为曹氏家族丧失政权的重要原因。

二、建魏代汉，有惊无险

曹丕一向对外主张征伐，渴望早日实现天下统一，但面对天下三分局面，他每一步行动都必须谨慎。因为他当上魏王后，不得不继续与咄咄逼人的皇叔刘备及神童孙权博弈，还要努力实现父亲曹操的遗志——如果天命在我这里，我当个周文王也不错！

曹丕继承父业，让父王实现"当周文王"梦想，才是一个完美的交代。当然，他也明白实现这一点，需要内外条件成熟。

曹丕一边整顿内部，一边等待外部机遇。他从东汉末年纲纪紊乱的历史中吸取教训，将权力集中在手里，同时，为稳定政权，还大力笼络和扶植亲信势力，打击和排除异己势力。他任命贾诩为太尉，华歆为相国，王朗为御史大夫，夏侯惇为大将军，派人册封投降的反军首领郑甘、王照，命令苏则率军平定武威、酒泉、张掖叛乱。经过一系列操作，他完全掌控了从地方到朝廷的权力。

没多久，曹丕收到好消息。关羽失败后，上庸三郡成为突出部，孟达担心遭围攻，派人送信给魏王，表示愿意归顺，请求派人接应。

原来，刘备入蜀时，刘璋派孟达和法正去迎接。刘备命令孟达率军守江陵。刘备占领蜀地后，孟达出任宜都太守。建安二十四年（219），孟达率军从秭归出发，攻占房陵后，继续进攻上庸。刘备担心孟达难以独担重任，命令刘封从汉中沿沔水而下，前来统领孟达所部，与孟达在上庸会合。就这样，孟达一下子变成刘封的属下。刘封仗着刘备义子的身份，经常欺凌孟达。

关羽在襄樊一带遭反攻时，曾要求刘封和孟达派兵援助。刘封往昔多次遭关羽训斥和排挤，加上所率军队内部也不和睦，担心派出援军后会发生意外，拒绝了关羽的求救。关羽战败被杀，刘封责任不小。刘备迟早会追究。孟达与刘封不和，怕刘封将罪责推到他身上，便准备率四千人投降魏王曹丕。

曹丕了解相关情况后，认为削弱刘备的机会来了，派夏侯尚、徐晃率军去接应孟达，趁机收复上庸三郡。孟达投降后，曹丕任命孟达为建武将军，封平阳亭侯，还将房陵、上庸、西城三郡合为新城郡，任命孟达为新城太守。孟达非常高兴，率军积极配合夏侯尚和徐晃，帮助他们将房陵、上庸、西城从刘封手中抢夺过来。

事后，曹丕评估刘备出兵报复的可能性。但没多久，他又得到两个好消息：曾杀死夏侯渊的猛将黄忠死了；孙权派人向刘备请和，被拒绝。结合其他信息，曹丕判定：刘备势力已经不如一年前，刘备对关羽之死耿耿于怀，兴师伐吴，和孙权之间一场大战不可避免。

刘备必将跟孙权打起来，曹丕坐收渔翁之利的时机来临。他给历史一个交代，实现父王"当周文王"梦想的外部条件已成熟。

在董卓之乱后，汉朝天下名存实亡。迁都许昌后，曹操挟天子以令诸侯，汉献帝已成为傀儡。汉献帝刘协是曹操女婿，曹丕姐夫。见内外局势对称帝有利，曹丕便不再有顾虑，决定趁机代汉称帝。

延康元年（220）十月初一，曹丕下令收殓、祭奠阵亡将士，大肆笼络人心。一些大臣劝汉献帝主动禅位。同月十三日，汉献帝在高祖庙祭祀，祭告列祖列宗，派代理御史大夫张音带着符节、捧着皇帝玺绶及诏书，禅让帝位给魏王曹丕。曹丕三次上书辞让，才登受禅台称帝，国号魏，改元黄初，定都洛阳，大赦天下。

第二天，新皇帝曹丕尊奉退位的汉献帝刘协为山阳公，仍然使用汉朝历法，行皇帝礼仪、音乐；追尊祖父曹嵩为太皇帝，父亲曹操为武皇帝，尊奉母亲卞氏为皇太后；改封汉朝诸侯王为崇德侯，列侯为关中侯。大臣们封爵、升迁各有不同。东汉宣告灭亡。曹氏家族的帝王时代开始。

称帝后，曹丕努力成就一番儒家仁政君主的作为。在政治上，他继承父亲曹操统一山河的志向，密切关注天下局势走向，并及时调整策略。曹丕预料，刘备和孙权得知建魏代汉消息后，有可能会放弃前嫌，打着为汉朝天子报仇的旗号，向魏国发起进攻。孙权出兵的可能性小些。号称皇叔的刘备出兵可能性较大。不过，刘备连损大将，又丢城失地，即使发兵来攻，曹丕也有信心击退。

在观察局势的同时，曹丕在魏国推行他的治国理念。他效法上古仁君，恩威并重，巩固权力，坚持大权独揽，集权在手，制法削藩，打击异己，禁外戚宦官干政。他还与民休养生息，政倾惠民，复兴儒学，以教化民众，恢复社会生活秩序，促进社会经济与文化的发展。

曹丕担心称帝后，刘备会发兵进攻魏国，但后来的事实，让他发现将问题想严重了。

原来，关羽死后，刘备非常悲愤，发誓要报仇。没多久，曹操病死，曹丕继位。刘备逐鹿天下的对手从曹操变成曹丕，但他依旧不能原谅背后捅刀的昔日盟友孙权。孙权派人求和，刘备依旧处在悲愤之中，拒不接受。这种不接受，意味着刘备要兴兵给关羽报仇。正在准备给关羽报仇时，刘备先后接到黄忠病死和曹丕称帝的消息。

从参与逐鹿中原开始，刘备就一直宣扬自己是"中山靖王之后"，被汉献帝册封为皇叔后，时刻以皇叔自称。他能号召将士和百姓的，除"爱民如子"，就是"保卫汉朝皇室"。汉朝江山被篡夺，他有责任率忠诚于汉朝的人讨伐"窃国贼曹丕"。

不过，刘备得知消息后的表现并非如此。他告诉蜀地民众"汉献帝已遇害"，即用一个传闻代替汉献帝禅让后被封山阳公及生活方面仍然享受皇帝待遇的事实。然后，他给汉献帝举行了一场"葬礼"，进行伤心欲绝的悲痛表演。最后，刘备手下纷纷以各种祥瑞、图谶为由请求他继承帝位。刘备忸怩一番后，顺从民意，继位称帝。

黄初二年（221）四月初六，在成都武担山南，刘备即皇帝位，宣布继承高祖刘邦和光武帝刘秀的天下，改年号章武，任命诸葛亮为丞相，许靖为司徒，其他官员都按照汉朝体制一一设置。此时，距曹丕建魏代汉已经过去了半年。曹丕已经稳定魏国内部。刘备为汉献帝报仇的最佳时机已经过去。

刘备称帝后，也没为汉献帝报仇而兴兵攻打魏国，而是将夺回荆州，为关羽报仇，当作当务之急。

孙权夺取荆州后，几次设计将关羽之死的祸转嫁给曹操，都被识破。曹操死后，曹丕袭承职爵，继续与孙权、刘备逐鹿。曹丕是个冷静的人，小心翼翼地应对时局，抓住最佳机会称帝。在曹丕称帝后，刘备也跟着称帝，依旧没兴兵报仇，准备攻打孙权。曹丕得知此消息，暗自欣喜。

相应地，孙权此刻非常焦虑——他日夜担心刘备报复，也担心曹丕趁机派兵进攻，让他首尾难顾。孙权想来想去，派出使者与曹丕修好关系，主动送还于禁等人。

曹丕称帝有惊无险，唯恐刘备和孙权不打起来。孙权承认曹丕的皇帝身份，曹丕便趁机高调授予孙权大将军，封吴王，加九锡。至于刘备称帝，曹丕则是"你不承认我，我也不承认你"，既不派人去祝贺，也不派兵去攻打。

在三方博弈中，曹丕能举重若轻，充分说明他的政治智慧已经不输于他先父曹操了。

三、对战神童，不输风采

曹丕、孙权、刘备三方博弈，曹丕虽比孙权小五岁，但基本是同一辈人，曹丕与刘备相差二十多岁，本质上就是两代人。曹丕发现刘备以夺回荆州、为关羽报仇为当务之急，看在眼里，乐在心里。孙权主动派人来示好称臣，帝位获得承认的曹丕顺势拉拢孙权，给他封王，以鼓励他对抗刘备，内心也充满期待——两个资深博弈对手畅快淋漓地打一仗吧！

孙权向魏国称臣后，刘备起兵进攻孙权。曾经刘孙联合抗曹，如今变成曹孙联合抗刘。曹丕口头上支持孙权，但他没派一兵一卒配合孙权，事实上在隔岸观火。大臣们担心孙权打不过刘备，导致刘备战后实力坐大。曹丕非常相信自己的判断，认为无论谁输谁赢，魏国都是最大受益者。他坚持坐山观虎斗战略，唯恐刘备与孙权突然握手言和。

黄初二年（蜀汉章武元年，公元 221 年），得知刘备率军攻过来时，孙权派人去求和。刘备不答应求和。孙权没办法，想起刘备的军师诸葛亮是诸葛瑾亲弟弟，便让诸葛瑾给刘备写了一封信。诸葛瑾在信中说："您和关羽亲，相比与先帝①，哪个更亲呢？荆州的大小，相比天下，哪个更大呢？这都是你应报仇的，哪个该优先呢？搞清楚这个，

———————

① 先帝，此处指已废的汉献帝刘协。

如同翻手掌一样的。"诸葛瑾如此明显提醒刘备以大局为重，应该先找曹丕为先帝报仇。

遗憾的是，此刻刘备已经被情绪笼罩住了。他并不重视诸葛瑾的信，没有冷静思考。他反而认为，孙权怕他报仇，才想到利用诸葛瑾的特殊身份来劝他。这说明孙权心虚，当下是率军夺回荆州，为关羽报仇的最好机会。刘备更坚定地要率军攻打吴国。

不久，张飞率一万精兵从阆中赶往江州与刘备会师，在途中因喝醉暴打部下被杀。刘备得知消息，心情更不好，又将原因归结到孙权身上。他认为，张飞的死是关羽被害引起的，孙权是害死他兄弟的元凶。

黄初二年（蜀汉章武元年，公元 221 年）七月，刘备亲率数万军队，对孙权发起了大规模进攻。当时，刘备和孙权的边界已西移到巫山。三峡是联络荆州和益州的交通要道。刘备派吴班、冯习、张南等人率三万人为先锋，夺取峡口，攻入孙权地盘内。在巴东，吴班、冯习、张南等人率蜀军先锋打败李异、刘阿所部吴军，成功占领秭归。

刘备率军攻打孙权时，曹丕表过态支持孙权。在占领秭归后，刘备便防范曹丕趁机率军袭击。他做了特别部署，派黄权率军驻扎在长江北岸，派马良到武陵争取当地部族首领沙摩柯起兵协同蜀军作战。沙摩柯等五溪蛮夷加入后，蜀军先锋的总兵力达到五万人，声势非常大。

孙权想尽办法避免战争爆发，刘备却执意要进攻，夺回荆州。孙权也只好奋起应战。他没亲自率军迎战，而是任命陆逊为大都督，统率朱然、潘璋、韩当、徐盛、孙桓等部五万人，开赴前线，抵御蜀军。

陆逊早做好与刘备作战的心理准备。他深入分析双方的兵力、士气及地形诸条件。他发现，刘备所部兵势强大，居高守险，锐气正盛，求胜心切，决定暂时避开蜀军锋芒，消耗他们的锐气，再伺机发起反攻。

因在荆州一战而擒杀关羽，吴军诸将信心十足，迫切想跟刘备所部决战。陆逊耐心说服诸将，对刘备所部示弱，果断地实施战略退却。吴军退出高山峻岭地带，后撤到夷道、猇亭一线，在那里修筑工事，转入防御，遏制蜀军继续进攻。

这样，难以展开兵力的数百里长山留给了蜀军。在这一带，无论是进军，还是运输粮草，都极其不便利。而陆逊建立防御工事后，集中兵力，遇到机会就可以随时反击。

黄初三年（蜀汉章武二年，公元222年）正月，吴班、陈式率水军进入夷陵，驻扎在长江两岸，与吴军形成对峙。孙权给曹丕上书，报告出兵迎战刘备的事。曹丕每天都在密切关注刘备与孙权的交战情况，亲自写信给孙权，鼓励他努力作战。

一个月后，刘备亲率蜀军从秭归赶到猇亭，建立大本营。此时，蜀军已深入吴境内二三百公里。吴军不再撤退，顽强抵抗。蜀军进攻势头被迫停顿下来。陆逊率吴军扼守要地，坚守不战。蜀军不得已，在巫峡、建平到夷陵一线数百里地上设立几十个营寨，以保障后勤补给。

见陆逊坚守不战，刘备设计引诱他率军出战。陆逊坚持既定战略，不分散和消耗兵力。蜀军和吴军对峙了半年多，相互攻打多次，但依然处在相持状态，没分出胜负。为了逼迫吴军决战，刘备派吴班率数千人去阵前辱骂挑战。陆逊依然沉住气，不予理睬。

见一计不成，刘备又派吴班率数千人到平地建立营寨，另派出八千人在山谷中埋伏好，企图引诱吴军出战，将他们引诱到埋伏圈聚歼。陆逊看破刘备的计谋，坚守不战。刘备依仗优势兵力速战速决的战略意图破产。蜀军将士的斗志逐渐涣散松懈，失去主动优势地位。

曹丕得知刘备率军与孙权交战时，树栅连营七百余里，认为刘备犯了兵家大忌，必定速亡。果然，几天后，他的预言就实现了。

正值酷暑时节，南方暑气逼人。蜀军将士不堪炎热折磨。刘备无可奈何，下令水军舍舟转移到陆地上，将军营设在深山密林里，依傍溪涧，屯兵休整。他准备秋后再发动进攻。

蜀军在吴境二三百公里的崎岖山道上，远离后方，后勤保障非常困难。刘备百里连营，兵力分散，给陆逊实施战略反击提供了机会。陆逊见蜀军士气沮丧，放弃水陆并进、夹击蜀军的作战方针，认为战略反攻时机已成熟。他将想法上报孙权。孙权批准了反攻计划。

炎夏季节，气候闷热，蜀军营寨由木栅筑成，周围又是树林、茅草，一旦起火，会烧成一片。陆逊命令吴军每人带一把茅草，乘夜突袭蜀军营寨，顺风放火。顿时间，火势猛烈，蜀军大乱。

陆逊率吴军趁机发起反攻，迫使蜀军西退。朱然率五千吴军突破蜀军前锋军队，猛插到蜀军后部。他与韩当率吴军在涿乡围攻蜀军，切断蜀军退路。潘璋率吴军猛攻冯习所率蜀军，取得巨大胜利。诸葛瑾、骆统、周胤分别率吴军，配合陆逊所部主力，在猇亭向蜀军发起攻击。孙桓也率军主动出击、投入战斗。

吴军全面反攻，进展顺利，攻破蜀军四十多座营寨，且用水军截断蜀军长江两岸的联系。张南、冯习及土著部族首领沙摩柯等人阵亡，杜路、刘宁等人投降东吴。

刘备见全线崩溃，逃往夷陵西北马鞍山，命令蜀军环山据险防守。陆逊集中兵力，四面围攻，又歼灭近万蜀军。蜀军溃不成军，大部分死伤和逃散，车、船和其他军用物资丧失殆尽。刘备乘夜突围逃走。傅肜率蜀军殿后，所部全部战死。

刘备率残部逾山越险，才得以摆脱追兵，逃到白帝城。黄权率军在江北防御魏军。刘备败退后，黄权向西归路被吴军截断。他耻于向吴军投降，不得已率众北上向魏国投降。坐山观虎斗的曹丕无意间有了一个巨大的收获。

刘备逃到白帝城后，吴将潘璋、徐盛等人都主张乘胜追击，扩大战果。陆逊担心魏国趁机浑水摸鱼、袭击后方，下令停止追击，主动撤兵。

击败刘备后，孙权原先答应送长子孙登入魏为质一事便再三拖延。魏吴关系貌合神离，变得微妙起来。面对孙权的欺骗与背叛，曹丕十分恼怒，渐渐失去耐心。

两个月后，孙权起兵进攻魏国。曹丕下《伐吴诏》，鼓励将士南征作战。曹丕从许昌出发南征，诸军并进。不久，曹真、张郃、曹休等诸军相继击败孙盛、大破吕范、火烧诸葛瑾，几乎攻下江陵。孙权临江拒守，几条战线或溃或败。

曹丕胜利在望时，不料遇到疫疾。孙权又趁机遣使纳贡，双方言和。曹丕下令退兵。曹丕退兵不久，曹真率诸将及州郡兵讨破叛胡治元多、封赏等，平定河西。这次胜利弥补了曹丕攻伐东吴的遗憾。

黄初四年（223），魏国重臣曹仁、曹彰、贾诩先后去世。天下局势也发生大变化。刘备战败后退居永安白帝城，一直住在那里，没回成都。打败刘备又得罪曹丕的孙权得知消息，又派人到白帝城请求和好。惨败于孙权的刘备顺势同意。

同年三月，自感大限将至的刘备召来诸葛亮和李严，将太子刘禅托付给他们。刘备嘱咐太子刘禅事诸葛亮如父，告诫"勿以恶小而为之，勿以善小而不为"。刘备死后，刘禅继位，诸葛亮主持政务。诸葛亮重点整顿内务，东和孙权，北抗曹丕，但未对魏国发起进攻。

面对局势变化，曹丕集中力量对付欺骗和背叛他的孙权。黄初六年（225）十月，他到长江下游北岸据点广陵故城，临江举行阅兵。当时，魏军有十多万，旌旗数百里。等魏军做好渡江演练，具备渡江作战实力时，严冬来临。当年大寒，水道结冰，船无法进入长江里，曹丕发现伐吴时机不成熟，不得不无功而返。

曹丕多次与孙权交手，都没取得预期效果，留下巨大遗憾。这并不是说曹丕没军事才干，他假借征吴之名，平定了青州、徐州一带地方割据势力，完成北方完全统一，给魏国进一步强大奠定了基础。

不幸的是，曹丕的对手神童孙权机智狡诈，运气爆棚，赢了那个时代三场以少胜多大战中的两场，还在博弈中熬死敌对国家多个皇帝。曹丕是其中之一。

在长江边阅兵后，曹丕率部北撤。黄初七年（226）正月，曹丕回到洛阳，生病。五月，曹丕病重，命陈群、曹真、曹休、司马懿受领遗诏，共同辅佐嗣主曹叡。不久，曹丕死去，曹叡继位。

曹叡将继承父业，与孙权、刘禅进行博弈。曹叡是否有能力击败他们呢？历史给出了令人满意的答案。

第四章　皇权专制的利与弊

曹丕活到四十岁死去，曹叡继任皇帝。曹叡牢牢掌控皇权，魏国政治、经济、军事、文化蒸蒸日上，成为实力最强一方。遗憾的是，曹叡三十六岁死去，他的八岁养子曹芳继位，皇权旁落。

一、政由己出，皇权至上

与孙权博弈，曹丕丝毫不落下风。在三方博弈中，他也掌握着主动权。遗憾的是，天不假年，黄初七年（226）五月十六日，四十岁的曹丕病死。

曹丕早死令人意外，因而直到临死，他才下令立曹叡为太子，遗诏曹真、司马懿、陈群、曹休共同辅政。这是魏国首次皇位更替。四位辅政大臣都是魏国顶级人物。曹真和曹休是宗室代表。曹真是曹操养子，随曹操征战多年，战功累累，深受曹丕信赖，担任中军大将军、给事中。曹休是曹操侄子，一直跟随曹操征战，在曹丕当皇帝后，是镇守扬州的军事统帅。陈群和司马懿是世族门阀代表及曹丕亲信代表。陈群出任尚书令、镇军大将军、中护军、录尚书事，为魏国礼制、政治制度建设做出过突出贡献；司马懿出任抚军大将军、假节，留镇许昌，是曹丕多年的亲信。

在四大辅臣辅佐下，二十二岁的曹叡开始了皇帝之旅。他接手的是实力上升的魏国，但继承人之位获得的过程惊心动魄，导致他极度缺乏安全感，处理政务时，有时超级自信，有时又固执己见。

曹叡生于建安九年（204），是曹丕长子。曹丕称帝后，曹叡被封齐公，不到一年就被降为平原侯，一下子跌入人生低谷。

曹叡生母甄氏十四岁时嫁给北方世族门阀盟主袁绍的二儿子袁熙。建安九年（204），曹操率军攻破邺城。曹丕看上甄氏，迎娶了她。甄氏获宠，生下儿子曹叡和女儿东乡公主。

延康元年（220）冬，曹丕建魏代汉，汉献帝退位，被封山阳公。山阳公把两个女儿许给曹丕做妃嫔。曹丕接纳了。山阳公有五个妃嫔，分别是曹节、曹宪、曹华及董贵人、宋贵人。曹节、曹宪、曹华都是曹丕的姐妹。曹丕毫无顾忌地纳山阳公女儿为妃子。天下人都觉得是舅舅娶外甥女。此外，曹丕还非常宠爱郭贵嫔、李贵人、阴贵人。昔日受宠的甄氏日益失意，内心怨恨曹丕移情别恋，日常生活说话中流露出怨恨。

当时，曹丕对宦官和后族管得非常严格。见甄氏埋怨不断，曹丕决定拿她做典型，在黄初二年（221）六月赐死了她。甄氏被赐死后，曹丕认为曹叡不再适合做继承人，又在同年八月将曹叡降封平原侯。

太子位置空出来后，曹丕庶子曹礼受到特别关注。曹礼是徐姬所生。曹叡被降位后，曹礼受封京兆王。两人一降一升，别人都看出曹丕想立曹礼为太子。

当时门第观念非常浓厚，在庶子曹礼和嫡子曹叡之间，无论是世族门阀，还是朝中大臣，都倾向于曹叡。毕竟曹叡是嫡长子，被冷待跟他本人没直接关系。曹叡的家臣官吏和师长友伴都是品行正直的人。他们互相匡扶，勉励矫正，努力帮曹叡树立好名声，以便在众多皇子中脱颖而出。曹叡突然被降位，感到冤枉委屈，但他吸取生母教训，没表露出来，在处理事务时小心谨慎，努力树立好形象。

曹叡的声望逐渐起来。曹丕又将他纳入太子人选考察范围内。吏部尚书卫臻与曹叡私交非常好。曹叡做太子时，经常与卫臻讨论朝政大事和读书心得。曹叡被降封平原侯后，曹丕曾旁敲侧击地问卫臻有关曹叡的情况。卫臻只称曹叡明理而有德行，闭口不谈其他。曹丕再三追问，卫臻也是如此回答。曹丕决定找机会再考察一下曹叡。

有一次，曹丕出去打猎，命令曹叡陪同。曹叡想起父皇在接受类似考验时以孝顺取胜的往事，决定趁机展示孝顺。

在打猎过程中，他们遇到一对母子鹿。曹丕先将母鹿射死，再命令曹叡射杀子鹿。曹叡不从，两眼泪汪汪地说："父皇已经杀掉母鹿，儿臣实在不忍心再杀它的孩子。"

这与曹丕赐死曹叡生母甄氏然后降封曹叡极其相似。曹叡痛哭不已。曹丕也想起了那件事，见曹叡痛哭，悔恨愧疚之情油然而生。他放下弓箭，默默走了，但内心已经确定要立曹叡为太子。

曹丕册立曹叡为太子，需要给天下臣民合理解释。他将曹叡过继给郭皇后做嗣子。郭皇后即甄氏处死前的郭贵嫔。郭皇后深受曹丕宠爱，但一直没生孩子。曹叡给郭皇后做嗣子，多少有些黑色幽默。因为他生母甄氏的死，多少跟郭氏有关。曹叡深知皇权至高无上的威力，不仅顺从地做了郭皇后嗣子，还非常孝敬她。最终，曹叡的举止打动了郭皇后。郭皇后也对他慈爱有加。不过，曹丕依然没宣布册封他为太子。直到病死前两天，曹丕才匆忙下诏册立曹叡为太子。曹叡当太子一天后，就继位当皇帝。

曹丕中年猝死，曹叡仓促继位，孙权趁火打劫，想给曹叡一个下马威。

黄初七年（吴黄武五年，公元 226 年）八月，孙权命令诸葛瑾、张霸兵分两路进攻襄阳，亲自率军进攻江夏。曹叡派司马懿前往襄阳坐镇防守。江夏太守文聘率魏军坚守。在朝议时，群臣认为司马懿守住襄阳没问题，但文聘守江夏就很难说，请求发兵救援江夏。得知吴军进攻江夏城前，曹叡已派荀禹去江夏慰劳将士。曹叡认为，吴军擅长水战，敢于陆上攻城，是趁文聘防守不严而突然袭击的。文聘所部已能和吴军抗衡。吴军并不占明显优势，其攻势不会持久。群臣将信将疑，但过了几天，江夏城传来消息：吴军撤走了。

原来，荀禹赶往江夏城途中，得知吴军围攻江夏城的消息，灵机一动，从沿途各州县调集军队，举起很多旗帜，声势浩大地去救援江夏城。吴军得知魏军"大量援军"赶到，被迫撤退。

没多久，司马懿在襄阳击退诸葛瑾所部吴军，斩杀张霸；都督扬州的长平侯曹休也击败了吴军。当时，审德率吴军驻扎在皖城（今安徽潜山）。诸葛瑾、张霸率军进攻襄阳，孙权率军进攻江夏城，曹休得知消息，主动率军进攻皖城，斩杀审德，收降韩综、翟丹等人。

孙权想趁机给魏国新皇帝曹叡一个下马威，没想到反遭惨败。曹叡赢得继位以来第一战，成功巩固了皇威。他一一论功行赏，大封群臣，任命钟繇出任太傅，曹休出任大司马，曹真出任大将军，华歆出任太尉，王朗出任司徒，陈群出任司空，司马懿出任骠骑大将军。

有了良好开局后，曹叡大显身手，实施治国理想。他处事沉着、刚毅，明识善断，深谙制衡之道，重视加强皇权。曹真、曹休、陈群和司马懿辅政，是他实现政由己出的障碍。蜀汉和吴国不时在边境挑起战争，他化不利为有利，多次将曹休、曹真、司马懿调往边境督战，将未掌握军权的陈群一人常年留在京城，使辅政大臣形同虚设，巧妙收揽权柄。

曹叡牢牢掌握着最高权力。在内外战争与政策改革上，他始终是最高决策人，发出的诏令都能有效实行。他在位期间，魏国并未出现足以威胁皇权的权臣。他独断专行，有时甚至遭到群臣反对，也要坚决执行。

当然，曹叡的固执己见也会影响他与世族门阀的关系。曹叡在女儿曹淑夭折后，想亲自送葬。陈群及诸位大臣极力劝谏，曹叡不予理会，依然坚持己见。曹叡喜好营建宫室，大兴土木，奢侈浪费。王朗多次劝谏，曹叡不听。司马懿也曾多次劝谏不要劳民伤财，曹叡不听。杨阜、高堂隆等人多次劝谏，曹叡照样不听。陈群和司马懿是辅政大臣，是世族门阀代表。王朗、杨阜、高堂隆等人也是世族门阀出身。世族门阀非常注重维护礼法和既有制度。曹叡不惜破坏礼法和既有制度，去给夭折的女儿送葬，导致很多世族门阀对曹氏皇室的事冷眼旁观，也导致很多世族门阀倒向善于处理人际关系的司马懿。

曹叡大权独揽，越发自信。他下令追封高祖父曹腾为高皇帝，高祖母为高皇后。曹腾是东汉中后期的宦官。曹丕称帝后，采取限制宦官政策，回避曾祖父曹腾是宦官的历史事实，没追封他为皇帝；曹叡如实肯定高祖曹腾的功绩，不顾忌讳，追封他为皇帝，从侧面反映他已经牢牢掌握朝政大权，且内心相当自信。

曹叡注重法制，诏令设置律博士，改革汉法，制订新律，又下令简删死刑条款，减少死罪；除死刑外，可以用财赎罪；减鞭杖之刑，以免屈打成招。他处理政事旷达严谨，善于纳谏。地方官吏和百姓上书，他都一一过目，毫无倦意。

他继承先皇的宗室政策，削弱宗室，加强中央集权。不过，因被陈王曹植上书所触动，他下令将诸侯王领地由县改为郡，允许诸侯王进京朝见。这已经宽松了很多。

曹叡当皇帝后采取的一系列措施，稳定了魏国局势，促使魏国进一步繁荣。曹叡当皇帝时期是魏国全盛时期，这一结果，是曹叡功绩最好的总结。

二、挫败蜀吴，屡战屡胜

曹叡当皇帝时期被认为是魏国最强盛时期，是因为那个时期，魏国对外战争频频获胜。无论是来自东吴孙权的进攻，还是蜀汉诸葛亮的攻击，魏军都将其一一击败。

在魏蜀吴三方中，率先皇帝更替的是蜀汉。蜀汉章武三年（魏黄初四年，公元223年）四月，刘备死去，刘禅继位，蜀汉丞相诸葛亮封武乡侯，兼任益州牧，全权处理大小政治事务。刘禅全面依赖诸葛亮。诸葛亮恢复联吴抗魏同盟，全力恢复经济和发展农业，对魏吴相争采取观望态度。

全力发展三年后，蜀汉建兴三年（魏黄初六年，公元225年）春天，诸葛亮率军南征南中。诸葛亮率军深入不毛之地，接连攻打雍闿和孟获所部反军。他采取以攻心为主的战法，先率军打败雍闿所部，再七擒孟获，成功平定南中叛乱，获得大量资源，组建劲旅无当飞军[①]。

随后，诸葛亮又准备北伐魏国。诸葛亮准备好北伐时，魏国皇帝已经换成曹叡。吴军多路进攻魏国，被魏军全面击退。为击败魏国，诸葛亮用计谋策反孟达，先削弱魏国实力。

太和元年（227）六月，曹叡命令司马懿到宛城，加督荆州、豫州诸军事。当初，孟达投降魏国时，曹丕不顾司马懿的劝阻，任命孟达出任新城太守，封侯，假节。曹丕死后，孟达失宠。蜀汉丞相诸葛亮想北伐魏国，摒弃前嫌，暗中与孟达通信，图谋策反他叛魏归蜀。孟达失宠后，也想投奔蜀汉，寻找新靠山。

诸葛亮担心孟达言行反复无常，想用计逼迫他早点叛魏归蜀。得知魏兴太守申仪和孟达有矛盾，诸葛亮就派郭模到申仪那里假投降，故意泄露孟达跟诸葛亮私下通信约定叛魏归蜀的消息。孟达得知事情泄露，准备起兵叛魏。

申仪得知相关消息，立即密告司马懿。司马懿老谋深算，担心孟达突然发难，就先给他去信安抚。他在信中说："将军往昔放弃刘备，前来投奔我们的国家，皇帝委将军以边疆重镇的任务，任命将军负责图谋进攻蜀汉的事，是非常坦诚磊落的啊！蜀汉人愚智，没有一个不对将军恨得咬牙切齿的。诸葛亮想除掉你，只不过暂时找不到好办法。郭模所说的，并不是小事。诸葛亮怎么能让那些轻而易举泄露呢？大概是他在用计谋啊！"

孟达收到信后，见司马懿并未责备，反而像朋友一样劝他，内心高兴起来，对起兵反魏的事犹豫不决。司马懿给孟达写信后，立即率军悄悄向新城靠近。有将领劝司马懿先向皇帝汇报后再做决定。司马懿说："将在外，君命有所不受。孟达这个人没信义，现在正是他犹豫

---

① 无当飞军，蜀汉后期主力军之一，是诸葛亮在平定南中后，利用当地蛮夷兵源组建的一支军队。

不决的时候，我们应当在犹豫不决时解决他。"司马懿亲自率魏军日夜兼程赶往新城。八天后，司马懿率军抵达新城城下。吴蜀派出解救孟达的援兵，被司马懿所部拦阻在西城安桥、木阑塞等地。

上庸城三面环水，孟达在城外树立木栅，加固城防。司马懿挥师渡水，毁其木栅，直逼城下。太和二年（228）正月，司马懿兵分八路进攻上庸城。仅仅过了十六天，邓贤、李辅等人就开城投降。司马懿率军进入上庸城，俘杀孟达，将他的首级送往京师。

随后，司马懿回军宛城，奖劝农桑，禁止浪费。当地吏民对司马懿心悦诚服。

策反孟达反魏归蜀失败后，诸葛亮又在策划北伐战争。建兴六年（魏太和二年，公元228年），诸葛亮又率军北伐。

魏延认为，魏国关中守将夏侯楙怯懦无谋，向诸葛亮建议，由他率五千精兵，从褒中沿着秦岭往东行进，到子午以北，奇袭关中，在潼关与诸葛亮所部会师。诸葛亮认为这样进军过于凶险，没采纳魏延的计策。诸葛亮让赵云率领一支疑兵出褒斜道，占据箕谷，佯攻关中地区，吸引魏国主力军的注意力。诸葛亮亲自率军向祁山进攻。

诸葛亮率军杀来，魏国事先毫无防备，南安、天水和安定三郡无力抵抗，纷纷投降。广魏郡和陇西郡拒不投降，进行坚决抵抗。曹叡得知消息震惊，赶往长安坐镇，派曹真到郿县去指挥诸军作战。

曹真派张郃率军进攻街亭。张郃率魏军打败在街亭的蜀军守将马谡。与此同时，曹真率魏军在箕谷击败赵云、邓芝所率蜀军偏师。魏军继续向陇右进攻。为避免遭夹击，诸葛亮率蜀军退走。曹真率军相继收复南安、天水和安定。

战后，曹真深入分析前方战线的情况后，认为诸葛亮必定会派兵进攻陈仓。他派郝昭、王生率军镇守陈仓，加强修筑城池。诸葛亮退回汉中后，挥泪斩马谡，然后整顿军队，寻机再战。

这次军事胜利后，曹叡担心吴国和蜀汉同时发起军事进攻。他问司马懿："吴蜀都该讨伐，应该先从何处着手？"司马懿说："孙权仗着中原士兵不习惯水战，所以才占据东关（今安徽含山）。如果我们要进攻东吴，必须进攻其关键部位。夏口和东关是东吴关键驻点。派陆军攻向皖城，引诱孙权率军东下，为水军进攻夏口提供机会。这样进攻，如同天降神兵，必然攻破吴军。"曹叡又安排司马懿回宛城，防备蜀军进攻。

如曹叡所担忧的，在击败蜀军进攻没多久，魏国与吴国又爆发了战争。

原来，太和二年（吴黄武七年，公元 228 年），孙权与番阳太守周鲂秘密策划，让周鲂写信给曹休，说孙权责难他，他害怕被杀，准备以番阳郡归降魏国，请求派兵接应。随后，孙权不断派尚书郎到周鲂那里查究各种事。周鲂也到番阳郡门之下剪下头发谢罪。曹休得知相关消息，便相信周鲂请求归降是真的。曹休上报皇帝，说他想率十万步骑兵向皖城进发，前去接应周鲂所部。曹叡批准了这一作战计划，同时命令司马懿率军向江陵方向进攻、贾逵率军向东关方向进攻，三路大军同时进攻吴国。

太和二年（吴黄武七年，公元 228 年）八月，吴王孙权到达皖城，任命陆逊为大都督、朱桓为左都督、全琮为右都督，各率三万人迎击曹休所部。曹休意识到被周鲂欺诈后，仍然仗恃人多，准备趁机与吴军决战。

左都督朱桓对孙权说："曹休因是皇亲国戚而被任用，并不是有勇有谋的名将。如今，他率军与我们交战必败无疑，败后必逃，逃走时肯定经由夹石、挂车①。这两条道路都很险要狭隘。如果我们能派一万士兵用柴断路，那么就可全部俘虏魏军，甚至可以俘虏曹休本人。请派我率军断路。如果能受上天神威帮助，使曹休自动投降，我们就可率军乘胜长驱直入，进而攻取寿春，割据淮南，划分许昌、洛阳。这是万世难逢良机，切不可失！"孙权询问大都督陆逊的看法。陆逊认为

① 夹石、挂车，此处指地名。

不可。孙权没采纳此计谋。

曹休突然改变作战计划，寻求与吴军决战。魏国一些朝臣也看出不利，纷纷向皇帝上书提意见。曹叡还没来得及找到解救之法，曹休所部和陆逊所部已经于石亭展开大战。

大都督陆逊亲自统率中路军，命朱桓、全琮分别率部为左右翼，三路吴军并进，冲向曹休所部魏军。吴军一鼓作气击溃了魏军。魏军残部逃走。吴军在后追杀，一直追到夹石，斩杀、俘虏了魏军一万多人，缴获上万牛马驴骡车辆及几乎全部军资器械。

起初，曹休上书请求深入吴地以接应周鲂时，曹叡命令贾逵率军向东与曹休所部会合。贾逵分析战场形势后，料定曹休所部必定失败，便命令各将领水陆并进。他们行军两百里，擒获吴国人问询，得知曹休所部已战败，吴军已阻断夹石通路。将领们不知怎么办才好，有的想等待后继军队。贾逵认为，曹休对外兵败，对内路绝，进不能战，退不能还，正处在生死存亡的紧急关头，恐怕支撑不到天黑。吴军因没后续军队，所以只追到夹石。魏军如果急速进军，出其不意，沿途设下许多旌旗战鼓作为疑兵，先声夺人，就能扭转局势。

果然，吴国人从远处看到贾逵所部魏军"人数众多"，惊恐撤走。曹休才得脱险。贾逵率军据守夹石，供给曹休所部士兵粮草。曹休所部才振作起来。此前，贾逵与曹休关系不好，这一战中，贾逵以德报怨，冒着危险救了曹休。曹休感到羞愧。又见这次严重损兵折将，丢尽辅政大臣脸面，曹休不久病死。这一战，孙权威名大震，趁机在第二年正式登基称帝。

诸葛亮得知曹休战败，魏军东下，关中虚弱，认为再次北伐魏国机会成熟。蜀汉建兴六年（魏太和二年，公元228年）冬天，诸葛亮率数万军出兵陈仓道，包围陈仓。郝昭率魏军坚守。诸葛亮派人数次游说郝昭投降，遭拒绝后，挥军进攻陈仓城。

魏国已经事先在陈仓加固城墙、做好防守准备，加上陈仓地势险要，易守难攻，双方激战二十多天，未分胜负。曹真得知消息，派费曜等人率军救援陈仓。曹叡得知消息，也派张郃率军前去迎击诸葛亮所部。

此时，蜀军粮草不继，又得知魏国援军快到，诸葛亮再次率军退回汉中。

蜀汉建兴七年（魏太和三年，公元 229 年）春，诸葛亮第三次出兵进攻魏国。陈式率蜀军成功攻占武都郡、阴平郡。诸葛亮安抚当地氐族人、羌族人，留兵据守，亲自率军回汉中。这次进攻，魏军还没来得及反击，诸葛亮就主动撤军。

蜀汉建兴八年（魏太和四年，公元 230 年），曹真上表说，蜀军多次犯境，请求派出数路大军进攻蜀汉。曹叡采纳他的建议，陈群却反对从斜谷进军。曹真再次上书请求从子午道进攻汉中。陈群又陈述不能出兵的理由，认为大规模征战军事用度花费非常大。曹叡将陈群的意见提供给曹真参考。曹真拒绝陈群的建议，随即率军出发，从子午道进攻蜀汉；同时派司马懿经汉水进军，郭淮、费曜等部或从斜谷进攻，或从武威进攻。因汉中艰险，时逢雨季，栈道遭雨水冲刷断绝，曹真用了一个月才走一半路程。华歆、杨阜、王肃等人都上疏，劝皇帝下诏撤军。九月，曹真只得受诏撤退。

蜀汉建兴九年（魏太和五年，公元 231 年）春天，诸葛亮乘魏国雍凉地区半年没下雨，发生严重旱灾，再次率军北伐。他以木牛运粮，包围祁山堡，在祁山堡东北修建卤城作为大营。与此同时，诸葛亮还派人联络鲜卑首领轲比能。轲比能起兵到石城响应蜀军。此时，曹真病重，无法率军出征。曹叡便派司马懿到长安，坐镇指挥张郃、费曜、戴陵、郭淮等部抵抗蜀军。

诸葛亮留下王平继续率军攻打祁山堡，亲率蜀军主力北上，攻击上邽（今甘肃清水）。司马懿得知消息，率军日夜兼程，急行军抵达上邽东，扎营与诸葛亮所部对峙。司马懿深知诸葛亮所部劳师远袭，粮食补给困难，加上魏军经过通宵达旦行军，已成疲惫之师，因而凭险坚守，拒不出战。诸葛亮因粮草补给不足，回军卤城。司马懿率魏军追到卤城，然后登山掘营，与蜀军对峙，但依然不与蜀军交战。魏军将领数次请战，司马懿不为所动，坚决不派军出战。

对峙一段时间后，诸葛亮撤出对祁山堡的包围，将全部军队集中在卤城。司马懿派张郃率军打通和祁山堡的联络后，继续攻卤城以南王平所部蜀军，从案中道进逼蜀军；亲自率军进攻卤城以北诸葛亮所部蜀军，力图以钳形攻势击败诸葛亮蜀军。

诸葛亮派魏延、高翔、吴班分别率军迎战，结果大败魏军。司马懿只好收拾残部，继续坚壁清野，与诸葛亮所部耗下去。一段时间后，诸葛亮所部粮草供应不上，蜀汉皇帝刘禅下令撤退的圣旨也到了前线。诸葛亮只有率军撤回。司马懿命令张郃率军追击，结果张郃中埋伏而死。

三年后，蜀汉建兴十二年（魏青龙二年，公元234年）二月，诸葛亮又率十万蜀军出斜谷进攻魏国。曹叡得知消息，又派司马懿率军去抵抗。四月，诸葛亮率蜀军到达郿县，驻扎在渭水之南。司马懿率军渡过渭水，背水筑垒阻击。诸将想在渭北与诸葛亮所部隔水相持。司马懿说："百姓积聚的粮秣财物都在渭南，那里是必争之地。"

郭淮预料诸葛亮会争夺北原，主张派兵先占领北原。他说："如果诸葛亮跨过渭水登上北原，就可以连兵北山，断绝陇道，惊吓百姓和胡人，成为国家安危的大祸患。"很多人不以为然，司马懿却非常认同，命令郭淮率军去抢占北原。

战壕还没修好时，蜀军就压境而来。郭淮只好率军奋力回击。不久，诸葛亮率蜀军西行。诸将认为诸葛亮想攻西围。郭淮认为，诸葛亮虚张声势是要让魏军大举回应，而他的目标是阳遂。夜里，蜀军果然进攻阳遂。因城中早有防备，诸葛亮没能成功。

诸葛亮率蜀军与魏军作战时，孙权也派十万吴军进攻魏国，配合蜀军作战。满宠率魏军抵抗。曹叡亲自率军去增援满宠。吴军得知消息，迅速撤走。群臣认为，司马懿还在西边和诸葛亮对峙，请皇帝率军去长安声援。曹叡说："孙权败走，诸葛亮也会吓破胆的。有司马懿对付诸葛亮，我有什么担忧的呢！"

诸葛亮东进道路受阻，便从渭水前进，又有郭淮阻挡，不得已率军去攻取散关、陇城等地，然后回师进攻司马懿所部。

司马懿继续坚持"坚壁拒守，以逸待劳"，与诸葛亮相持了百余天。诸葛亮数次挑战，司马懿都坚壁不出，以待其变。诸葛亮派人给司马懿送女人衣服，想激将他派兵出战。司马懿仍不出战。他部下非常不满。他便故意装怒，上表请战。曹叡接到司马懿的上表，一下子明白他不想出战，只想堵住部下请战的嘴。因为孟达反叛时，司马懿果断出击，先斩后奏，此时如果他想出击，是不会请示皇帝的。曹叡决定给司马懿支持，派铁面无私的辛毗持着杖节去做司马懿的军师。诸葛亮一来挑战，司马懿表示带兵出击。辛毗杖节立于军门，司马懿便不出兵。诸葛亮毫无办法，只好分兵屯田，做持久战准备。

不久，诸葛亮派人求战。司马懿不跟使者谈军事，而是谈家常，询问诸葛亮的日常起居。受到优待的使者无意间透露了诸葛亮的生活习惯。司马懿听后，对身边的人说："诸葛亮将要死了。"当月，诸葛亮病死在五丈原军中。

蜀将秘不发丧，整军后退。当地百姓来报告，司马懿派兵追击。蜀将杨仪返旗鸣鼓，做出回击的样子。司马懿以穷寇莫追为由，率军撤回。

诸葛亮联吴抗魏，倾尽蜀汉力量，多次进攻魏国，纵使竭忠尽智，终因实力悬殊而难以实现战略目的。曹叡充分利用曹真、司马懿等人，采取正确策略，以优势兵力采取防御战略迫退蜀军，取得了最后胜利。这些胜利说明曹叡在三方博弈中处于优势地位。

三、安定北疆，帝国巅峰

诸葛亮死后，魏蜀边境进入沉静状态，曹叡便集中精力解决鲜卑入侵和辽东公孙渊问题。

曹操曾强力消除匈奴、乌桓、鲜卑威胁；曹丕对鲜卑实行分化政策，也基本维护了北方安宁；曹叡当皇帝时，轲比能统一鲜卑各部落，联合蜀汉，配合蜀军进攻魏国。诸葛亮不断发起北伐战争，曹叡将蜀汉作为主要作战对象，对鲜卑采取安抚分化政策。诸葛亮死后，解决鲜卑入侵问题，成为当务之急。

袁绍占据河北后，一些中原人逃奔靠近边塞的鲜卑部落。鲜卑首领轲比能教那些人骑马打仗，同时也向那些人学中原文化。轲比能学中原制度统率部民，外出打猎时，高举军旗，以击鼓作为进退口令。

起初，轲比能通过护乌桓校尉阎柔向朝廷进贡。建安二十三年（218）四月，代北乌桓无臣氏等人反叛，轲比能接纳无臣氏等人，与他们一起对天盟誓，率军协助乌桓作战，侵扰边塞。曹彰率兵北征，大败鲜卑乌桓联军。轲比能退出塞外。

黄初元年（220），轲比能派人向朝廷献马。曹丕封轲比能为附义王。第二年，轲比能却将住在鲜卑的五百余家中原人驱赶出来，逼他们回代郡。黄初三年（222），轲比能率三千多名骑兵，驱赶七万多牛马与中原通商，派一千多家中原人居到上谷。这些举动给魏国造成严重损失。

轲比能、东部鲜卑首领素利、步度根三部互相斗争。素利向乌桓校尉田豫求救。田豫担心鲜卑人互相兼并，造成更大危害，率精锐骑兵将鲜卑部落杀得尸体布满原野。步度根不断与轲比能相互进攻，势力日益衰弱，只得率万余人来到雁门郡内，请求归附魏国。雁门太守牵招率军还击轲比能，杀死轲比能弟弟苴罗侯。轲比能与乌桓归义侯王同、王寄等结下怨仇。黄初五年（224），轲比能再次进攻素利。田豫率轻骑兵牵制轲比能的后方。

轲比能因兼并各部战争多次遭到田豫干预，心怀反叛之心。他给鲜于辅写信说田豫偏向素利和步度根，冤枉他是侵略者。他内心仰慕天子，请鲜于辅替他向天子讲明情况。鲜于辅上报朝廷，曹丕派田豫去招纳安慰轲比能。轲比能因此更强盛，统领十多万人，其余部落首领都很敬畏他。

太和二年（228）秋，田豫率军到马城时，轲比能率三万兵把田豫围困了七天。阎志前往解释劝说，才为田豫解围。幽州刺史王雄兼任乌桓校尉，对鲜卑实行安抚信任政策。轲比能多次入塞，到幽州进贡。

太和五年（231），诸葛亮率军再出祁山，北征魏国，与轲比能串通，让他在石城屯兵，遥相呼应。鲜卑人此举激怒魏国皇帝曹叡。曹叡命牵招率军适时进讨反击。轲比能无法进一步向魏国进攻。诸葛亮退兵后，轲比能率鲜卑人逃回漠南。

青龙元年（233），轲比能诱使步度根背叛，率一万余人在陉北声援步度根。毕轨派苏尚、董弼等人率魏军阻击。在楼烦，轲比能派兵与苏尚等部会战。这一场会战，魏军并没心理准备，苏尚、董弼等人战死。

这一消息令曹叡感到震惊。中原天下三分，蜀吴联盟抗魏是基本局面。不过，无论是蜀汉，还是吴国，都是以步兵为主。蜀汉步兵强大，但在魏军面前不占优势，吴国步兵稍差，但水军实力和作战经验要比魏军强。曹叡频频应对来自吴国和蜀汉的轮番进攻，在辅政大臣以及名将协助下，也能保持胜多败少的局面。鲜卑人在北方发起叛乱导致魏国被三面夹击。关键的是，来自北部游牧民族的鲜卑骑兵比较强大，有能力对魏国进行快速突击。

王雄出任幽州刺史兼乌桓校尉，负责管理乌桓、鲜卑等北方少数民族事务。王雄对轲比能以恩信。轲比能甘心臣服，主动示好，向幽州贡献名马。轲比能袭击并州军后，曹叡将王雄召到京城，与朝臣一起讨论对鲜卑的政策。

在一番激烈争论后，曹叡决定改变以往对鲜卑以安抚为主的策略，授权王雄便宜行事的权力。王雄思来想去，发现前任乌桓校尉田豫对鲜卑人的强硬政策有道理，但如果他突然从安抚政策改为强硬政策，会激起其他鲜卑人跟随轲比能反叛。他决定派勇士韩龙刺死轲比能。

韩龙顺利完成任务后，王雄又出面拥立轲比能的弟弟为鲜卑首领，对鲜卑实行安抚信任政策。轲比能死后，鲜卑部落离散，互相征伐。魏国北部边疆得到安宁。

解决完鲜卑问题后，曹叡集中精力解决辽东问题。东汉末年军阀混战时，公孙度据有辽东，时叛时降，保持半独立状态。公孙渊继任辽东太守后，跟吴国相互勾结，敌对魏国。无论是曹丕当皇帝，还是曹叡当皇帝，都对辽东以安抚为主。

鲜卑人与蜀汉友好，相互结盟，辽东又被吴国拉拢。吴黄武八年（魏太和三年，公元 229 年），孙权称帝后，也多次派使者出使辽东。受孙权鼓舞，公孙渊反魏的野心越来越明显。

太和元年（232），趁着魏国和蜀汉相持，公孙渊在辽东反叛魏国。曹叡震怒，想派兵征讨公孙渊，却找不到合适的将领。中领军杨暨推举田豫。曹叡赐给田豫符节，率青州各地军队去讨伐公孙渊。

正好，吴国派使者周贺等人与公孙渊相勾结。曹叡认为公孙渊的反军势力太强，又要渡海远征，下令田豫停止出兵。田豫估计吴国使者的船只将要返回，观察好地形，在各个山岛险要之处布置军队防守。吴国使者返回时遇到大风，船只有的触石沉没，有的不得不停靠岸边，田豫突然带兵杀出，周贺被斩杀。青州刺史程喜却秘密上奏说："田豫虽然立下战功，但军令松弛；得到许多珠宝器物，都发放给官兵而不交纳给官府。"喜欢珠宝的曹叡不高兴，没奖赏田豫。

青龙三年（235），曹叡派毌丘俭出任幽州刺史，加度辽将军，使持节，护乌桓校尉。青龙四年（236），毌丘俭率军征伐公孙渊。正好遇到辽水大涨，极其不顺利，他被迫撤军。第二年，公孙渊背叛魏国，自立为燕王，置列百官，定都襄平（今辽宁辽阳）。

曹叡接到消息，非常震怒，意识到辽东问题非解决不可，且必须派出名将为统帅才行。景初二年（238）正月，曹叡将司马懿召回京城，商讨讨伐公孙渊的事。听完司马懿的分析后，曹叡心里有底了，决定派司马懿率军征讨公孙渊。

当时，魏国大修宫室，加上这次出征需要大量军用物资，百姓饥弊。司马懿出征前劝曹叡说："昔日周公营造洛邑，萧何建造未央宫，今日宫室不完备，这是我的责任。然而黄河以北，百姓穷困，内外徭役繁多，势必不能百废俱兴，应暂时停止内务，以救目前之急。"曹叡嘴上答应，实际上依然我行我素。

景初二年（238）正月底，司马懿带着牛金、胡遵等人率四万步骑兵，从京师出发，经孤竹，越碣石，在六月到达辽水一线。公孙渊果然急令卑衍、杨祚等人率数万步骑兵，依辽水围堑二十余里，坚壁高垒，阻击魏军。

司马懿采用声东击西之计，先在南线多张旗帜，佯攻围堑，吸引敌军主力，而以主力隐蔽渡过辽水，逼近襄平，部将不解，问其原因。司马懿说："敌人坚营高垒，就是想让我们兵疲粮尽，如果攻城，正中其计。古人曰，敌虽高垒，不得不与我战者，攻其所必救也。现在，他们大军在此，老巢却空。我直指襄平，敌军必惧，惧而求战，破之必矣。"

司马懿整顿阵列前进，敌军果然出来截击。司马懿对诸将说："我之所以不攻其营，正是要等现在这局面。"他指挥魏军出击，三战三胜，然后乘胜率军进围襄平。

当初，公孙渊得知魏军来攻，派人向孙权求救。孙权也出兵声援公孙渊，还给他写信说："司马懿善用兵，所向无前，深深为贤弟感到担忧啊！"

适逢连降大雨，辽水暴涨，平地数尺，魏军感到恐惧，诸将想迁移军营。司马懿下令有敢说迁营的人斩。都督令史张静违令被斩，军心始安。

公孙渊军乘雨出城，打柴牧马，安然自若。将领请求趁机会出击，司马懿不批准。司马陈圭非常不解，问司马懿原因。司马懿告诉陈圭："敌兵多我军少，敌粮少我粮多，又遇大雨，想速战也不可能。从出兵开始，我就不担心敌人来进攻，而是担心他们会逃跑。如今，敌军粮草将尽，我军包围尚未合拢，如果我现在出兵抢掠牛马，会逼他们逃走。这时更应当稳住对方，不能为得小利而把敌人吓跑。"

随后，司马懿将计就计，故意示弱。朝廷有些大臣听说辽东前线雨大敌强，不少人请求皇帝召还司马懿，另派将领率军出击。曹叡事先跟司马懿商议过，明白司马懿此举的目的何在，拒绝他们的请求，安慰他们说："司马懿临危制变，生擒公孙渊指日可待。"

一个多月后，雨停了，水渐渐退去。魏军完成对襄平的包围，昼夜强攻。襄平城内粮尽，饿死的人非常多，公孙渊部将杨祚等人向司马懿投降。当时，有流星自城西南向东北划过，坠落在梁水附近，襄平城中军民愈加震恐。公孙渊也很惊惧，在八月时派相国王建、御史大夫柳甫向司马懿请求解围。司马懿下令斩杀王建和柳甫，要求公孙渊自缚请罪。

公孙渊意识到求和无望。他率军欲从城南突围。司马懿早料到他会突围，得知消息，纵兵追击。公孙渊战死在梁水边上。司马懿率军进入襄平，进行相关善后工作。

司马懿释放当年被公孙渊篡夺官位的公孙恭，又为被公孙渊迫害的纶直、贾范等人修坟墓，表彰他们的后代，同时下令中原人愿意返回故乡的各随己愿。

随后，司马懿上奏朝廷，把一千多名六十岁以上的士兵解除兵役，送返回乡。司马懿胜利班师。曹叡派使者到蓟去犒劳军队，增司马懿食昆阳县。

数十年来辽东问题终于彻底解决。曹叡完成先辈尚未完成的任务，将魏国带到巅峰状态。

四、权臣辅政，皇权旁落

曹叡带魏国达到鼎盛时期，功勋卓著，却不知不觉中成为魏国大权旁落的直接推动者。

著名历史学家马植杰曾说："综观曹叡之行事，优缺点各占一半，其优点是善为军计、明察断狱、比较能容人直谏。曹叡在容受直言、不杀谏臣方面，在古代封建君主中是少见的，这算是他的特色。曹叡的最大缺点是奢淫过度，还有一个重要的失误，则在确定继承人和辅政大臣方面。"

从客观上讲，曹叡喜好营建宫室，大兴土木，劳民伤财，但只要继任皇帝稍有才干，也不至于亡国。继任人安排方面的失误才是让魏国走向没落和灭亡的祸根。

司马懿平定辽东后，曹叡又安排他前往关中，坐镇指挥魏蜀边境的军队，防止蜀军发起进攻。司马懿没走多远，就收到皇帝让他火速回京城面见的诏书，且在三天之内收到五封诏书。司马懿大吃一惊，乘马车昼夜兼行，赶往洛阳见皇帝。按照命令，他到洛阳城就直接进宫，来到嘉福殿内的御床旁边。此时，他才发现皇帝已病得很严重，不禁满眼流泪，询问疾病。

曹叡拉着司马懿的手，眼睛望着旁边的齐王曹芳，说："我已经病得很严重，以后的事委托给你。你和曹爽要辅佐好齐王。我能见到你，已经没什么遗憾了。"过了片刻，司马懿才知道，曹真儿子邵陵侯武卫将军曹爽刚刚被皇帝任命为大将军，假节钺，都督中外诸军事，录尚书事。

景初三年（239），八岁的齐王曹芳被册立为太子。同一天，当了十三年皇帝，年仅三十六岁的曹叡死去，太子曹芳继任皇帝，皇后郭氏为皇太后，大将军曹爽和太尉司马懿共同辅政。

曹芳才八岁，不具备独立处理政务的能力。致命的是，曹芳的出身来历不详。一旦他表现不良，他的皇位合理性就容易遭质疑。

魏国没明确的皇位继承规则。皇位继承者由皇帝指定，在众多皇子中择优而定。曹叡的亲生儿子全部夭折，皇位继承者缺乏，只能从宗室中选取。魏国实行严管宗室的政策。曹叡秘密从宗室中选取小孩收为养子，然后择优而定。曹芳和曹询都是曹叡收的养子。他们的出身来历严格保密。即使曹芳继位当皇帝，朝内外也不知道他是哪个宗王的后代。唯一知道的是，他是先皇帝的嗣子。这必然影响到朝臣对曹芳的忠诚度。

魏国制度规定后妃不能参政干政。曹芳年幼无法真正独揽皇权，郭太后也无法参与朝政，无权听取大臣奏事。大将军曹爽和太尉司马懿辅佐皇帝处理政事，事实上变成曹爽和司马懿执政。一旦曹爽和司马懿意见不统一或者出现矛盾，魏国将陷入危机之中。

曹叡壮年而逝，突击提拔最信任的曹爽和司马懿共同辅佐齐王曹芳，但怎么也想不到曹氏江山会因司马懿和曹爽而大权旁落，不可避免地走向灭亡。

司马懿和曹爽掌握魏国实权。君弱臣强，臣民都将目光盯在司马懿和曹爽身上。曹爽是宗室，大司马曹真长子，没建立过军功，也没执政经验，因受皇帝曹叡宠爱而被突击任命为大将军。他的资历、战功、威望，都远远比不上司马懿。

天下三分局面依旧是蜀吴联盟抗魏。不同的是，在诸葛亮死后，在大臣辅佐下，蜀汉皇帝刘禅采取和平政策，与吴国保持友好，也不进攻魏国。魏国频频征战，也一时半会儿没精力进攻蜀汉。刘禅也乐得过太平日子。吴国皇帝孙权年纪比较大，与曹操爷孙三代人博弈，都无法取得大胜，便将主要精力放在向沿海扩张上。

不过，孙权喜欢趁火打劫，每逢魏国皇帝更替，都会"凑热闹"。曹芳继任皇帝，孙权毫不例外地趁机出兵攻打魏国。

正始二年（吴赤乌四年，公元 241 年）四月，孙权派出四路吴军攻打魏国——全琮率军进攻芍陂，朱然、孙伦率军围攻樊城，诸葛瑾率军进攻六安，步骘率军进攻相中①。积蓄一段时间力量的吴军战斗力爆发，四路吴军都取得较大胜利。在危难之间，司马懿毛遂自荐，率军去抗击吴军。朝臣认为，敌兵远来攻坚，当待其自破。司马懿却认为，南方暑热低湿，大军不宜久留，派轻骑挑战吴军。吴将朱然所部不敢迎战。司马懿便下令休养士兵，检选精锐，招募勇士，发布号令，摆

---

① 相中，一作沮中，地区名，在今湖北南漳县西蛮河流域。

出攻城架势。吴军惊惧，连夜撤退。司马懿命令魏军乘胜追击。在三州口，魏军追杀吴军一万余人。吴军船舰物资损失非常多。进攻六安、相中的吴军也无功而还。

因战功，司马懿的食邑增加到一万户，司马家族十一个子弟被封为列侯。司马懿功勋德望日渐盛大，却更加谦恭。他常告诫子弟们："盛满是道家所忌的，春夏秋冬尚且往返推移，吾有何德能居此高位。减损再减损，或可以免于祸啊！"

曹芳继位的危机解决了。接下来，魏国也进入难得的几年和平时期。司马懿的声望越来越高，身体也非常健康，并没如某些人期待的那样活不了几年就死去。与司马懿一起辅政的曹爽却忍耐不住了。

在辅政初期，曹爽凡事都与司马懿商议，不敢专行。司马懿为国事尽心尽力，对曹爽也以礼相待。后来，曹爽听从亲信丁谧怂恿，为排挤司马懿，削去他的军权，实现独自专权，就向皇帝建议任命司马懿为没实权的太傅，像萧何那样，入殿不趋，赞拜不名，剑履上殿。司马懿不骄不躁，坦然接受。不过，只有朝中有事需要他时，他才会全力以赴排忧解难。司马懿老谋深算，深知功高震主的道理，再次辅政时，尽量低调自保，等待时机。

曹爽又让皇帝晋升司马懿亲信的蒋济为太尉，免去蒋济执掌禁卫大权的领军将军职务，任命曹羲为中领军，又废除禁军五营中中垒、中坚两营校尉，把两营官兵交给中领军统领。此外，曹训出任武卫将军，统领禁军武卫营；曹彦出任散骑常侍，时常伴随在皇帝左右；曹爽表弟夏侯玄出任中护军，负责总统诸将，选拔军队的武官。曹爽兄弟完全掌握京师禁军。

掌握军队后，曹爽又提拔一些官员作为亲信。一部分毫无声望和政治才干的闲人——何晏、邓飏、李胜、丁谧等人，曹叡在位时，嫌弃他们浮华而弃用，曹爽却全部加以重用，让他们担任要职：丁谧、何晏、邓飏出任尚书，由何晏负责选拔官员；任用李胜为河南尹、毕轨为司隶校尉，控制京城内外。令尚书奏事时，曹爽要求他们先向自己汇报，由自己权衡轻重后再询问司马懿。

何晏在曹丕当皇帝时未任职，在曹叡当皇帝时也仅仅担任闲职，没任何政治经验。何晏与夏侯玄、王弼等人倡导玄学，竞事清谈，开一时风气，是魏晋玄学创始者。曹爽重用崇尚清谈、不关注实际的人，其执政水平可想而知。对这一切，司马懿看得清楚。曹爽令人送给他看的奏折，他基本不看，更不发表看法。渐渐地，曹爽不再询问司马懿政事，遇事自己做主。

正始五年（244）二月，曹爽一再要求皇帝下旨，让他率军进攻蜀汉。曹芳即使不满意，也受不住纠缠，只好答应。司马懿早已被曹爽架空。曹爽没将此事告知司马懿。有人将此事告诉了司马懿。司马懿不反对、不支持、不参与。结果丝毫不出乎意料，曹爽率军伐蜀，无功而返。

曹爽想建功立业，增长声望，没想到结果很打脸，不得不暂时收敛起来。不过，局势让曹爽以及同伙坐不住。曹爽率军攻打蜀汉失败两年后，幽州刺史毌丘俭率军讨伐高句丽、濊貊，却一路胜利。一对比，不少人觉得曹爽无能，还自以为是，瞎折腾。

为了证明自己的能力，宣扬权威，正始八年（247），在何晏、邓飏、丁谧等人怂恿下，大将军曹爽下令将郭太后软禁在永宁宫。郭太后是曹叡的皇后，是朝臣中忠诚于先帝的象征人物，既没干预朝政，也没做出辱没皇家尊严的事。曹爽将郭太后软禁，引发很多人的不满。郭太后和皇帝告别时，相对哭泣，令人感到悲伤。

曹爽专权，付出的代价是，丧失民心和一部分忠臣的支持。魏国是权臣通过禅让建立的。曹爽专权让天下人都认为他想取代皇帝。曹芳深感危机，感觉自己彻底变成傀儡，即将被取代，无奈之余，亲近一群小人，及时行乐。有大臣上疏劝谏，但对时局悲观失望的曹芳不听，继续吃喝享乐。辅政大臣曹爽任意妄为，皇帝曹芳及时行乐，放纵"摆烂"，朝内外不少人逐渐对魏国失去了信心。

见曹爽等人如此嚣张，司马懿假装生病，不问政事。正始九年

（248）三月，宦官张当把内庭才人石英等十一人送给曹爽。曹爽、何晏趁机与张当勾结，谋危社稷。曹爽及同党担心司马懿装病。同年冬，河南尹李胜前去拜望司马懿。司马懿假装病重，成功骗过李胜。曹爽等人认为司马懿已经离死不远，不值得忧虑，放下了对司马懿的戒备心。

司马懿表面装病，暗中却在布置，准备消灭曹爽一党。正始十年（249）正月，曹芳离开洛阳去祭扫高平陵，曹爽、曹羲、曹训都跟随一起去了。司马懿趁机上奏郭太后，请废曹爽兄弟。郭太后被曹爽折腾得那么惨，毫不犹豫地选择支持司马懿，下旨捉拿曹爽等人。司马懿拿到郭太后的懿旨，命令司马师率军控制洛阳，亲自与太尉蒋济率军去迎接皇帝。

在洛水浮桥驻军后，司马懿派人上奏皇帝陈述曹爽的罪行。曹爽扣住奏章，扣押皇帝，想发兵对抗。桓范劝曹爽挟持皇帝到许昌去，发文书征调天下兵马勤王。曹爽疑惑，不从其计，反而夜里派许允和陈泰去见司马懿，探听动静。司马懿趁机数说曹爽的过失，说奉郭太后的懿旨免去曹爽职位，没其他想法。曹爽无计可施，请求皇帝下旨将他免职，把他带在身边。

曹芳一行回洛阳后，司马懿以谋反罪名，杀曹爽及其党羽何晏、丁谧、邓飏、毕轨、李胜、桓范等人，灭三族，完全控制了魏国军政大权。

同年二月，曹芳任命司马懿为丞相，增繁昌、鄢陵、新汲、父城封邑，食邑两万户，特许奏事不名。司马懿固辞丞相之职。十二月，曹芳又诏命司马懿加九锡之礼，朝会不拜。司马懿又辞九锡之礼。

嘉平二年（250）春，司马懿久病，不再上朝。每遇大事，曹芳都亲自到司马懿府中征询意见。魏国皇帝曹芳已经成为名副其实的傀儡。这与曹叡独揽皇权，有天壤之别。

第五章　司马兄弟一手遮天

司马懿全面掌控朝政，消灭异己。司马师、司马昭先后废立皇帝，在魏国一手遮天，并逐步改造魏国。

一、权臣博弈，各谋私利

司马懿一举灭掉曹爽集团，成为唯一辅政大臣。皇帝曹芳成为傀儡。魏国局势发生巨大变化。少数忠于曹氏家族的大臣，发现司马懿家族取代魏国的趋势非常明显，出于各种原因，挺身而出，反司马懿。

司空王凌反司马懿。司马懿先让皇帝下赦书赦免王凌，然后亲自写信安慰王凌，随后率军突然赶到王凌所部驻地。王凌被迫服毒而死。受王凌牵连，楚王曹彪也被迫自杀。魏国宗室王公也全部被捕，关押在邺城，被禁止互相交结往来。

处置完反司马懿的人和魏国宗室后，曹芳任命司马懿为相国，封安平郡公，司马懿一个孙子和一个侄子封为列侯。嘉平三年（251）八月，七十三岁的司马懿在洛阳死去。司马懿的大儿子司马师出任抚军大将军，继续执掌魏国军政大权。曹芳依旧是傀儡皇帝。

与司马懿功勋盖天下不同，出生于建安十三年（208）的司马师的经历非常特别。景初元年（237）前，司马师没担任过任何职务，喜欢清谈，酷爱玄学，与夏侯玄、何晏齐名，与许多名士有交往。在众多人眼里，司马师是喜欢文学和清谈的贵族公子。

司马师起先担任散骑常侍，多次升迁为中护军。司马师设置选用人才法规，推举人才不超越其功劳，官吏无从徇私。正始八年（247）

时，母亲去世，司马师为她守丧，暂时退出官场。当时，曹爽权势熏天，司马师退出官场后，秘密收养散在民间的死士，培养亲信力量。

正始十年（249），司马懿发动高平陵之变，司马师是重要参与者。在事变前夜，司马懿将计划告诉司马师和司马昭。司马昭担心得整晚都睡不着，司马师却像平常一样安睡。第二天早上，司马师亲自率平日收养的三千多名死士，指挥军队控制洛阳城。司马懿发现司马师非常镇静，军队阵容整齐，没想到缺少战场历练的儿子统兵如此老成稳重，感叹说："我大儿子，竟然如此厉害！连我也是到如今才知道啊！"

消灭曹爽一党后，司马师因功被封长平乡侯，加卫将军。嘉平三年（251），王凌反叛。司马懿率军出征镇压，司马师携嗣子司马攸随军出征。此时，司马懿已经七十多岁，司马师是嫡长子，也在一步步做好接替父亲职爵的准备，因而以孝敬父母名义，带着嗣子司马攸时刻伴随在父亲身边。

司马懿死后，司马师出任抚军大将军，执掌魏国军政大权。嘉平四年（252），司马师升任大将军。这一年十月，吴国皇帝孙权病死。孙权是天下三分后博弈时间最长的皇帝。他成功熬死曹操、曹丕、曹叡三代人，在与曹芳博弈期间，也成功熬死魏国权臣司马懿。每次魏国皇位更替，孙权都会趁火打劫发动战争，每次趁火打劫都会以失利告终。魏国人深深记住了孙权，一直在等着他死后，吴国皇位更替，同样来了一场趁火打劫。

吴赤乌四年（魏正始二年，公元241年），孙权进攻魏国失败后，吴国太子孙登死去，孙和被册立为新太子，而孙权宠爱鲁王孙霸，吴国陷入内斗之中。结合这段历史看，蜀汉已事实上退出三国博弈；魏国解决了北方边患问题，却出现权臣专权局面；吴国也因停止对魏战争而陷入内斗。因为，三方博弈，一旦停止斗争，原本隐藏的矛盾就激化了。

吴国内斗将近十年，国力已经衰退。孙权死后，新继位的皇帝孙亮才九岁，政权落到辅政大臣手中。魏国权臣司马师辅政后，急迫需要做一件大事来提升威望。趁吴国皇位更替之机，魏军进攻吴国，合情合理合时宜。

司马师提出攻取吴国新建的堤坝。当年，为防备魏军进攻，孙权下令修建濡须坞，又在东兴濡须水上筑堤。他说攻取吴国新建的堤坝，实质上是想趁机进攻吴国，夺取吴国在江北的土地。魏国和吴国已经十多年没大规模战争。一直找不到升官机会的诸葛诞积极支持司马师。

诸葛诞的身份比较特别。诸葛诞是诸葛丰后人，是诸葛亮、诸葛瑾堂弟。相比诸葛亮在蜀汉、诸葛瑾在吴国混得风生水起，诸葛诞在魏国长期担任小官，且非常谨慎。诸葛诞跟夏侯玄等人关系好。曹叡当皇帝时，诸葛诞被免官。曹芳当皇帝后，曹爽重用夏侯玄等人，诸葛诞也复职，出任扬州刺史，加号昭武将军。司马懿诛灭曹爽后，诸葛诞又投靠司马懿。司马师袭承职爵，诸葛诞又积极附和司马师。

诸葛诞向司马师献计，趁着吴国皇帝更替机会，派王昶率军逼取江陵，派毌丘俭率军攻向武昌，牵制住吴国上游兵力，同时派精锐兵力进攻东兴。当时，王昶、胡遵、毌丘俭等人也各自献了征伐吴国的计策。三位将领计策不同，司马师便征询尚书傅嘏的意见。傅嘏对当时的情况进行深入分析，旁征博引，长篇大论。司马师根本就没兴趣。司马师干脆不采纳傅嘏的意见，基本按照诸葛诞的建议进行部署。

嘉平四年（吴建兴元年，公元 252 年）十一月，司马师命魏军分兵三路进攻吴国：安东将军司马昭为都督、元帅、监军，统领征东将军胡遵、镇东将军诸葛诞所部，共计七万人为东路军，负责进攻东兴筑堤的东关；命令毌丘俭率所部为中路军，负责攻打吴国故都武昌；命令王昶率所部为西路军，进攻吴国西部军事重镇南郡。

吴国预料魏国会趁机发起进攻。大将军诸葛恪已经提前令人修筑大堤，在两山之间筑两座城，令全端率所部守西城即西关，都尉留略率所部守东城即东关，以防魏军从濡须突破。得知相关消息，嘉平四年（吴建兴元年，公元 252 年）十一月十九日，诸葛恪率四万吴军，日夜兼程，救援东兴。

胡遵等人率各军作浮桥渡水，陈兵在大堤之上，分兵攻打东城和西城。东城和西城在高峻险要之处，吴军准备充足，占据地形上的巨大优势，魏军不能很快攻破。

诸葛恪派丁奉、吕据、留赞、唐咨等人率所部吴军为前锋，从山西面攻上。丁奉对各将领说："如今，我们各部行动迟缓，如果魏军占据有利地形，我们就难以与他们争锋交战。我们要快速攻上。"丁奉下令让各路军马从道路上避开，亲自率三千精锐快速突进。

正刮北风，丁奉所部扬帆行船两天就到达东关，随即占据徐塘。当时，漫天飘雪，十分寒冷，魏军将领胡遵等人正在聚会饮酒。丁奉见魏军前部兵力少，对手下说："大家想求取封侯赏爵，机会就在现在。"他命令士兵们脱下铠甲，丢掉长矛大戟，只戴着头盔拿着刀和盾牌，裸身爬上堤堰。

魏兵看见吴军朝堤堰上爬，大笑不止，并没立即整兵迎战。吴兵爬上后，击鼓呐喊，一鼓作气攻破魏军前部的营垒。恰逢吕据、唐咨、留赞等人率吴军也相继赶到。魏军惊恐万状，四散奔逃，争相抢渡浮桥，浮桥毁坏断裂。魏兵跳入水中，互相践踏着逃跑。韩综、桓嘉等人都沉没在水中淹死，士兵淹死的数万人。

不久，魏军西路军统帅王昶、中路军统帅毌丘俭听说进攻东兴的东路军失败后，各自烧毁营地，撤走。司马师发起的一场"趁火打劫的战争"结束，其结果如同孙权几次趁魏国皇帝更替发起的战争一样遭到惨败。

回朝后，朝臣议论要撤掉诸葛诞等人的官职。司马师主动把战败责任揽到自己身上，说："我没听劝告，才出现这样的事。这是我的过错。诸将有什么罪过呢？"司马师下令免去司马昭都督职务，将其他将领对调一下，任命诸葛诞为镇南将军，都督豫州；毌丘俭为镇东将军，都督扬州。这一战，司马师输了，但他的宽宥赢得了类似诸葛诞那类人的心。

诸葛恪率吴军击败魏军，信心一下子膨胀起来。吴建兴二年（魏嘉平五年，公元253年）春，诸葛恪又要出兵伐魏。吴国大臣认为国力不支，军士疲惫，一致劝阻。诸葛恪不听，特意写一篇文章来晓喻众人。文中，诸葛恪举出古今事例，认为天无二日，民无二主，不乘此时伐魏，将留下长久的遗憾。大臣们明知诸葛恪在强词夺理，却一时无人敢劝阻。

同年三月，诸葛恪不顾众人反对，征发二十万人伐魏。吴国百姓骚动，诸葛恪失去民心。诸葛恪想先率军到淮南炫耀武力，抢掠那里的百姓。有部将劝他："如今您率军深入敌人领地里，那里的百姓一定会逃走，恐怕到时士兵辛苦而收获很小，不如包围新城。新城被围困，敌人必然会回军。"诸葛恪采纳了此建议。

魏国将领担心吴军分兵攻打淮泗，准备守住各个水口。司马师对此有个人看法，说："诸葛恪刚刚掌握吴国的朝政大权，想使用一时的权力派兵围攻合肥新城，希望能再次成功。他没空余时间和精力派兵去攻击青州和徐州。况且，水路口岸不止一个，多防的地方用多兵，少防的地方又不足以抵御。"

果然，牙门将张特率三千人拒守新城时，诸葛恪率吴军猛攻不止。双方苦战月余，吴军士兵病亡战死的数千人，仍不能攻克新城。诸葛恪督师强攻，城池将陷。张特行缓兵之计，向吴军伪降，乘夜修补城防工事，继续死守。吴军士兵疲劳，加上天热和饮水等原因，患腹泻、脚气病的已经达半数以上，死的伤的随处可见。各营军官所报病人数目越来越多。患疾的过半，死伤惨重。诸葛恪认为军官们说假话，扬言要杀掉他们。谁也不敢再去汇报。

诸葛恪自知攻魏失策，又以攻城不下为耻，怒形于色。朱异提了点不同看法，诸葛恪大怒，立即夺取他的兵权；蔡林屡次献策，诸葛恪都不采纳，气得蔡林策马投降了魏国。

司马师派司马孚督诸军二十万去抵抗吴军。毌丘俭、文钦等人请战。司马师说："诸葛恪率军轻装深入，将军队置于绝境，兵力锋芒难以抵御。况且，新城小而坚固，攻击也未能马上攻克下来。"司马师命令诸将修筑高垒，防御吴军。

诸葛恪攻城的兵力渐渐减少，死伤过半。诸葛恪被迫率兵撤退。吴军士兵受伤染病，流落于道路，有的倒地填沟，有的被魏军捕获。诸葛恪却安然自若，根本不在乎。诸葛恪率军在江渚住了一个月，又想到浔阳屯垦。直等吴国皇帝召他回去的诏书一封接一封地送来，他才慢悠悠地率军返回。

吴国百姓对诸葛恪大为失望，产生怨恨情绪。同年八月，诸葛恪回到建业（今江苏南京），召来中书令孙嘿，厉声呵斥他："你们怎么敢随意滥发诏书？"孙嘿噤若寒蝉，惶惧退出，告病辞官。诸葛恪检点官员名录，把自己出征后任命的各级官员一律罢免，重新选任。此后，诸葛恪愈加威严，动不动就对人横加责备，拜见他的人，个个屏息敛气。他还改换皇宫宿卫人员，用他亲近的人来负责，命令军队整装待发，准备进攻青州、徐州。

孙峻想与诸葛恪争权，便利用诸葛恪为万民所怨、众口所嫌的机会，诬陷诸葛恪想制造叛乱。同年十月，孙峻和吴国皇帝孙亮定下计策，办置酒席，请诸葛恪赴宴喝酒。诸葛恪不知是计谋，非常高兴地赶往赴宴。酒过数巡，孙亮起身回内殿，孙峻假托上厕所，脱掉长衣，换上短装，率护卫一拥而上，杀死了五十一岁的诸葛恪。

诸葛恪长子诸葛绰是骑都尉，先前因与鲁王串通获罪，被毒杀。次子诸葛竦是长水校尉；幼子诸葛建是步兵校尉，听说诸葛恪被杀后，他们带着母亲慌忙逃走。孙峻派人在白都追杀了诸葛竦。诸葛建准备北投魏国，行数千里后，被追兵所抓。诸葛恪被夷灭三族。

魏国权臣司马师赢了吴国权臣诸葛恪，声望急剧上升。而诸葛恪在这次战争后被灭族。天下局势越来越朝司马师利好的方向发展。

二、保卫魏室，不惜拼命

司马师通过对吴战争提升了声望，皇帝曹芳如坐针毡。嘉平六年（254），曹芳与李丰、夏侯玄、张缉等人密谋，准备发动政变，废除司马师，改任夏侯玄为大将军。

遗憾的是，曹芳寄希望的李丰并不具有力挽狂澜的能力。李丰名气大，但治理成就却很少。曹叡死后，曹爽和司马懿辅政，李丰才开始受重用，出任侍中尚书仆射。李丰在台省任职时，经常借口生病不就职。按照当时的台省制度，生病达一百天就要解除官职。李丰生病不到几十天，就会突然病愈，然后又卧病在床，就这样过了好几年。

曹爽专权时期，李丰在曹爽与司马懿之间两面讨巧，不明确表态。当时，有人讥讽说："曹爽兄弟的权势像开水一样炙热，司马懿父子的态度像残羹一样冰凉，李丰兄弟的举动像游光①一样作恶。"

正始十年（249），司马懿发动高平陵政变，奏请皇帝诛杀曹爽时，将战车停驻在朝堂下。李丰得知消息后，非常恐惧，蜷伏在地上站不起来。司马懿见李丰的那个样子，也知道他是两面讨好的人，没追究他的责任。

嘉平四年（252），司马懿死去，中书令一职空缺。大将军司马师征询朝臣意见："谁合适接任中书令？"有人推荐李丰。李丰虽然知道这个职务不是特别显要，但想到自己与皇帝联姻，要依附皇帝，就没有推辞。司马师奏明皇帝任用李丰为中书令。李丰成功挤入高官行列之中。

当时，太常夏侯玄极有威望。他是曹爽表弟，曾经被列为曹爽同党，虽然没被追责，但司马懿父子不让他担任有权势的职位。夏侯玄常常怏怏不乐。张缉是皇后父亲，被免去郡守职务，闲居在家，也很不得意。司马师提拔了李丰，李丰私下却偏向夏侯玄。于是，李丰结交张缉，准备消灭司马师，让夏侯玄出任大将军。

张缉在朝中不得意，而李丰掌握权力，彼此又是同乡，特别听信李丰的话。李丰暗地命令弟弟兖州刺史李翼请求入朝，想让他率兵进京，合力起事，一起反司马师。李翼请求朝见，却没被批准。

---

① 游光，传说中的恶鬼。

嘉平六年（254）二月，李丰等人准备借皇帝御驾亲临、各门有卫兵之机，诛杀司马师，让夏侯玄当大将军，张缉当骠骑将军。李丰秘密地告诉苏铄、乐敦、刘贤等人，说："你们几个人在内廷，不法的事干了很多，大将军司马师这人严厉刚毅，反复强调张当①的下场可作鉴诫。"苏铄等人应诺听从李丰的命令。

司马师听到风声后，请李丰来相见，向他询问相关密谋的情况，李丰却不说实话；司马师严厉责问李丰，李丰意识到事情已经败露后，便正色地说："你们父子心怀奸邪，想要倾覆社稷，可惜的是，我力不能及，不能将你们诛灭！"

司马师勃然大怒，用刀把上的铁环捶死李丰，把李丰的尸体送交廷尉，随即又下令逮捕李韬、夏侯玄、张缉等人，送交廷尉收监。夏侯玄到廷尉后，不肯写认罪书。廷尉钟毓亲自审理此事。夏侯玄严肃地责备钟毓，说："我有什么罪呢？你以公府令史身份来诘问我吗？那供词就请你代我写吧！"钟毓因夏侯玄是名士，名节高而不屈服，在当夜就写出了认罪书，装作流泪，交给夏侯玄看。夏侯玄看完后，只是点头而已。

随后，钟毓上奏说："李丰等人阴谋胁迫君王，诛杀宰辅，大逆不道，请依法论处。"皇帝曹芳只好会集公卿百官廷尉来合议此事。公卿百官都同意钟毓所判处的结果。在司马师要求下，曹芳下诏将夏侯玄、张缉、乐敦、刘贤等人灭三族，其余亲属迁到乐浪郡。与此同时，司马师逼迫曹芳下诏废黜张皇后②。魏国一时间陷入混乱。

事后，司马师跟曹芳之间的关系更紧张。他再也容忍不了曹芳当皇帝，准备将曹芳废黜为齐王，重新册立彭城王曹据为皇帝，便将想法上奏给郭太后。

郭太后当年受曹爽欺负，被囚禁到永宁宫，与皇帝告别时，相对哭泣，皇帝曹芳并没说挽留的话或者求情的话。郭太后被囚禁后，曹

① 张当，魏国宦官，谄媚权臣曹爽，后被司马懿斩杀。

② 张皇后，光禄大夫张缉的女儿，曹芳的第二任皇后。

爽专权，曹芳无能为力，甘当傀儡，自甘堕落，任意摆烂。他喜好宠幸亲近一群小人，常在后园游乐饮宴。满朝上下都知道此事。尚书何晏和散骑常侍、谏议大夫孔乂先后上疏劝谏，曹芳根本不搭理，抓紧时间继续享乐。曹芳是荒淫贪图享乐的皇帝，已成为朝内外的"基本共识"。

司马师提出废黜曹芳皇帝之位时，无论从私人角度出发，还是顺从大众民意角度出发，郭太后都没力挺曹芳继续当皇帝的理由。她同意废黜曹芳皇帝之位，要求立高贵乡公曹髦为皇帝。曹髦是曹丕孙子，东海王曹霖儿子，曹叡亲侄子，身世来源明确，且是皇室近亲。更重要的是，曹髦从小好学，才慧早成，有祖父曹丕的风范。她以担忧魏明帝曹叡绝嗣和辈分为理由，力主曹髦继承皇位。

司马师考虑到郭太后的影响力，争执不过，便听从她的意见，派人迎立曹髦到洛阳登基。曹髦当皇帝，郭太后依旧是皇太后，司马师继续掌握朝政大权。

司马师擅自废立皇帝引起一些大臣不满。一些此前受曹氏恩惠的人，见司马师手段残酷，内心越来越恐慌，无论是出于自保，还是出于对曹氏报恩，都有起兵反司马师的动力。

当初曹爽被司马懿杀时，作为曹爽余党的文钦深感恐惧，担心司马懿会杀他。出乎意料的是，司马懿想追杀曹爽的余党，但曹爽余党实在太多，没来得及追究到文钦时司马懿就死了。后因战功统计问题，文钦又与司马师产生了争端，心怀怨念。

文钦性格桀骜，粗猛无礼，与诸葛诞互相嫌恶，从不共谋。后来，诸葛诞在进攻吴国时尽量朝着司马师靠拢。毌丘俭却非常礼遇文钦。两人关系非常好，渐走渐近。

毌丘俭儒士出身，渴望功名，却不好党争，洁身自好。正因为这种性格，曹爽得势时，能允许毌丘俭掌管重兵，戍守边疆重镇。司马懿除掉曹爽后，出于稳定局势的需要，也允许毌丘俭拥兵戍边。司马师继父掌权、威望不足，也对毌丘俭敬重有加。不过，这情况很快就发生了改变。

司马师逼迫郭太后废黜皇帝曹芳，改立高贵乡公曹髦为皇帝。这件事触动了毌丘俭的底线，让他无法再继续保持中立，游离于党派斗争之外。毌丘俭向来心在曹氏皇室，也与夏侯玄、李丰平素友好。夏侯玄、李丰被司马师杀死后，毌丘俭非常不安；司马师将魏明帝曹叡指定的继承人曹芳废黜后，毌丘俭认为这是对魏明帝曹叡的背叛，愤怒不已。

毌丘俭感念往昔魏明帝曹叡对他的知遇之恩，开始谋划除掉司马师。扬州刺史文钦也有复兴曹氏皇权的意愿。他们有共同目标，但毌丘俭始终犹豫不决，直到身在洛阳为人质的长子毌丘甸鼓励他起兵。毌丘甸在信中说："父亲您是一方诸侯，如果国倾覆而晏然自守，就将要受到四海百姓的指责。"毌丘俭看完毌丘甸的信，怅然泪下，下定决心起兵反司马师，为曹氏江山做拼死一搏。

正元二年（255）正月，毌丘俭和文钦认为反司马师的时机到了。为增加实力，毌丘俭悄悄派人到豫州，写信给曾为曹爽心腹、夏侯玄好友的镇南将军诸葛诞，邀请他共同起兵反司马师。毌丘俭这一招失策，给他带来巨大灾难。诸葛诞已转向司马师团伙。他杀掉毌丘俭的使者，将毌丘俭写的信送给司马师。毌丘俭派人送信给兖州刺史邓艾。邓艾也是如此。

毌丘俭反司马师的计划完全泄露。为了尽可能占据先机，毌丘俭和文钦决定提前起兵。他们调集大量辎重，将屯驻在淮南的将领、官吏悉数召集到寿春城内，在城西筑坛，展示郭太后的懿旨，与诸将歃血盟誓，起兵勤王，讨伐司马师。起誓完毕，毌丘俭留下老弱驻守寿春，亲率六万精锐军队渡过淮河，急速行军，深入中原六百里，意图速战速决，一举攻下洛阳城。

毌丘俭所部淮南军为骁勇善战老兵、精兵构成，一路破关拔城，势如破竹。当征途进行一半时，在乐嘉（今河南商水东），毌丘俭所率淮南军遭遇守军顽强抵抗。邓艾率军马日夜兼行，增援乐嘉，使得乐嘉的城防愈加坚固难以攻克。

毌丘俭强攻乐嘉不克，加之补给线拉长，士兵连日奔袭，战斗疲乏，只得暂且休整，便进驻项城，整顿兵马，积累物资，构筑工事，计划对策。为争取更多潜在盟友的支持，失去先机优势的毌丘俭发布檄文，揭露司马师十一条大罪，布告天下。

然而，司马懿出身世族门阀，常年积累功勋，已经成为很多世族门阀的偶像。加上曹爽的一系列操作，很多世族门阀更倾向司马懿。司马懿操纵国政多年，根基已稳，已经控制全国绝大多数军队。慑于司马师骇人的实力和狠辣的作风，各地诸侯或观望不动，坐观其变，或倒向司马师，对抗毌丘俭所率淮南军。当时，征西将军陈泰、雍州刺史王经虽同样心存魏室，分掌关西的精锐军队，但与姜维所部北伐军激战正酣，无力表态。兖州刺史邓艾先前就斩使告密，率本部兵马攻击毌丘俭，向司马师表忠。

毌丘俭所率淮南军进攻步步维艰，形势日益严峻。见形势有利，司马师决定亲征，倾全国之力镇压毌丘俭所率淮南军。因忌惮久经战阵、战力强大的淮南军，也为打破毌丘俭速战速决的战略企图，司马师采取消耗包围战略。他对各地军队做出部署：命令邓艾死守乐嘉城，在京师主力到达前，切莫出战；命令驻扎在豫州境内的诸葛诞率军从安丰郡向东进攻，威胁寿春，同时破坏毌丘俭所率淮南军的粮道；命令胡遵督青州、徐州诸军进攻谯郡、睢阳；命令王昶率所部北上夹击，包抄毌丘俭所率淮南军的归路；命令王基率荆州军北上与自己所率主力军会师。不过，王基并未听司马师命令，自行率军东进，奔赴战场。

毌丘俭所率淮南军孤军奋战，战线拉长，补给日益困难。因诸葛诞已经率军向寿春，周边又强敌环伺，考虑到粮道随时可能被断，毌丘俭决定开辟新粮道。他调集重兵进攻积有巨额存粮的南顿要塞，命令文钦率军夺取粮辎，意图绕过乐嘉，直取许昌、洛阳。不过，文钦所部进展缓慢。王基已率兵马抢先占领南顿，并加以防守。司马师已率主力军抵达战场，威胁到项城的安全。文钦只好放弃攻打南顿，率军返回项城附近。司马师率主力军与王基、邓艾所部会合，休整部队，构筑防线，与毌丘俭所率淮南军进行对峙消耗。

形势急剧恶化，毌丘俭不甘坐困孤城，率淮南军再度发起进攻，连续冲击司马师的防线，但司马师所部占有巨大兵力优势，据坚城，凭沟垒严防死守，不与淮南军正面决战。毌丘俭所部淮南军始终撕不开口子，连日进展无果，粮草逐渐不支，军心也开始动摇。许多淮南军将士更因家属在北方，思乡心切，弃营投降。

包围圈逐渐成形，司马师见时机成熟，便定下进攻计划，命令邓艾率乐嘉万余守军出城诱敌，同时亲自率大军抵达乐嘉附近，隐藏起来，意图围歼毌丘俭所部淮南军。文钦、文鸯求战心切，率淮南军精锐兵分两路，进攻邓艾所部。是夜，文鸯率军先行抵达乐嘉城郊，意外发现司马师所率主力军。文鸯发动夜袭，冲击司马师军营。司马师病情急剧恶化，眼睛都掉了出来，将指挥权交给司马昭。

司马昭命令军队反击。文鸯所部淮南军势单力薄，很快陷入被动。文钦所部淮南军久候不至，见无法击溃敌军，只得退走。邓艾、乐綝、司马班等率军继续追击，至翌日天明时分，撞上不及撤走的文钦父子。司马师所部多方会合，人多势众，淮南军主力被重重包围。两军交战，实力悬殊，文鸯虽勇武善战，殊死拼杀，但仍无法扭转败势。淮南军军阵纷纷被司马师所部击穿，士兵伤亡惨重，最终崩溃。文钦父子力战突围，南逃东吴。

歼灭文钦所部淮南军后，司马师率部开赴项城，包围毌丘俭及其余部。王基率军充当先锋，首当其冲，势在攻城。毌丘俭所部淮南军主力已然覆灭，区区残部无力回天。毌丘俭自感大势已去，便率残部在司马师再度合围前弃城突围。

司马师所部乘胜追击，毌丘俭所部淮南军越打越少。毌丘俭逃到慎县境内，得知寿春已被诸葛诞袭占，归路已绝，残部也军心涣散，大量士兵逃亡。毌丘俭不甘失败，调整路线，改道北上，想撤到幽州东山再起。追兵穷追不舍，布下天罗地网。

毌丘俭一众露宿荒野，饥疲交加。到慎县安丰津境内时，他们遭遇追兵。毌丘俭、毌丘秀、毌丘重藏匿在河边芦苇丛中。平民张属射杀毌丘俭，被封侯。毌丘秀、毌丘重得以幸免，随文钦、文鸯逃入东吴。毌丘俭所部淮南军其余将士或降或死。毌丘俭的长子毌丘甸及在洛阳为质的亲族全部受牵连被杀。

经过一番激战，拥护曹氏皇权的毌丘俭所部淮南军被消灭。司马师已经完全控制魏国从朝廷到地方的权力。魏国政权已经完全落入司马师手中。正元二年（255）三月二十三日，因文鸯率军袭营而惊吓过度导致眼疾加重的司马师在许昌死去。这无意间实现了毌丘俭起兵的战略目标。

接下来，谁执掌朝政呢？这决定着魏国下一步的政治走向。

三、无辜帝王，惨遭杀戮

司马师战胜了毌丘俭和文钦，但也因这次战争而死。司马师死时，他的嗣子司马攸只有七岁。曹髦意识到夺回皇权的机会来了，抢先命令司马昭负责镇守许昌，同时秘密命令尚书傅嘏率军回洛阳。此举明显是想架空司马昭，趁机夺回辅政大权。没想到，傅嘏和钟会早已经倒向司马昭，在关键时刻，他们没向着皇帝，而是帮着司马昭抢夺辅政大权。

傅嘏起初是司空陈群的属官。曹爽专政时，何晏出任吏部尚书，傅嘏对曹爽弟弟曹羲说："何晏外表恬静清淡，但内心险恶阴暗，贪图私利，不考虑立身行事的根本。我断定他一定会先迷惑你们兄弟，那时仁人贤士将会疏远你们，朝政也就会因此日趋衰败。"傅嘏此番劝谏没起任何作用，反而招致何晏嫉恨，不久便丢了官。太傅司马懿趁机招纳傅嘏做属官。从此，傅嘏就抓住一切机会展现才华和忠诚，不仅获得了司马懿的器重，而且得到了官吏百姓的认可。

嘉平四年（吴神凤元年，公元 252 年），孙权死去，王昶、胡遵、毌丘俭等人都上表请求进攻吴国，司马师询问傅嘏的意见。傅嘏洋洋洒洒提出谋划方案，司马师没听从，最终征战失败，而傅嘏因祸得福，获封关内侯。事后，傅嘏获得司马师的器重。

正元二年（255），毌丘俭和文钦在淮南起兵。司马师刚因疾割了目瘤，身体还未恢复。有人劝司马师不必亲征，派太尉司马孚率军前去镇压就可以。傅嘏和王肃详细分析了形势，劝司马师亲征。于是，司马师抱病东征，傅嘏随行。

钟会是颍川世族门阀钟氏子弟，是太傅钟繇的小儿子。钟会自幼与司马师兄弟交往，受司马懿父子赏识，是司马氏集团的重要幕僚。司马师东征毌丘俭时，钟会随军主管机密事宜，司马昭负责率后继军队。

傅嘏接到皇帝曹髦令他率军回朝的诏书，立即将消息告诉了司马昭。司马昭也接到了命令镇守许昌的诏书。吃惊之余，司马昭、傅嘏、钟会等人进行商议，一致认为这是皇帝想趁机夺回辅政权。钟会与傅嘏密谋，让傅嘏上表请求召司马昭回朝辅政，同时和司马昭率军一同出发，退到洛水之南。曹髦不得已，任命司马昭为大将军、辅政大臣，任命钟会为黄门侍郎。不久，司马昭出任大将军，加侍中，都督中外诸军、录尚书事，牢牢掌握朝政大权。

司马昭继续专权，引起一些实力派权臣不安。曹爽被杀后，诸葛诞投向司马家族，不惜出卖毌丘俭，率军全力配合司马师镇压毌丘俭。这一战后，诸葛诞实现封侯。司马师死后，在傅嘏和钟会支持下，司马昭袭承职爵，掌控魏国朝政。诸葛诞有些尴尬。此前他怂恿司马师率军进攻吴国，惨败，导致司马昭被撤职。目睹邓飏、夏侯玄等人先后被杀，王凌、毌丘俭等人被夷灭三族，诸葛诞心中十分不安，便在驻地收买人心，蓄养数千死士，准备反司马昭。

吴太平元年（魏甘露元年，公元 256 年），诸葛诞以吴国有意进攻魏国为由，向朝廷请求增兵十万和沿淮河筑城。司马昭执掌朝政后，采纳贾充的建议，派人去慰劳征东、征南、征西、征北四将军，观察他们的志趣、动向。贾充被派到诸葛诞那里。贾充与诸葛诞一起谈论时事。贾充说："洛阳的诸位贤达之人，都希望实行禅让，您认为如何？"诸葛诞严厉斥责贾充，说："你不是贾豫州①的儿子吗？你家世代受到大魏恩惠，怎能想把国家转送他人？如果洛阳发生危难，我愿为国家而死。"贾充默然无语。

贾充回到洛阳后，强烈建议征召诸葛诞入朝。甘露二年（257），司马昭以皇帝名义任命诸葛诞为司空，征召他回洛阳，通过明升暗降方式夺取了他的兵权。当时，钟会正在家给母亲守丧，得知任命诸葛诞为司空，算定诸葛诞必不从命，驰马去劝阻司马昭。司马昭认为事已至此，不再更改。

甘露二年（257）五月初一，镇东将军诸葛诞杀死扬州刺史乐綝，占据淮南起兵。他送儿子诸葛靓到吴国做人质，请求吴国援救。

不少朝臣请求出兵讨伐诸葛诞。司马昭一番分析后，要求皇帝御驾亲征，发动五十万军队去镇压诸葛诞反军。甘露二年（257）七月，司马昭携带皇帝及郭太后，一起攻打诸葛诞的反军。他下令，征发青州兵、徐州兵、荆州兵、豫州兵，在淮北会师。

远征大军到项城后，司马昭就命令何桢出使淮南，劝慰叛军将士，申明诛逆赏顺政策。几天后，司马昭率军到寿春，钟会又来到司马昭身边，帮他出谋划策。吴国派文钦、唐咨、全端、全怿等人率三万吴军救诸葛诞。魏国诸将率军迎击，抵抗失败。

八月，朱异率一万吴军，将辎重留在都陆（今安徽六安一带），轻装进攻黎浆。石苞、陈泰率魏军将朱异所部吴军击败。胡烈趁机率魏军袭击都陆，烧毁朱异所部吴军的粮草辎重。石苞、陈泰又率魏军击败朱异所部吴军。朱异所部残兵饥饿无粮，吃葛叶，最终不战而溃散。吴国怒杀朱异。

司马昭分析形势后，命令魏军包围淮南，送一些老弱残兵到淮北

---

① 贾豫州，此处指贾充父亲豫州刺史贾逵。

就地取食，给前线将士每人发放三升大豆。不仅如此，司马昭让士兵装作饥饿瘦弱的样子给淮南军看，又放出很多间谍混进淮南军，扬言吴国救兵就要来到。

诸葛诞中计，命令将士放宽标准，尽情吃喝。很快，城中粮食短缺。石苞、王基请求趁机发起进攻。司马昭不着急，从长远计议，三面包围，派轻骑游兵断绝吴军运输粮草的路线。

全怿母亲是孙权女儿，在吴国获罪。全祎、全仪护卫全怿母亲投奔魏军。全仪哥哥全静当时在寿春。司马昭采纳钟会的计谋，让全祎、全仪写信劝全静投降，全静兄弟五人率军来降。寿春城中非常恐慌。

甘露三年（258）正月初七，诸葛诞、文钦等人率军主动反击围城魏军，被击退。诸葛诞与文钦不和，相互猜疑。最终，诸葛诞杀了文钦。文钦儿子文鸯率军进攻诸葛诞，不能取胜，跳下城墙，投降魏军。司马昭任文鸯为将军，让他绕城喊话劝降。司马昭见城上守军持弓却不发箭，对诸将说："可以攻城了。"

二月二十日，魏军攻城。当天，寿春城被攻破。司马昭下令杀诸葛诞，夷灭三族。数百名士兵不愿投降，被斩杀。不久，唐咨、孙曼、孙弥、徐韶等人率吴军投降。士兵饥饿有病的，司马昭给予粮食医药。四月，司马昭和皇帝一行返回洛阳。

甘露三年（258）五月，司马昭被封晋公，加九锡，设置晋国。司马昭儿子中没爵位的都封列侯。司马昭击败诸葛诞后，声望进一步提高，实力也膨胀起来。

皇帝曹髦酷爱传统典籍，从登基到治国，都严格按照《尚书》的要求来。他深知魏国最大的危险是司马氏集团独霸朝政大权。他登基后，一边派官员到国内各地巡视了解情况，一边又尽力给司马昭加官晋爵进行笼络。

司马师死时，曹髦想趁机收回辅政大权。不过，在傅嘏和钟会的协助下，司马昭识破了他的计策，率军回到洛阳，抢得辅政大权。计划落空后，为避免引起更严重祸乱，曹髦只好接受既定事实。一次宝贵的翻身机会失之交臂。遗憾的是，曹髦并不知道司马昭识破他的计谋，有傅嘏、钟会等人背后的贡献，还一度将司马昭的心腹当作亲信。

曹髦与朝臣一起讲《尚书》等典籍时，司马望、王沈、裴秀、钟会等大臣常常参与。这些人大多是司马昭的铁杆支持者。曹髦沉迷于讲学，在得到他们的掌声后，不知不觉地将他们当作心腹知己。

正元三年（256）二月，曹髦在太极东堂宴请群臣，和诸位儒生讨论夏少康与汉高祖的高下。在讨论时，曹髦表示仰慕少康，并做了深入分析。群臣已经明白皇帝内心有强烈收回权力的渴望。他们都表示称赞和崇拜。这令曹髦更相信那些人是亲信心腹。接下来，曹髦讲了《尚书》又讲《易经》，讲了《易经》又讲《礼记》，企图通过学习经典强化"亲信们"对他的忠诚。

甘露五年（260）五月初六夜里，曹髦突然命令李昭、焦伯等人在陵云台部署卫士，召见王沈、王经、王业，对他们说："司马昭的野心，连路上的行人都知道。我不能坐等被废黜的耻辱，今天我将亲自与你们一起出去讨伐他。"王经说："古时鲁昭公因不能忍受季氏专权，讨伐失败而出走，丢掉了国家，被天下人所耻笑。如今，权柄掌握在司马昭之手已经很久了，朝廷内以及四方之臣都为他效命而不顾逆顺之理，也不是一天了。而且，宫中宿卫空缺，兵力十分弱小，陛下凭借什么？您一旦这样做，不是想要除去疾病却反而使病更厉害了吗？祸患恐怕难以预测，应该重新加以详细研究。"曹髦没深入思考王经的话，从怀里拿出早已经准备好的诏书，扔在地上，说："这已经决定了！纵使死了又有什么可怕的？何况不一定会死呢！"说完，曹髦就进内宫禀告郭太后。王沈、王业是司马昭亲信，立即跑出去告诉了司马昭。

司马昭立即命令贾充等人率军做戒备。曹髦得知事情泄露，拔剑登辇，亲自率殿中宿卫和宦官们呼喊着出宫。在东止车门，曹髦一行遇到司马昭弟弟屯骑校尉司马伷所率军队。曹髦左右怒声呵斥他们，司马伷手下的士兵都吓得逃走了。随后，贾充率军从外而入，迎面与曹髦所部在南面宫阙之下恶战。曹髦亲自用剑拼杀。众人想要退却，贾充所部即将溃败。太子舍人成济问贾充，说："事情紧急，你说怎么办？"贾充说："司马公养你们这些人，正是为了今日。今日之事，没什么可问的！"于是，成济抽出长戈，上前刺杀了曹髦，把他的尸体丢到车下。曹髦死时尚不满二十岁。

司马昭得知皇帝被杀死，大惊，跪倒在地上。司马孚奔跑过去，把皇帝的头枕在大腿上，哭得十分悲哀，喊着说："陛下被杀，我的罪过啊！"随后，司马昭进入殿中，召集群臣议论，处理接下来的事。尚书左仆射陈泰主张杀掉贾充向天下谢罪。司马昭不答应，决定按照自己的想法来处理。

五月初八，司马昭威逼郭太后下懿旨，控诉曹髦辜负先辈期望，说郭太后多次教育无效，后来和大将军司马昭多次商量废立之事，但大将军认为他年幼无知，还可以雕琢，郭太后前后数十次让大将军废立他，大将军都没答应。谁知道曹髦不知感恩，率卫兵拿弓箭射杀大将军，幸亏大将军及时躲避。曹髦不顾皇帝身份，混到士兵之中，不幸被士兵杀死。曹髦"悖逆不道，而又自陷大祸"，应当"罪废为庶人"，用"民礼葬之"。随后，司马孚、司马昭、高柔等人纷纷向郭太后求情，要求"王礼葬之"。这一番操作，曹髦被说成"死有余辜"，而司马昭也被说成宽厚仁慈。

曹髦下葬不久，司马昭以"教唆圣上""离间重臣"等借口杀死王经。又因群情激愤，司马昭诛杀成济三族，向天下人公开处置杀死曹髦的人。至此，天下是非黑白，完全由司马昭一人说了算。

处理完这些后，司马昭与公卿拥立燕王曹宇的儿子曹奂为皇帝，改元景元。魏国皇帝彻底成为司马昭的手中玩物，魏国再也没复兴希望了。

第六章　灭蜀摧毁三分格局

司马昭发起灭蜀之战，打破天下三分格局。在灭蜀之后，司马昭除掉钟会，巧妙完成"灭魏"。

一、三方力量，此消彼长

司马昭更换皇帝后，必须建立巨大功勋，让天下臣民认为他掌握朝政大权顺应天意，民心所归。因而，他对天下局势进行了深入分析和重新评估，

魏国已被司马懿、司马师、司马昭掌控多年，有实力与司马家族对抗的，不是死了，就是被消灭了，或是效忠于司马家族。司马昭认为，魏国已经被完全掌控，具备对外发动战争的条件。

在吴国和蜀汉之间反复衡量后，司马昭最终决定攻打蜀汉。

诸葛亮临死前，曾秘密上表给刘禅表示蒋琬可接任丞相。诸葛亮死后，刘禅不再设置丞相，让蒋琬出任大将军，负责辅政，同时让邓芝督领江州刺史，维持吴蜀联盟。对南蛮，刘禅先后任命李恢、张翼、马忠为都督，恩威并施，抚平南蛮叛乱。安排好后，蜀汉基本退出三方博弈。蜀汉和吴国联盟是实，联合抗魏变成虚，此后吴魏争霸，蜀汉基本在旁观。

蜀汉建兴十二年至延熙九年（234—246），大将军蒋琬辅政，刘禅见魏国皇帝曹叡大兴土木，广征民役，认为是败亡之象，让蒋琬统率各军驻扎在汉中，寻找机会北伐魏国。蒋琬执政，遵循诸葛亮治国方针，将国家治理得井井有条，也派姜维率偏师西进，寻找北伐战机。

姜维多次率军北伐，没对魏国造成什么影响，没取得什么大成果。

经过一番反思，蒋琬认为，从秦岭出兵，道路艰险，往来不便，便下令大造舟船，准备从水路袭击魏国上庸、魏兴等地。此举遭到朝中大臣反对。不久，蒋琬病死。临死前，蒋琬上书刘禅推荐任命姜维为凉州刺史。

蒋琬死后，费祎出任大将军辅政。费祎认为自己比诸葛亮差得太远，一心只保境安民，不再对魏国用兵，裁减姜维所率兵力，害怕会因战争带来大损失。这种做法导致蜀汉一部分人反对。费祎多次施行大赦。大司农孟光多次公开指责费祎。蜀汉延熙十六年（253），费祎遭刺杀。

费祎死后，刘禅任命董允为大将军，任命姜维总督内外军事，任命宗预维持蜀吴关系，委任阎宇、罗宪镇守巴东。董允死后，刘禅命令陈祗接替董允职位。陈祗虽然支持北伐，但不排斥宦官黄皓干预朝政。刘禅宠信黄皓，在遇到政事时，都习惯性问黄皓意见。黄皓非常反感姜维，认为姜维在浪费蜀汉国力。

从蜀汉延熙元年到景耀五年（238—262），姜维十一次北伐魏国，结果是二次大胜，三次小胜，四次相距不克，一次大败，一次小败，总体上胜多败少，但无一例外地没实现战略目标。自费祎死后，蜀汉内政无人治理，蜀汉国力大不如前。

姜维北伐使蜀汉国力耗损巨大。黄皓、诸葛瞻、张翼都反对姜维北伐。姜维感到压力巨大，不敢回成都，就在沓中（今甘肃舟曲一带）屯田，储备军资，准备继续北伐。诸葛瞻等人也想除去黄皓，但因刘禅十分宠信黄皓，无能为力。蜀汉内部矛盾重重，前方主将和后方朝臣关系难以调和，统治根基已动摇。

吴国跟魏国博弈多次。魏国政权落入司马家族手中，吴国也出现权臣，内斗不止。吴神凤元年（252），孙权病死，年仅十岁的太子孙亮即位，诸葛恪、孙弘、孙峻等人辅政。司马师派司马昭为都督，率诸葛诞、胡遵等部共计七万人直逼东兴。吴国派出诸葛恪率四万人，在东兴击败魏军。这一战后，诸葛恪空前自信，于第二年主动进攻魏国，发起新城之战。新城之战吴军惨败后，诸葛恪被孙峻等人所杀。吴国军政大权落入孙峻手中。三年后，孙峻病死，孙綝掌握吴国军政大权。孙綝嗜好杀戮，残虐无道，杀害吴国重要将领吕据、朱异等人。旷日持久的内斗使吴国国力遭到严重削弱。

吴太平三年（258），孙綝废黜皇帝孙亮，拥立孙休为皇帝。孙綝兄弟五人掌管禁军，权力远远超过皇帝。吴国皇帝孙休感到非常恐惧，联合张布、丁奉等人杀死孙綝，由张布和丁奉联合执政。张布和丁奉的行事风格依然导致百姓不满，内斗依然没完全消失。吴国权臣执政弊病并没消除。

吴国强项在水军，蜀汉强项在陆军，而水军是魏国劣势，魏国和吴国斗争多年，边疆始终没多大改变，基本处在势均力敌状态。司马昭急需一场大胜利洗刷污点，为篡位累积资本。建立不世功勋，攻打蜀汉的成功概率，比攻打吴国的大得多。司马昭认为，蜀汉已经国力衰弱，百姓不堪负担，攻打它易如反掌。他决定，先攻取蜀汉，等三年后，从蜀汉顺长江水陆并进，再并吴国，统一天下。

朝内群臣反对司马昭征伐蜀汉的计划。邓艾多次陈情，说攻打蜀汉时机没成熟。司隶校尉钟会却鼎力支持司马昭，与他一同进行具体策划。司马昭任命钟会为镇西将军，都督关中，全权负责攻打蜀汉。

景元四年（263）夏，司马昭准备进攻蜀汉，与众人商量。他说："自在寿春平定叛乱以来，士兵已经六年没战事，制造兵器，修缮盔甲，准备对付吴蜀。如果灭吴，大略计算一下，造战船，开水道，得用千余万个工日，这就要十万人一百几十天才能完成。另外南方地势低下，气候潮湿，必然会发生疾疫。当今应先取蜀，灭蜀三年之后，借巴蜀可以顺流而下的有利地势，水陆并进，这就像历史上晋灭虞定虢，秦吞韩并魏那样容易。蜀汉将士大约有九万，驻守成都及守备后方诸郡的不下四万，余下的不过五万。如今将姜维拖在沓中，使他不能东顾，然后大军直指骆谷，出其空虚之地，以袭击汉中。蜀军若各自据城守险，必然兵力分散，首尾隔绝。我们可以调集大军破其城池，派散兵占据村野，剑阁无暇守其险，关头无自保之力。以刘禅之昏庸，外面边城陷落，内部士女震惊，其灭亡是可以预料的。"

邓艾以为蜀汉尚无祸乱之机可乘，屡次提出不同意见。司马昭感到忧虑，派师纂到邓艾军中做司马，寻找机会劝说邓艾。邓艾这才奉命。

司马昭征发十八万四方之兵，派邓艾率军从狄道到沓中进攻姜维，派雍州刺史诸葛绪率军从祁山出发驻军武街，断绝姜维所部退路，镇西将军钟会率李辅、胡烈等部，从骆谷进攻汉中。

为迷惑蜀汉，司马昭对外扬言要进攻吴国。姜维得知钟会出任镇西将军，判定魏军将大举进攻蜀汉。他急忙上报给皇帝刘禅，建议派兵把守阳安关口和阴平桥头，加强防备。刘禅宠信黄皓，黄皓相信鬼巫。鬼巫占卜的结果是魏军不会进攻，于是，刘禅不理会姜维，也不让朝内群臣知道此事。蜀汉的危险悄然而至。

二、奔袭成都，一举成名

景元四年（蜀汉景耀六年，公元 263 年）八月，司马昭命令十八万魏军分三路进攻蜀汉，三国博弈中少有的大规模进攻蜀汉的战争爆发。

刘禅得知魏军大举进攻的消息，吓得不轻，慌忙命令廖化率军去增援姜维所部；同时派张翼和董厥率部到阳安关口防守，负责阻击钟会所部魏军主力。

钟会根据实际需求，将所率军队分两路，由李辅率一路魏军，经过斜谷，任务是在乐城包围王含所部蜀军，又派易恺率一支魏军，负责进攻在汉城的蒋斌所部蜀军，而钟会亲自率魏军主力直指阳安。护军胡烈也率先锋军进攻关城。

魏兴太守刘钦率军由子午谷出，与魏军主力会师。关城守将、关中都督傅金想率军坚守。蒋舒因被降职，怀恨在心，积极建议、鼓动傅佥率军出战。傅佥率军出战后，蒋舒投降魏军。傅佥奋战而死。此时，除柳隐坚守的黄金城和汉乐城，汉中多数据点已被魏军攻克。

钟会得知魏军攻下重镇关城，缴获蜀军库藏粮谷，便留下两万魏军继续围攻黄金城和汉乐城，率东路主力军长驱直入，直逼剑阁。与此同时，他发布《移蜀将吏士民檄》，劝蜀汉军民不要做无谓牺牲，放下武器投降。

前线魏军在与蜀军激烈战斗，司马昭在后方抓紧时间揽功。同年十月，因各路军频繁报捷，皇帝曹奂封司马昭为晋公，以十郡方圆七百里的春秋时晋国故地作为食邑，同时晋位相国，加九锡。

魏军西路军也展开攻势。邓艾命令王颀、牵弘、杨欣分别率部从东、西、北三面进攻驻扎在沓中的姜维所部蜀军。姜维获悉魏军已进入汉中的消息，担心阳安关失守，剑阁孤危，便不作抵抗，且战且退，尽快赶到关城援助。不过，诸葛绪率中路魏军已从祁山进达阴平的桥头，抢先切断姜维所部蜀军的退路。

为引开魏军，姜维率蜀军从孔函谷绕到诸葛绪所部魏军后方，摆出要发起攻击的势态。诸葛绪担心后路被切断，慌忙率魏军后退三十里。姜维率蜀军趁机回头，越过阴平桥头。诸葛绪察觉上当时，他所率魏军已经与姜维所部蜀军相差了一天的路程，追赶根本不及。姜维率蜀军从桥头到阴平，一路向南撤，在途中与正在北上的廖化、张翼、董厥等人所率援军会合。关城丢失后，蜀军唯有退守剑阁，才能有效抵抗魏军。

剑阁西有相连的小剑山和大剑山，地形险峻，道小谷深，易守难攻。姜维利用有利于防守的地形，列营守险，企图阻止魏军进一步向蜀汉内地进攻。此时，刘禅也已派人向吴国求救。孙休也派出丁封、孙异等人率吴军救援。因此，只要蜀军能在剑阁长期阻挡魏军进攻，等吴军援军发起进攻后，姜维就有机会击退魏军，使蜀汉转危为安。

钟会所率魏军主力被姜维所率蜀军主力阻挡在剑阁外，不能前进，形成对峙之势。剑阁又是通往成都的主要通道，不能放弃。在进退两难之际，钟会写信给姜维，先对姜维一番猛夸，然后表达对他的倾慕之情，想要和他交往，委婉地劝他投降。

姜维是何等聪明人，虽然他也倾慕钟会的才华，但此时此刻他们代表各自的国家在进行生死之战，怎么会因为个人好恶而松懈呢？对钟会的信，姜维不予回答。钟会明白姜维的意图，意识到，面对天险，面对不为所动的对手，最终还是得靠武略，靠大军攻破剑门关。蜀军保险拒守，魏军攻关不克，又是孤军深入，运粮不便。钟会考虑到种种不利的因素，便商议退兵。

相比鼓励司马昭出兵时那种志在必得，钟会此时判若两人。在关键时刻，邓艾想出一条奇计。邓艾建议："派出一支军队从阴平出发，从小路经汉德阳亭进攻涪城，出现在剑阁西一百里的地方。那里离成都三百余里，这支奇兵攻击蜀汉腹心，镇守剑阁的蜀军必然会回去救援。到时，剑阁外的主力军趁机发起进攻，两路军夹攻蜀军。即使镇守剑阁的蜀军不回去救援，成都蜀军兵少，必然阻挡不住……"

依照邓艾此计策，魏军从阴平绕小道攻涪城，姜维将面临两难选择：姜维率军救援涪城的话，剑阁的守军就弱了，钟会率主力军即可强攻；姜维不率军救援涪城的话，魏军奇兵会攻下涪城，切断姜维的后路，并可直指成都。钟会没什么好计谋，采纳邓艾的计策，命令他率部去执行。

邓艾挑选精兵，想与诸葛绪所部联合，经江油避开剑阁，直取成都。诸葛绪以只受命攻击姜维所部蜀军，不可自作主张为由，拒绝邓艾联军并进建议，率军东去与钟会所率魏军主力会合。

同时，钟会派田章率魏军从剑阁西的道路进攻江油。田章率魏军击败三校的蜀军后，受邓艾统管，充当邓艾所部先锋。为扩大军权，钟会秘密向司马昭打小报告，说诸葛绪率军畏缩不前。司马昭听信钟会的话，令诸葛绪返回洛阳，将手中军队交给钟会。钟会不由得有些得意。在即将成功前，他统率诸葛绪属下军队，将来算功劳，分量会更重一些。

从阴平到江油，高山险阻，人迹罕至，十分艰难，也因这个缘故，蜀军没在这里设防。景元四年（蜀汉炎兴元年，公元263年）十月，邓艾率三万魏军从阴平道出发，在无人之地行军三百多公里，一路凿山通道，造作桥阁。因一路山高谷深，行军非常艰难，加上粮草补给跟不上，这支魏军几乎覆灭。邓艾身先士卒，遇到绝险处，用毛毡裹住身子，亲自带路，将士跟着攀木缘崖，鱼贯而进，攀登小道，凿山开路，最终越过七百余里无人烟的险域。在克服难以想象的困难后，邓艾率魏军通过阴平险道，到达江油。

江油关险峰壁立，直插云天；关下江流湍急，浊浪翻卷。如此天险之地，又地处后方，江油守将马邈做梦都没想到魏军会出现在这里。见魏军奇迹般出现，马邈大惊失色，战败而降。就这样，邓艾所部魏军轻易占据进军成都的重要关隘。

此时，蜀汉如有大将率军苦苦支撑，也不会走向穷途末路。在成都西部，郫县令常勖率军固城拒守，另有汶山郡的汶山、龙鹤、冉駹、白马、匡用五围官兵可做支援。在成都东部，姜维所率大军正在挺进，还有在江州的罗宪所部。在成都南部，霍弋率蜀军镇守南中六郡，这支军队北上也可以增援成都。在成都北部，重镇雒城尚未失陷，姜维所部蜀军离成都七十里。汉中还有柳隐、蒋斌、王含所部在拒守。

魏军进入平原大地，成都周边要隘尚存，姜维等主力军队仍在抵抗。然而，虽内有半壁江山，外有吴国援军，成都军民的士气却已降到谷底，也没军队来守城。满朝文武大多主张向魏军投降。

在江油失守后，刘禅派诸葛瞻率军前去抵抗邓艾所部魏军。诸葛瞻是诸葛亮儿子，出生于蜀汉建兴五年（227）。蜀汉建兴十二年（234），诸葛亮病死，年仅七岁的诸葛瞻袭爵武乡侯。诸葛瞻精通书法绘画，记忆力强，才思敏捷。百姓怀念诸葛亮，诸葛瞻的美名受到过分渲染，名过其实，官职大，实战能力比较小。

蜀汉景耀四年（261），诸葛瞻担任代理都护并任卫将军，与辅国大将军董厥共同执掌尚书台政务，统领军政大事。当时，黄皓弄权，朝中大臣都迁就庇护黄皓，没人出来纠正这一弊端。第二年，姜维北伐败回，诸葛瞻与董厥等人认为姜维好战无功，致使国内疲弊，上表皇帝，要求让姜维担任益州刺史，并削夺他的兵权。刘禅没采纳。没想到第二年，姜维担心的魏军进攻蜀汉的事就发生了。

蜀汉炎兴元年（魏景元四年，公元 263 年）冬，诸葛瞻带张遵、黄崇、李球等人，督率蜀军前往抵抗邓艾所部。到达涪县后，诸葛瞻所部便徘徊不前。黄崇劝告诸葛瞻："我们宜迅速行军，抢占险要之地，不让敌军进入平原地区。"诸葛瞻犹豫不决。此期间，邓艾率军夺取各处险地。黄崇因诸葛瞻的失策而痛哭，但无能为力。

诸葛瞻督军到涪城后，遭遇魏军，与之发生激烈战斗。邓艾率部大败诸葛瞻的前锋军队。诸葛瞻被迫率残部退守绵竹。邓艾派人送信劝降诸葛瞻说："如果你投降了我，我必定表奏封你为琅琊王。"诸葛瞻大怒，斩杀了邓艾的使者，率军出城与魏军激战。

有人劝诸葛瞻率残军撤回成都防守，诸葛瞻悲愤地说："我在朝廷内不能除去宦官黄皓，在朝廷外不能制衡悍将姜维，率军抵御魏军，又不能守护国土，我犯了这三条罪，还有什么面目回成都去呢？"随后，他下令将士们坚守阵地，准备决战。黄崇也激励将士们决一死战。

诸葛瞻在绵竹城外摆好阵势，等待邓艾所率魏军进攻。邓艾派他儿子邓忠率魏军从右包抄，又派师纂率魏军从左包抄。这两支魏军都被诸葛瞻所部蜀军打败。邓忠和师纂退回后，报告说："敌人难以击破！"邓艾大怒说："生死存亡，在此一举，有什么不可以的！"说完，邓艾要将他们拉出去斩首。两人请求戴罪立功，率军再次出战。邓艾同意了。邓忠和师纂再次各率一支军队，从左右围攻诸葛瞻所部蜀军。

诸葛瞻没实战经验，此前相当时期内又轻视战备，根本没想到被击败的邓忠和师纂这么快敢率军再次进攻，没在胜利后加强防备，被打了个措手不及。他慌忙之中率蜀军迎战。邓忠和师纂率魏军拼死作战，将蜀军击败。诸葛瞻、张遵等人战死。诸葛瞻儿子诸葛尚听说军败后，叹息说："我们父子受国家那么多的恩惠，而没提早斩除黄皓，以致惨败，还有什么面目活下去呢？"他骑马冲入阵内，与魏军作战至死。

当时，蜀汉军队多在剑阁抵抗钟会所部魏军主力，留在成都防守的兵少。诸葛瞻所部是抵御魏军进攻成都的屏障。诸葛瞻聪明过人，还带有诸葛亮的光环，被成都军民给予力挽狂澜的希望。蜀汉君臣得知诸葛瞻所部全军覆没，邓艾率魏军向成都攻过来，不知所措。有人建议先逃向南中地区，再做进一步抵抗，也有人建议东投吴国，继续抵抗魏军。谯周力主降魏，群臣多附和。

景元四年（263）十一月，刘禅接受谯周的建议，开城降魏。邓艾率魏军占领成都。邓艾让刘禅发圣旨，派人去命令姜维等人投降。

在坚守剑阁的姜维，先得知诸葛瞻所部全军覆没，但未知皇帝刘禅的确切消息，担心腹背受敌，率军东入巴中。钟会率魏军主力进驻涪城，派胡烈、田续、庞会等人率魏军追击。姜维率蜀军退到郪县时，接到刘禅命令投降的圣旨，率廖化、张翼、董厥等人向钟会投降。蜀汉正式灭亡。

魏灭蜀之战结束。魏蜀吴三国博弈局面被打破，天下进入魏国和吴国对峙局面之中。刘禅投降后，曹奂命司马昭以相国身份统摄朝政。司马昭上表让邓艾为太尉，钟会为司徒。没多久，邓艾和钟会之间就发生了令司马昭意外的事。

三、名将遭杀，帝国将亡

魏军如此短时间灭蜀汉，着实令人意外。钟会作为主力军统帅，率军出征，内心有无数种憧憬和设想，但怎么都没想到，作为偏师统帅的邓艾会抢在他前面攻下成都，代表魏军进驻成都。

邓艾代表魏军接受蜀汉皇帝刘禅投降后，请封刘禅扶风王，还请求立即出兵攻打吴国。此事引起司马昭的猜忌和妒忌。他上奏给邓艾升职为太尉，但拒绝出兵吴国。

景元五年（264），钟会因邓艾承旨专权行事，与卫瓘一起密报邓艾有谋反的迹象。钟会善于模仿别人的字体，在剑阁拦截了邓艾的奏章和上报事情的书信，改写其中的话，让言辞变得狂悖傲慢，有很多居功自夸的地方。同时，他又毁掉司马昭的回信，亲手重新再写，目的是让邓艾生疑。司马昭和邓艾之间的关系被挑拨，矛盾迅速激化。

　　司马昭顺势下令逮捕邓艾父子，押往洛阳审查。钟会派卫瓘先到成都拘捕邓艾，钟会因卫兵少，想借邓艾的手杀掉卫瓘，再借此事定邓艾的罪。卫瓘看破钟会的意图，又不能抗拒命令，便在深夜到达成都，传檄文给邓艾所属将领，声称："我奉诏来拘捕邓艾，其余人一概不予追究。你们投向官军，就如先前平蜀时一样再加爵赏，如果胆敢不听从命令，就是犯诛及三族的罪！"

　　等到鸡鸣时分，邓艾手下诸将都跑到卫瓘那里，只有邓艾帐内的没来。早晨，打开营门后，卫瓘乘车直接进入邓艾帐内。邓艾还躺着没起床。卫瓘下令把邓艾父子抓起来，将他们放到囚车中。诸将想要劫持邓艾，整兵一起追到卫瓘营帐。卫瓘不带卫兵，只身出来接见他们，又假装书写表章，欺骗诸将说他将要上书申明邓艾没反心。诸将相信了卫瓘，没劫持囚车。

　　邓艾被捕后，钟会在成都独揽大权，开始显出傲慢迹象，自信有不再居于人之下的实力。他特别欣赏姜维。姜维一生奋斗目标就是诸葛亮"北伐中原的遗志"。刘禅投降时，姜维正率军与钟会所部对峙。刘禅敕令姜维率部向魏军投降。姜维接到命令，所部将士都拔起刀剑挥砍石头发泄心头的愤怒，最终无可奈何地放下武器，向钟会投降。

　　投降时，钟会问姜维："你为什么来迟了？"

　　姜维神色严正，哭着说："现在来已经是太快了。"

　　钟会非常惊讶，非常器重姜维，让他继续统领旧部。姜维获得钟会重用，接触一段时间后，发现钟会有野心，并不心甘情愿臣服于司马昭。姜维也不甘心投降魏国。两个人有类似的不甘。

　　钟会内心怀有反司马昭的意图，姜维已有所察觉，便有意识地促成钟会反司马昭。姜维劝说钟会："听说您自淮南之战以来，计策从未有过失误，司马氏能够昌盛，全依赖您的功劳。如今，您又平定蜀汉，威德振世，百姓颂扬您的功劳，主上畏惧您的谋略，您还想因此安然而归吗？何不效法陶朱公范蠡泛舟湖上远避是非，以保全功名性命呢！"

钟会说："您说的太远了，我不能离开。从现在的形势看，还没到这种地步。"

姜维说："其他的事，凭您的智慧、力量就能做到，用不着我多说了。"

从此，他们感情融洽，关系密切，出则同车，坐则同席。

钟会有谋反之心，但有几分忌惮邓艾。邓艾被押后，钟会的顾虑就消除了。钟会出身著名世族门阀，加上建立如此大功勋，自认为功名天下无比，不愿再屈居人下。他一人掌管十几万猛将精兵，自认为有实力与司马昭分庭抗礼。钟会准备派姜维率旧部出斜谷，占领长安，再派骑兵经陆路、步兵经水路，两路一起进攻，夺取天下。

恰好，钟会收到司马昭的书信："我担心邓艾不服命令，今派中护军贾充率万余步骑兵入斜谷，驻扎在乐城。我亲自率十万大军驻扎在长安。我们不久就可以相见了。"

钟会看信大惊，对亲信说："如果只取邓艾，司马昭知道我能独自办理；如今带来重兵，必定觉察到我有变异，我们应当迅速发难。事情成功，就可得天下；不成功，就可以退保蜀地，仍可做个刘备一样的人。自淮南之战以来，我从未失策，已远近闻名。我这样功高名盛的情况，哪能有好归宿呢？"

景元五年（264）正月十五，钟会率部到成都，并于当天送邓艾去洛阳。第二年，钟会召集护军、郡守、牙门骑督以上将领以及蜀汉旧官，在蜀汉朝堂为郭太后发丧，假借郭太后的遗命，说让钟会起兵废掉司马昭，并向众人宣布遗诏内容。

在大家议论后，钟会开始授官任职，让所亲信的人代领诸军；下令把所请来的群官都关在益州各官署中，关闭城门、宫门，派重兵把守。当时，卫瓘诈称病重，住在外面官舍。钟会相信卫瓘，对他没有防备。

钟会让众将士在木板上写下同意作为凭证，委派亲信统率各路军队。出乎意料的是，众将领并不跟从他。钟会把他们都关在益州各官府中，派兵严加看守。此时，他已经众叛亲离了。

帐下督丘建曾是胡烈手下，深受钟会喜爱和信任。丘建怜悯胡烈一人独自被关押起来，请求钟会，让他允许一名亲兵进出送饮食，各牙门将也都随此例，让一人进来侍奉。钟会答应了。但他没想到，这给他带来巨大灾难。

胡烈欺骗亲兵，让他传递消息给儿子胡渊说："丘建秘密透露消息，说钟会已经挖了大坑，作了数千根白色大棒，想叫外面的兵士全部进来，每人赐一白帽，授散将之职，依次击杀诸将，埋入坑中。"诸牙门将对亲兵也说同样的话。

一夜之间，消息辗转相告，大家都知道。有人向钟会建议："应把牙门骑督以上官吏全都杀死。"钟会犹豫不决。

姜维想让钟会杀尽从北方来的诸将，再借机杀掉钟会，坑杀全部魏国将士，重立刘禅为皇帝。他给刘禅写密信说："希望陛下再忍受数日，我要让国家危而复安，日月幽而复明。"姜维也劝钟会迅速将那些人杀掉。钟会想听从姜维意见诛杀诸将，但仍犹豫不决。

当月十八日中午，胡渊率他父亲的属下擂鼓而出，各军也都不约而同地呐喊着跑出来，争先恐后地跑向城里。当时，钟会正在给姜维铠甲兵器，报告说外面有汹汹嘈杂的声音，好像是失火似的，一会儿，又报告说有兵跑往城里。钟会大惊，问姜维："这些兵跑来似乎是想作乱，应该怎么办？"

姜维说："只能攻击他们！"

钟会派兵去杀那些被关起来的牙门将、郡守。里面的人都拿起几案顶住门。士兵砍门却砍不破。过了一会儿，城外的人爬梯子登上城墙。有人焚烧城内房屋。兵士们像蚂蚁那样乱哄哄地涌进来，箭如雨下。那些牙门将、郡守都从屋里爬出来，与他们旧部会合在一处。

姜维护着钟会左右拼杀，亲手杀死了五六人。众人一起杀了姜维，又争相杀死了钟会。钟会属下将士死了数百人。兵士们又杀了蜀汉太子刘璿和姜维妻子儿女，到处抢掠，死伤满地，一片狼藉。卫瓘派诸将率兵去平息，过了几天才平定下来。

钟会死后，魏军无人统管。在数日里，蜀中军众钞略，死丧狼藉，钟会手下有数百人被杀。

邓艾旧部的将士追上囚车，把邓艾救出，迎接回来。卫瓘曾与钟会共同陷害邓艾，担心邓艾回来会有变乱，就派田续等人率军去袭击邓艾一行。在绵竹西边，田续等人遇上并杀了邓艾父子。当初，邓艾进入江油时，田续不往前进，邓艾想杀了他，后来又放了他。卫瓘派田续时，对他说："你可以为江油受的耻辱报仇了。"

司马昭念及过去与钟会的交情，默认向雄给钟会收尸，让他死后能够入土为安。

姜维怂恿钟会反司马昭的谋划，还没来得及实现，就被消灭在萌芽之中。魏国成功兼并蜀汉。司马昭利用下属之间的矛盾，成功除掉有灭蜀之功的邓艾和钟会，实现他消灭蜀汉又不出现新权臣，从而提升声望的目的。

历史学家吕思勉认为，钟会造反的目的是复兴魏国，与想复兴蜀汉的姜维同样值得称赞。无论是为蜀汉的灭亡，还是为魏国后来的灭亡，钟会和姜维被杀那一刻，都像是一次隆重的葬礼。

第七章　建晋代魏走向新时代

司马昭猝死，嫡长子司马炎继承职爵，笼络世族门阀，建晋代魏。司马炎进行改革，推行分封制，重视农业生产，调动各阶层热情，开创太康盛世。

一、建晋代魏，门阀盛会

灭蜀和镇压钟会叛乱后，司马昭的威望进一步提升。景元五年（264）三月三十日，曹奂再次下诏任命司马昭为相国，封晋王，加九锡。司马昭当上晋王，离称帝越来越近。

反司马昭的力量被平息，册立世子问题却令司马昭更为难。司马师死时，他的嗣子司马攸才八岁，根本没能力袭承职爵。当时司马师只要稍有犹豫，司马家族便可能失去辅政大权。那样的话，司马氏家族几代经营的心血就付诸东流。于是，司马师在病重时特意召弟弟司马昭到身边，指定他继承职爵。

司马师没亲生儿子，嗣子司马攸原是司马昭嫡次子。司马昭继承司马师的职爵，在某种程度上，是代替司马攸行使职权。对此，司马昭心知肚明。司马昭当晋王后，晋王世子是册立嫡长子司马炎，还是册立原本就该继承司马师职爵的司马攸，成为不得不面对的问题。

司马炎生于青龙四年（236），是司马昭嫡长子。他长相奇特，站着时头发拖到地上，手臂垂下时超过膝盖，且很早就进入官场，不断建立功勋，累计升官到中抚军，封新昌乡侯。他还擅长搞人际关系，与很多世族门阀子弟的交情非常好。

司马攸生于正始九年（248），是司马昭嫡次子，从小过继给大伯司马师做嗣子。司马攸年幼时十分聪明，成年后性格温和，亲近贤才，乐于施人，爱读经籍，能写文章，尤其擅长写作书信，为当时的模范，才能和威望非常出众。嘉平三年（251），三岁的司马攸跟随祖父司马懿讨伐王凌，获封长乐亭侯。正元二年（255），司马师病死时，八岁的司马攸在葬礼上非常悲伤，感动左右，受到称赞。等司马昭继承职爵，司马攸被封舞阳侯，侍奉嫡母羊徽瑜，以孝顺闻名。

司马昭曾想册立司马攸为世子，司马炎非常焦虑，向裴秀和羊琇求助。

裴秀出身著名世族门阀河东裴氏。他祖父裴茂、父亲裴潜都当过尚书令。裴秀自幼好学，有风度和良好品德，八岁就会写文章。他原是曹爽集团成员，高平陵之变后，被免职。后来，司马昭征召裴秀做幕僚。裴秀凭才华获得信任。司马昭每次征战，裴秀都参与谋划策略。咸熙元年（264），朝廷下诏审查改革法律制度。荀顗负责制定礼仪，贾充负责订正法律，裴秀负责修改官制。裴秀建议恢复五等爵制，获得采纳。更重要的是，裴秀非常推崇传统嫡长子继承制。司马炎向裴秀求救，正是看重这点。

司马炎问裴秀："人的相貌有贵贱之分吗？"

裴秀明白司马炎想说什么，没回答，点了点头。

接下来，司马炎把自己身上奇异的胎记给裴秀看。原本就倾向嫡长子司马炎的裴秀见他身上有胎记后，更认为他不是一般的人，归心于他。

后来，司马昭跟裴秀聊起司马炎时，裴秀顺势大谈特谈司马炎的亮点。他说："中抚军^①在时人心中有德望，又有天生的奇特胎记，天生不是为人臣的相貌啊！"司马昭犹豫之间，正好需要一个说服他内心的理由。裴秀这话正好给了司马昭说服自己册立嫡长子司马炎的足够

---

① 中抚军，此处指司马炎。当时司马炎出任此职。

理由。

羊琇是另一个世族门阀泰山羊氏子弟。羊琇曾出任钟会的参军，一起进攻蜀汉。灭蜀后，钟会发动叛乱，羊琇直言苦谏。平息钟会叛乱后，羊琇返回洛阳，并因曾直言劝谏钟会而被封关内侯。

羊琇年轻时与司马炎一起读过书。两人关系非常亲密。他回到洛阳后，帮司马炎密谋策划，观察时政得失，让司马炎预先记住，以备司马昭询问，同时出面拉拢其他世族门阀子弟，帮司马炎谋取世子之位。

司马昭正式提出立储时，山涛、贾充、何曾、裴秀等人都反对立嫡次子司马攸，主张立嫡长子司马炎。由于这帮世族门阀力挺，司马昭无法违背"民意"，便在咸熙元年（264）十月立司马炎为晋王世子。

咸熙二年（265）八月，司马昭中风猝死，司马炎继承相国职位和晋王爵位，独掌军政大权。

司马炎仿效曹丕代汉故事，精心策划建晋代魏以称帝。他指使一些人去劝说皇帝曹奂早点禅让退位。与曹芳、曹髦不同，曹奂已经完全放弃从司马家族那里夺回权力的期望，早就不想做傀儡皇帝。在一些大臣劝说后，曹奂下诏书说："晋王，你家世代辅佐皇帝，功勋高过上天，四海蒙受司马家族恩泽，上天要我把皇帝之位让给你，请顺应天命，不要推辞！"司马炎假意多次推让。曹奂再三表示禅让。

一番表演后，司马炎的心腹太尉何曾、卫将军贾充等人，率满朝文武再三劝谏晋王继位。司马炎多次推让后，才接受禅让。泰始元年（265），司马炎登上帝位，国号为晋，改元泰始。魏国灭亡，比蜀汉仅仅晚一年。司马炎登基后，册封原魏国皇帝曹奂为陈留王。

登基后的司马炎并不轻松，危机仍然存在。从内部看，为给夺取帝位铺平道路，他祖父、伯父、父亲曾经残酷屠杀过曹爽等反对势力，所造成的阴影仍然横亘在很多人心中。从外部看，蜀汉虽灭，吴国仍在，与晋朝抗衡的力量不容小觑。

巩固政权，吞并吴国，统一天下，加强凝聚力成为当务之急。为达到这个目的，司马炎决定采取怀柔政策。在即位第一年，司马炎下诏让已成为陈留王的故魏国皇帝曹奂载天子旌旗，行魏正朔，郊祀天地礼乐制度皆如旧，上书不称臣。同时，他又赐安乐公刘禅子弟一人为驸马都尉，第二年又解除对汉朝皇室的禁锢。

东汉是魏国灭的，蜀汉也是魏国灭的，魏国又被晋朝灭了。司马炎成为晋朝皇帝，禁锢汉朝皇室已经没任何意义。他优待故魏皇帝、故蜀皇帝，给予汉朝皇室解禁，无疑是消除先朝遗老对司马家族暴力统治的心理恐惧，让人心理上翻过旧朝代那一篇，安心做晋朝臣民。

为尽早使国家从动乱不安环境中摆脱出来，为统一奠定牢固基础，针对故魏国的苛严法律和此前司马家族残酷的统治手段，司马炎大胆进行改革，将无为和宽松政策确立为晋朝立国精神。泰始四年（268），司马炎在诏书中明确指出："为永葆我大晋江山，现以无为之法作为统领万国的核心。"同年，他又向郡国颁下五条诏书："一曰正身，二曰勤百姓，三曰抚孤寡，四曰敦本息末，五曰去人事。"

当年，魏国奠基者曹操为安定人心，恢复国力，曾实行比较宽松开放、节俭求实的治国方略，但到曹叡统治后期，政治渐趋严厉，社会风气也腐败。为满足私欲，皇帝往往不断把物质重负转移到百姓身上，长期战乱更使百姓在惨淡生计之外，还在心理上增添恐惧与疲惫感。为打击异己，司马家族也曾使用高压和残酷手段。魏国中后期，无论朝野，都感受到压抑气氛。司马炎反其道而行之，提出无为而治的强国方略，是收买人心的需要，更是时代发展的需求。

二、分封天下，巩固国本

司马炎代魏建晋后，大刀阔斧地实行政策调整。他以权臣身份取代曹家江山，最忌讳的是以后有人仿照他取代司马家江山。他认为，最可能出现的"模仿者"，同样会来自世族门阀。

世族门阀是统治支柱。司马炎无法采取高压政策，必须处理好与他们的关系，杜绝他们篡夺政权。

为避免出现大权旁落，司马炎针对魏国政治制度的不足，改革晋朝政治制度。

魏代汉，晋代魏，都是以禅让方式和平进行的，都是权臣儿子袭承职爵后进行的。司马炎学了曹丕禅让的手段，却不希望子孙也像曹丕子孙一样，大权旁落，最终将皇位禅让给他人。一些世族门阀全力支持司马炎称帝，成为晋朝开国元勋。司马家族也是从魏国开国元勋司马懿开始崛起的。

为防止类似事件发生，同时为安抚那些支持他的世族门阀，司马炎决定实行荣誉制度。他模仿古代名称，杂采当时制度，同时设置太宰、太傅、太保、太尉、司徒、司空、大司马、大将军名号，号称八公，以宠待勋臣贵戚。太尉、司徒、司空在汉魏时都是宰相称谓。除司徒掌管州郡中正对士人相评品第的职权外，它们与太宰、太傅、太保、大司马、大将军一样，都变成尊宠虚衔，即拥有宰相荣誉称号和待遇，但没相关的实际权力。

宰相荣誉称号化，也是社会发展必然。曹爽及司马氏父子先后操纵魏国政权时，都通过尚书机构发号施令，使汉魏以来权力日益上升的尚书台取得朝政决策权。尚书由尚书令、尚书仆射主掌。晋朝初期，尚书台下设置吏部、三公、客曹、驾部、度支、屯田六位尚书，又改为吏部、殿中、五兵、田曹、度支、左民六尚书，六尚书分掌三十五曹，各曹以郎中负具体责任。无论在名义上，还是在职权上，尚书台的尚书令、尚书仆射都成为协助皇帝处理政事的宰相。有时，皇帝还特置录尚书一职，以委任权宠处理尚书台事务。太常等九卿及地方官员都要奉尚书台的命令行事。尚书令成为实际意义上的宰相，那么以前的太尉、司徒、司空等，不可避免变成荣誉称号。

魏国时设置中书省长官中书监、中书令，掌管诏令、文书的撰写和定稿，还参议政事，地位、声望都非常高。门下省长官侍中、散骑常侍等，既有为皇帝提供咨询的权力，又有审查尚书机构上行下达文案的职权，权力增重。司马炎称帝时，朝政权力都集中到尚书省、中书省、门下省。尚书省、中书省、门下省在实质上取代了汉朝时的三公九卿，成为皇帝之下的最高权力机构。三公和宰相都成为荣誉称号。司马炎顺势而为，成功解决安排功臣的难题。

司马炎认为，魏国宗室衰微，帝室孤弱，是被取代的原因。他决定大封皇族为藩王，防范世族门阀中的野心家篡夺朝政。他是世族门阀子弟，在其他世族门阀支持下，才建晋代魏。他当皇帝后，统治阶层变成以皇室司马氏为首的世族门阀与贵族联合专政。司马炎认为，作为世族门阀首领，皇室凌驾于其他世族门阀之上，规模和势力都不能小。皇帝是第一家族的代表，皇帝先大肆分封宗室，然后适度分封有功劳的其他世族门阀，既可实现分封子弟目标，又能赢得其他世族门阀支持。

泰始元年（265）十二月，司马炎下令改革分封制度。他明确表示，宗室子弟和功臣都会获得分封。这一政策，让满朝大臣都充满期待。

司马炎将祖父司马懿以下宗室子弟都封为王，以郡作为封国，拥有两万户封邑的为大国，大国设置上军、中军、下军，拥有五千人的护卫军；一万户封邑的为次国，次国设置上军、下军，拥有三千人的护卫军；五千户封邑的为小国，拥有一千五百人的护卫军。

司马干、司马伦、司马亮是司马炎叔父，分别被封为平原王、琅琊王、扶风王；司马攸是他弟弟、司马师嗣子，被封齐王。这四个国都是大国。司马孚是司马懿弟弟，司马炎叔祖，虽然被封安平郡王，但因辈分高，司马炎特意给他封了四万户。在宗亲诸王中，司马孚的封国是不折不扣的超级大国。

除这些特殊人物外，宗亲中其他人的封国便是次国或小国。超级大国、大国加上次国、小国，司马炎一口气封了二十七个封国。

封完宗室后，司马炎便分封有功之臣。有功之臣的分封分为公侯两等。在功勋公侯中，封邑达一万户的为大国，五千户的为次国，不满五千户的为下国。与宗室封王不同的是，无论是公爵，还是侯爵，都没权力设置护卫军。大司马石苞、车骑将军陈骞、尚书令裴秀、侍中荀勖、太傅郑冲、太保王祥、太尉何曾、骠骑将军王沈、司空荀顗、镇北大将军卫瓘都封了公爵。他们大多数是著名世族门阀的子弟。

分封后，司马炎进一步调整政治制度。晋朝沿袭汉朝和魏国，地方实行州、郡、县三级行政制度。天下分为若干州，每个州分为若干不等的郡，每个郡下设置若干不等的县。州长官为刺史，刺史属官有别驾、治中、从事等；郡以太守主事，如果该郡为诸王封国所在地，则该郡称为国，太守改称内史，太守或内史属官有主簿、记室、录事等；郡或者国以下设置县，大县设县令、小县设县长，县令或者县长下有主簿、录事史等属员。与汉朝、魏国相比，晋朝政治制度的鲜明特点是郡国并行，郡国同属于州的下级机构。当时，州郡县都有地方军队。在郡国同在的地方，宗王所属护卫军和内史统率的地方军队并存。

除调整制度，颁布法律这项魏国时就开始的工程也很快完成。司马昭辅政时就命令贾充、羊祜、杜预等人参考汉律，编纂《泰始律》。泰始三年（267），《泰始律》编撰完成。司马炎下令执行。为方便推广《泰始律》，司马炎命令张斐、杜预作注解，注与律文具有同等法律效力。

《泰始律》比前代律令更宽松，共计二十篇，分别为《刑名》《法例》《盗律》《贼律》《诈伪》《请赇》《告劾》《捕律》《系讯》《断狱》《杂律》《户律》《擅兴》《毁亡》《卫宫》《水火》《厩律》《关市》《违制》与《诸侯律》，共六百二十条，近两万八千个字。

司马炎精心设计的制度，没执行几年，就需要调整。泰始元年（265）分封时，宗室诸王都留居洛阳，未到封国，制度规定的王国护卫军未建立。咸宁三年（277），司马炎因齐王司马攸声望很高，担心出现皇位继承人之争，想让齐王到封国去，再次改进分封食邑制度。

司马攸始终是司马炎的心病。晋朝建立后，司马攸受封齐王，总统军事，安抚国内外，很得人心。司马炎下令分封诸王自选封国官员。

司马攸三度上书反对，不获接纳。司马攸的封国内官员遗缺时，仍坚持要由朝廷任命，不自作安排。当时，宗室一切衣食开销都由皇室负责。司马攸称靠封国租赋已足以生活，多次表示不需要皇室财政支援。司马攸虽然一直留在洛阳，没到封国，但封国士兵官员都会用所收租赋给予酬金。每有疾病和死葬，司马攸也会赐钱抚恤。有天灾令农业歉收，司马攸会对封国内百姓加以赈济和赊贷，会减轻租赋，让他们在丰收之年补交所欠的。封国内百姓对他十分信赖。

司马攸得人心，每次朝会时，都悉心陈说，认真进谏。咸宁元年（275），司马攸与何曾、贾充、陈骞、荀勖、羊祜及已故郑冲、荀颢、石苞、裴秀、王沈、司马孚等人，都刻名列于朝庙受祭祀。

齐王优异的表现，令司马炎越来越不放心，最终不惜更改分封制，只为将齐王送回封国。

宗室诸王封国仍分大国、次国、下国三等，三等王国都设置中尉统领王国护卫军，大国诸王除嫡长子世代继承王爵外，其他儿子都以土推恩受封为公；功臣封公的人，封国制度如小国王，也以中尉领兵，郡侯封国内也可设置一千一百人的护卫军。宗室封王拥有私人护卫军，封公封侯的世族门阀也拥有护卫军。

在调整分封制度后，诸王多回到封国中。因在朝中任职没回到封国的宗室诸王，大国设置一百人守土，次国八十人守土，下国六十人守土。

平定江南后，为收归军权，司马炎下令罢减州郡军队，少数边郡虽仍有军队，也被大大削减，诸王国的军队成为地方主要武装。

有一个问题，司马炎无法解决。魏国建立时，曹丕采纳陈群的建议，郡置中正，根据当地士人品行、才干及家世评定九品，作为吏部授人任官依据，由朝廷官员兼任的中正逐渐影响到吏部的用人权。司马懿专权后，又奏请设置州大中正。中正进一步操纵士人的入仕途径。晋朝建立后，中正之职实际掌握在司马炎亲信的世族门阀手中，士人品评中的品行、才干已不被重视，家世门第成为品评的主要依据，上品基本由朝廷显宦子弟把持。

刘毅认为九品中正制是权宜之计，并没选拔优秀人才功能，反而有八种弊端，上疏请求改正。司马炎下诏解答，虽多次下诏征用寒门人士做官，改变寒门下品升进无路状况，但终难扭转现实。因为他本身是世族门阀子弟，且他登基称帝，是世族门阀子弟们支持的结果。这决定他制定的政治制度，是以维护世族门阀利益为出发点的。

三、恢复经济，重塑皇威

当皇帝后，如何恢复和发展经济，稳定社会秩序，成为司马炎又一重要任务。针对社会现实，他以洛阳为中心，把解决土地问题作为发展经济的核心内容，采取一系列措施，尽力使经济走上恢复和发展之路，奠定太康之治的基础。

司马炎顺应历史发展需要，实行户调式经济制度。户调式经济制度包括占田制、户调制和品官占田荫客制。

魏国实行屯田制。因世族门阀兼并土地，军事组织形式不能继续适应生产力发展的需要，屯田制逐渐遭破坏。咸熙元年（264），曹奂下诏撤销屯田官，将典农官分别改为太守、令长。泰始元年（265），司马炎建晋代魏后，又重申前令，废除屯田制，实行占田制。

屯田制废止后，贵族、官僚争相侵占田地，隐匿户口。原来的屯田客或投依世族门阀，或游食商贩，再加上服兵役的人，有一半青壮年男子不从事农业生产。农业荒废，国库空虚，百姓穷困，这些都迫使司马炎不得不大力推行占田制。

占田制是把占田和赋税结合在一起的制度。司马炎先对人口年龄进行分组：十六岁至六十岁的男女为正丁；十三岁至十五岁以及六十一岁至六十五岁的男女为次丁；十二岁以下的男女为小，六十六岁以上的男女为老。然后，根据不同类型的丁，分配不同数量的土地。根据占田制规定：丁男一人占田七十亩，丁女一人占田三十亩。同时，他规定：每个丁男要缴五十亩税，共计四斛；每个丁女缴二十亩税；每个次丁男缴二十五亩税，次丁女免税。

除百姓外，司马炎还按官吏品级的高低给官吏授田。

从占田制内容看，它是一种既保证朝廷收入，又保护世族门阀特权的土地制度。占田制并不是官府授田，更不是将地主的田授予农民，而是在屯田制破坏前提下，允许农民占垦荒地。占田制对于官僚士族占田、荫客、荫亲属等特权的规定，主要目的不在于限制官僚世族门阀的特权，而在于确认和保护他们已占大量土地和户口的既成事实。

与魏国时的自耕农相比较，晋朝的户调增加了二分之一，田租增加了一倍。实际的数目还不止于此。因为魏国田租是校亩计征，占田制田租是按丁征收，丁男、丁女、次丁男不管是否占足规定的课田数额，都必须按法定课田数交租。

当然，占田制也有一些积极因素。与屯田制下的农民相比，占田制下的农民负担有所减轻。解除了屯田制下军事管制的强迫劳动，有助于提高农民的生产积极性。他们生产的粮食，除缴纳田租外，都归自己所有。

占田制能鼓励百姓占田垦荒，有利于扩大耕地面积。这一规定使每个农民都可以合法地占有应得田地。占田制发布以后，不少农民开垦大片荒地，也有不少世族门阀佃户脱离主人，去领取属于自己的一份土地。这些对农业经济好转起到积极作用。

户调制就是征收户税制度。司马炎规定，户调不分贫富，以户为单位征收租税。这一制度规定："丁男之户，岁输绢三匹，绵三斤；女及次丁男为户者半输。"对边郡及少数民族地区的户调，他也作了具体规定：边郡与内地同等户，近的纳税额的三分之二，远的纳税额的三分之一。少数民族，近的纳一匹布，远的纳一丈布。

品官占田荫客制是保障贵族、官僚经济特权的制度，同时也有"限制"贵族、官僚占田和奴役人口的用意，制止土地无限制地兼并和隐瞒户口情况的出现。

实行户调制的诏书发布后，世族门阀想方设法进行抵制。他们或是隐田不报，或是反对农民占有耕地。不过，从全局上看，这一制度从一定程度上用行政手段将大量流动、闲散人口安置到土地上从事生产，对稳定社会秩序，促进社会经济恢复与发展，起了积极作用。

除实行土地制度改革外，司马炎还注重开垦荒地，兴修水利。泰始六年（270）是荒年，很多郡闹饥荒，唯独汲郡的粮食供应正常。原来，汲郡太守王宏此前秉承朝廷旨意，勤恤百姓，疏导有方，督劝开荒五千余顷，存粮充足。司马炎下诏作《赐王宏谷传》褒扬王宏，还奖一千斛谷。王宏是世族门阀出身，特别在乎名声。《赐王宏谷传》对王宏有溢美之词，让他非常满足。除此之外，司马炎重视兴建农业水利设施。他下令修建新渠、富寿、游陂三条水渠。这三条水渠灌溉的一千五百顷良田的产量大幅度提高。

徭役是影响农业生产发展的重要因素。由于数十年战乱，中原地区经济遭到严重破坏，人口也大减。为此，司马炎采取一些措施增加人口。他下令，女孩十七岁时一定要出嫁，否则由官府代找婆家。灭蜀之后，他招募蜀人到中原。应召者由国家供给两年口粮，免除二十年徭役。灭吴后，他又规定，吴国将吏北来的，免十年徭役，百工和百姓北来的，免二十年徭役。

泰始三年（267），司马炎颁布鼓励农业生产的诏令，将督查农业生产作为考核地方官员的指标。泰始四年（268），司马炎还下令设立常平仓，丰年按适当价格抛售布帛，收购粮食；荒年便按适当价格出售粮食，稳定粮价，维持百姓正常生活。他一再责令郡县官吏，要省徭务本，打击投机倒把、囤积居奇。

司马炎采取一系列有力的经济措施，晋朝农业生产逐年上升，国家赋税收入逐年充裕，人口逐年增加。平吴之后不到三年时间，人口就增加一百三十多万户，出现繁荣景象。司马炎还大力发展文化事业，弘扬民族文化。当时，盛行一种被后人称颂的"太康文学"，成就最大的是"一左、二陆、二潘、三张"①。在这些文学大家中，既有出身寒门的左思，也有出自世族门阀的陆机、陆云、潘岳、潘尼、张载、张协、张亢。

司马炎采取开明文化政策和人才保护措施。除涌现大批文学家外，其他领域也出现卓越杰出的人物。例如，地理学家裴秀等人。

司马炎重视生产，重视人才，还带头做示范，开创晋朝初期好的社会风气。太医司马程据将一件用野鸡头上毛织成的毛衣献给司马炎。为制止奢靡之风，司马炎命令把那件衣服在殿前烧掉，宣示全国，从今以后不许再贡献用特殊技法制作的奇装异服。

经过努力治理，晋朝农业快速恢复发展，出现繁荣景象，无论是普通百姓，还是世族门阀，都获得巨大利益。司马炎统治前期，出现历史上著名的太康盛世。

四、安抚南境，反击鲜卑

天下三分时期，魏国势力超过蜀汉和吴国。魏国灭蜀汉后，三国鼎立变成南北对峙。魏国力量相对吴国更强大。建晋代魏后，司马炎也雄心勃勃，"密有灭吴之计"，准备出兵灭吴，统一天下。

不过，司马炎当务之急是拉拢各阶层，巩固统治。在一番精心治理下，晋朝进入上升态势中，政治、经济、文化各方面都呈现欣欣向荣的发展势头。

在吴元兴元年（264），吴国皇帝变成孙皓。初登基时，孙皓下令抚恤百姓，开仓赈贫、减省宫女、放生宫内多余的珍禽异兽，一时被誉为开明君主。一段时间后，治国有成、志得意满的孙皓便粗暴骄盈，暴虐好色，令百姓感到失望。濮阳兴和张布暗地对拥立孙皓为皇帝感到后悔。有人告诉孙皓，孙皓将他们杀掉。从此，孙皓的皇帝生涯更

---

① 太康文学的代表人物"一左"指左思，"二陆"指陆机、陆云，"二潘"指潘岳、潘尼，"三张"指张载、张协、张亢。

荒淫残暴。

吴国皇帝孙皓下令，大臣女儿要先经过他挑选，漂亮的入后宫，剩下的才能谈婚论嫁。这命令自毁根本，使他失去很多大臣的支持，成为孤家寡人。中书令贺邵劝谏孙皓，孙皓不但没接受劝谏，反用烧红的锯条残忍地锯下贺邵的舌头。孙皓惩罚大臣的残暴程度丝毫不逊于商纣王。他杀人的方法很多、很残忍，有挖眼、剥脸皮和砍掉双脚等。他的残暴使文武大臣对吴国丧失信心，纷纷投降晋朝。晋朝大臣见吴国政局不稳，纷纷劝说皇帝趁机起兵灭吴。

以太尉、录尚书事贾充为首的保守派反对出兵进攻吴国。他们的借口是吴国有长江天险，吴军擅长水战，不擅长水战的晋军难以取胜。北方鲜卑举兵反晋，晋军此时对吴国作战，不是合适时机。

羊祜、张华、杜预等人积极主张出兵。吴国皇帝孙皓腐化透顶，对百姓残酷剥削、镇压，在统治集团内部也排除异己，用刑残酷。吴国"上下离心"，晋朝此刻出兵，"可不战而胜"。如果错过机会，吴国更换一个圣明皇帝的话，励精图治，晋军再去攻灭吴国，就相当不容易了。

两派针锋相对，都有道理。是否出兵灭吴，统一天下，司马炎必须要做出选择。司马炎内心站在主战派一边，但贾充代表的保守派意见，也不得不重视。当初，司马昭病重，临死前向世子司马炎指明让贾充辅佐。司马炎称帝后，贾充出任车骑将军、散骑常侍、尚书仆射，后又接替裴秀，加领尚书令，最后出任太尉、录尚书事。在当时朝廷内，贾充是百官之首。

贾充女儿贾褒是齐王司马攸的王妃。他在朝中多结党羽，阻挠刚直守正的官员亲近皇帝。贾充推举任恺出任太子少傅，意图免去任恺侍中一职。司马炎看穿贾充的企图，让任恺以侍中兼任太子少傅。

在一番思考后，司马炎采纳羊祜、张华、杜预等人意见，筹划出兵攻打吴国。泰始五年（269），司马炎命令卫瓘去镇守临淄，命令司马伷去镇守下邳，加强防御吴国，然后特意调任羊祜出任都督荆州诸军事、假节，兼任散骑常侍、卫将军职务。

羊祜出身世族门阀泰山羊氏。他博学多才，善于撰写文章，且仪度潇洒，身长七尺三寸，须眉秀美，长于论辩。曹爽与司马懿一起辅政时，羊祜判断曹爽终将不是司马懿对手，决定游离于他们的争斗之外。曹爽征辟羊祜做官，羊祜没答应。

司马懿消灭曹爽后，独霸军政大权，很多与曹爽有关的人遭株连。为逃避杀戮，羊祜岳父夏侯霸投降蜀汉。羊祜因没做曹爽封的官，又因是司马师妻子羊徽瑜的亲弟弟，免遭株连。

正元二年（255），司马师病死，司马昭继承职爵，执掌朝政，征辟羊祜为僚属。羊祜没有应命。朝廷公车征拜羊祜为中书郎，不久升给事中、黄门郎。曹奂登基后，羊祜被封关内侯。

景元五年（264），钟会被诛，羊祜出任相国从事中郎，与司马炎的心腹荀勖共掌机密。晋代魏前夕，司马炎调羊祜出任中领军，在皇宫当值，统领禁军兼管内外政事。建晋代魏后，羊祜出任中军将军。因担心引起贾充等权臣嫉妒，羊祜为人非常低调，对王佑、贾充、裴秀等人态度都非常谦让。

羊祜接受任命后，悄悄前往荆州了解情况，为灭吴做前期准备。羊祜到任后，发现荆州防线并不稳固，百姓生活不够安定，戍兵军粮也不充足。于是，羊祜并不急着筹备灭吴的事，而是首先把精力放在开发荆州上。他大量开办学校，兴办教育，安抚百姓，怀来远人，与吴国人真诚相待。

羊祜到荆州第二年，即泰始六年（270），鲜卑首领秃发树机能起兵反晋，并于当年六月在万斛堆之战中杀死秦州刺史胡烈，又在金山之战中击败凉州刺史苏愉。司马炎得知消息，震惊之余，不得不暂时搁置伐吴战争，全力对付鲜卑人。

泰始七年（271），秃发树机能联合其他胡人在青山围困新任凉州刺史牵弘。牵弘率军作战，军败而死。司马炎得知消息，非常震惊，准备派一员重臣到前方督战。太子少傅任恺抢先向司马炎建议，派有威望和智谋的重臣去镇抚边族，德高望重的太尉贾充是最佳人选。庾纯也积极支持派贾充去镇抚边族。司马炎便给贾充加都督秦凉二州诸军事，出镇长安。贾充深恨任恺，积极托人活动，促使皇帝改派他人去。在世族门阀荀勖活动下，司马炎因要迎娶贾充女儿贾南风与太子司马衷完婚，命令将贾充留居洛阳，改派汝阴王司马骏为镇西大将军，都督雍凉等州诸军事，坐镇关中。

司马骏善于驾驭属下，有很高的声威和恩泽。他劝课农桑，与士兵一同劳作，规定自将帅以下每人要耕四十亩地。司马骏把这事上表朝廷。司马炎诏令将此规定在所有州县施行，让他们各自劳作农耕。

咸宁元年（275），司马骏率军讨伐鲜卑秃发部，消灭三千多人。秃发树机能送质子向晋朝请降。咸宁三年（277），因秃发树机能意图劫夺佃兵，文鸯率晋军再次讨伐鲜卑秃发部。秃发树机能战败，诸胡共计二十万人归降晋朝。第二年，秃发树机能命部将若罗拔能率鲜卑军在武威大破晋军，斩杀凉州刺史杨欣。咸宁五年（279）正月，秃发树机能率鲜卑军攻陷凉州。

司马炎非常震惊，临朝哀叹，说："谁能为我去讨伐秃发树机能？"马隆主动请命，要率三千五百名精兵西征。司马炎同意了。匈奴刘渊也自请率部征战鲜卑秃发部。孔恂、杨珧坚决反对派刘渊去，认为刘渊对晋朝的祸患远大于秃发树机能。

马隆率晋军向西渡过温水。秃发树机能等人率几万名部众，凭借险阻抵抗。因为山路狭隘，马隆就造扁箱车，还造木屋置于车上，边作战边前进。他们走了一千多里，打得鲜卑秃发部死的死，伤的伤，损失惨重。

马隆率部西去后，音讯断绝，朝廷为他们的安危担忧。有的人说他们已经死了。不久，马隆的使者夜里到了。司马炎拍着手，高兴地笑了。清晨，他召集群臣，说："如果我听从了诸位的意见，就没有凉州了。"司马炎下命令，赐给马隆符节，任命他为宣威将军。

马隆率部到武威后，鲜卑部落首领猝跋韩、且万能率一万多部众来归降。同年十二月，马隆又率晋军与秃发树机能所部大战。这一战，马隆阵中斩杀秃发树机能。

秃发树机能死后，凉州诸胡军失去头领，顿时土崩瓦解，纷纷向马隆投降，不愿投降的也都各自逃生去。秦凉之变至此结束。秃发务丸成为鲜卑秃发部首领。来自北方鲜卑人的威胁消失。

平定鲜卑叛乱的战争推迟了灭吴计划的执行，但为实行怀柔政策、麻痹吴国争取了时间，也为司马炎执行经济政策、恢复发展晋朝经济赢得了时间。到战争结束后，历史上一场声势浩大的渡江统一战争已经瓜熟蒂落。

第八章 跨越天险统一天下

司马炎战略隐忍时，孙皓主动出击，屡战屡败，国力耗尽。在一切准备好后，司马炎一声令下，一场跨越长江一统天下的战争爆发。晋军成功渡江灭吴，一举统一天下。

一、守镇荆州，密谋大计

泰始五年（269），司马炎派羊祜坐镇荆州，着手灭吴准备工作。羊祜到荆州后，发现前线情况并没预想的那样好，便减轻赋税，安定民心，对临近的吴军采取"以善取胜"的策略，广施恩惠。

晋军将领想争取吴国人民心，吴国皇帝却并没意识到危险。吴元兴元年（264）八月初三，时年二十三岁的孙皓即位当皇帝。那时魏国刚刚灭蜀汉，吴国上下担心魏国会趁机进攻吴国，表现得小心翼翼。司马昭派原吴国降将徐绍、孙彧带着书信，前来吴国，向孙皓陈述国事形势利害。孙皓采取等等看策略，并不立即回应司马昭。

直到吴元兴二年（魏咸熙二年，公元265年）三月，孙皓才派使者随徐绍、孙彧前往魏国，给司马昭送回信。徐绍一行到濡须时，有人向孙皓秘密报告说徐绍曾说过一些称赞中原贬低江东的话。孙皓勃然大怒，将徐绍追回来杀死，还将他家属迁徙到建安。此时，徐绍的身份是魏国使者。孙皓如此做，明示了他对魏国的态度。

得知司马昭死后，吴甘露二年（晋泰始二年，公元266年）正月，孙皓主动派大鸿胪张俨、五官中郎将丁忠去吊祭。这一示好举动，有为上次失礼举动道歉的意味。魏国并没为难吴国使者。

同年八月，孙皓下令改元宝鼎，任命陆凯为左丞相，万彧为右丞相。不久，有望气的人说荆州有王气，会对建安宫不利。孙皓又听从步阐的建议，迁都到武昌①，派御史大夫丁固、右将军诸葛靓率军镇守建业，派纪陟去洛阳献特产。

孙皓到武昌后，宣布大赦。司马炎建晋代魏不久，无暇顾及南部边境事务。丁忠向孙皓献计："北方不设防守战的战备，我军可以趁机袭击取得弋阳。"

孙皓就这件事询问群臣。左丞相陆凯说："兵是不得已才用的。三国鼎立以来，互相征伐，没有安定的时候，如今，北方刚刚兼并蜀汉。如今，敌方形势强，我们想要侥幸获胜，没好处。"

车骑将军刘纂说："国家之间争霸，自古以来都是这样，如果有机会，怎么可以放弃呢？我们应该派间谍去侦查，看形势行事。"孙皓采纳刘纂建议，和晋朝断绝友好关系，准备袭击晋朝。

吴宝鼎元年（266）十月，施但等人聚集数千人，劫持孙皓弟弟永安侯孙谦离开乌程，拿走孙和陵上的鼓吹曲盖。等到建业时，他们已经有一万多人。丁固、诸葛靓率军在牛屯阻击。一场大战后，他们击败施但所部，抢回孙谦。孙谦被杀。孙皓听说施但谋反，认为之前迁都是对的，让几百人鸣鼓喧哗进入建业城，杀掉施但家人，宣扬说以荆州的王气破了扬州的贼。

吴宝鼎二年（267），孙皓下令修建昭明宫，命令两千石以下官员都到山林里监督伐木。这些官员破坏营房，周以围墙，布置亭榭石木，穷极技巧，耗费亿万费用。陆凯劝谏孙皓不要大兴土木。孙皓没听从，反而下令加速建设昭明宫。

孙皓非常迷信，常凭借望气、筮卜、谶语之类来决定如迁都、用兵、皇后废立等重大事件，并因此坚信自己将统一天下。见此前的事情都比较顺利，在建设完皇宫后，吴宝鼎三年（晋泰始四年，公元268

---

① 武昌，吴国首都，其故址在今湖北鄂州市。

年）九月，孙皓便命令吴军向晋朝发起攻击。

孙皓亲率大军屯驻东关，施绩率军进攻江夏，万彧率军攻襄阳，丁奉、诸葛靓率军进攻合肥西，刘俊、修则、顾容等人率军进攻投降晋朝的交趾叛军。

几路吴军大举进攻，打乱了司马炎的整体部署。此前，司马炎一直专注于巩固国内统治，实行相关制度改革，此刻，他不得不征调军队进行抵抗。施绩率吴军进攻江夏的消息传到洛阳后，晋朝上下震动。司马炎命令义阳王司马望率两万步骑兵到龙陂（今河南郏县一带）督战，又授予司马望假节，加大都督，督诸军事。

在晋军顽强抵抗下，吴军匆忙发起的大规模远征相继失败。胡烈率晋军击破施绩所部吴军。取得巨大胜利后，司马望班师回朝。同年，丁奉等人率吴军又进攻芍陂，司马望又率晋军迎击。司马望所部还未到，司马骏就率晋军击退丁奉所部吴军。孙皓得知相关消息，信心受到打击。不久，孙皓又得知消息，杨稷率晋军击败南征交趾的吴军，刘俊、修则战死，顾容率残军退守合浦。他大惊失色，只好暂时停止北伐晋朝的战争。

经过一年多修整，吴建衡元年（晋泰始五年，公元269年）十一月，孙皓再次发起战争。这一次，他的主要作战目标是交趾。他派虞汜、薛珝、陶璜率吴军从荆州出发，李勖、徐存率吴军从建安海路出发，令两军在合浦会合，然后共同剿灭交趾叛军。与此同时，他派丁奉率吴军再次北征晋朝，攻打谷阳。司马炎见司马望年纪太大，就派羊祜坐镇荆州，做反攻吴国的相关准备，同时了解边疆的真实情况。

吴建衡二年（晋泰始六年，公元270年），在涡口一带，丁奉所部吴军被牵弘率晋军击退。李勖以道路不通为由，杀死向导冯斐后，率军无功而返。殿中列将何定揭发李勖，说："李勖冤杀冯斐，擅自带领全军退还。"孙皓勃然大怒，下令审问李勖。李勖和徐存都认罪被诛。

这年九月，何定率五千人到夏口打猎。吴国宗室、前将军、夏口督孙秀怀疑是皇帝命令何定率军来抓他的，便带家眷数百人投奔晋朝。

司马炎对孙秀礼遇备至，任命他为骠骑将军，仪同三司，封会稽公。事后，孙皓任命陆抗出任吴国荆州都督。

司马炎从孙秀那里了解到吴国一些内幕后，与大臣们讨论灭吴战争问题，但不巧的是，北方的鲜卑人发起了进攻，造成较大损失。司马炎只好将主要精力用于反击鲜卑人入侵。

孙皓多次北伐晋朝无功而返，但他深信一定能消灭晋朝，因而屡败屡战。吴建衡三年（晋泰始七年，公元271年）正月，孙皓亲率吴军从牛渚（今安徽马鞍山境内）西进，攻打晋朝。孙皓母亲及妃妾都跟随。这年，虞汜、陶璜率吴军击破交趾，擒杀晋朝设置的守将，九真郡、日南郡都回归吴国。他们又率吴军平定扶严夷，设置武平郡。持续多年的交趾之乱平息。

陆抗到荆州后，密切关注晋军的动向，充分了解前线的实际情况。他上疏给孙皓，对荆州形势表示忧虑，提醒孙皓不要盲目迷信长江天堑，应该认真备战，还归纳了十七条建议，请求孙皓下令实行。孙皓对自己的判断深信不疑，没采纳陆抗的相关建议。

陆抗的一举一动引起羊祜的警惕和不安。羊祜加紧在荆州进行军事布置，同时向司马炎上了密奏表。他在密奏表中建议，伐吴战争必须利用长江上游便利条件，在益州编练水军，尽快在水军方面赶超吴国。司马炎正在与北方鲜卑人作战，但丝毫没放松伐吴战争的准备。

吴凤凰元年（晋泰始八年，公元272年）八月，孙皓征召西陵督步阐回建业。步阐因害怕被杀，拒绝返回建业，在当年九月献城投降晋朝。镇守荆州的陆抗得知消息，立即率军围攻西陵。一直在谋划灭吴的司马炎认为，这是一个好机会，命令羊祜和徐胤各率一支晋军，分别攻打江陵和建平，从东西两面分散陆抗所部吴军兵力，以实现由荆州刺史杨肇率晋军去西陵救援步阐的计划。

陆抗早预料晋军会趁机进攻，命令吴军破坏江陵以北的道路。羊祜所率五万晋军的粮草运输非常困难。江陵城防坚固，早已经做好相关准备，也不易攻打。羊祜率五万晋军到江陵城下，一直止步不前，无法攻下江陵城。杨肇所部三万晋军被陆抗率吴军击败。晋军不得不后撤。随后，陆抗率吴军成功镇压步阐所部叛军，成功收复战略要地西陵。孙皓下令步阐与同谋夷灭三族。右丞相万彧被孙皓斥责，忧闷而死。

羊祜和杨肇两支晋军都被陆抗率吴军击败。有人上奏皇帝司马炎，要求法办羊祜和杨肇。为平息众怒，司马炎将羊祜贬为平南将军，暂时肩负原来那些职责，将杨肇贬为平民。

西陵救援失利后，无论是司马炎，还是羊祜都意识到：吴国国势虽已衰退，但仍有一定实力；吴国皇帝虽然昏庸，但尚有陆抗这样的优秀将领主持军事，伐吴战争不宜操之过急。

一番总结后，羊祜认为对吴国应采取军事蚕食和提倡信义两面策略，以积蓄实力，瓦解对方，寻找灭吴时机。司马炎认可羊祜制定的战略。

羊祜借鉴历史经验，挥兵挺进，占据荆州以东战略要地，先后建立五座城池，并以此为依托，占据肥沃土地，夺取吴国人的资财。石城以西都属于晋朝领土，吴国来投降的人源源不绝。羊祜实施怀柔、攻心之计。在荆州边界，羊祜对吴国百姓与军队讲究信义，每次和吴军交战，都预先与对方商定交战时间，从不搞突然袭击。对于主张偷袭的部将，羊祜用酒将他们灌醉，不许他们再说。有部下在边界抓到吴军两位将领的孩子。羊祜知道后，马上命令将孩子送回。

吴将夏详、邵颉等前来归降，那两位少年的父亲也率部属一起来降。吴将陈尚、潘景进犯，羊祜将他们追杀，然后，嘉赏他们的死节而厚礼殡殓。两家子弟前来迎丧，羊祜以礼送还。吴将邓香进犯夏口，羊祜悬赏将他活捉，抓来后，又把他放回。邓香感恩，率部属归降。晋军行军路过吴国边境，收割田里稻谷以充军粮，但每次都根据收割的数量用绢偿还。打猎的时候，羊祜约束部下，不许超越边界线。如有禽兽先被吴国人所伤而后被晋军获得，他都下令送还对方。羊祜这些做法，使吴国人心悦诚服，十分尊重他，不称呼他名字，只称

"羊公"。

对羊祜的做法，陆抗心里很清楚，常告诫将士们："羊祜专以德感人，如果我们只用暴力侵夺，那就会不战而被征服。我们只保住边界算了，不要为小利而争夺侵扰。"

在很长一段时间里，晋吴荆州边疆处于和平状态。羊祜与陆抗对垒，双方常有使者往返。陆抗称赞羊祜的德行度量"乐毅、诸葛孔明都不能超过他"。有一次，陆抗生病，向羊祜求药。羊祜马上派人把药送过去，说："这是我最近自己配制的药，还未服，听说您病了，就先送给您吃。"吴将怕其中有诈，劝陆抗勿服。陆抗不疑，说："羊祜怎会用毒药害人呢？"随后，他一仰而服下。

孙皓得知陆抗在边疆与羊祜友好往来，派人前去诘问。陆抗回答："一乡一镇之间，尚且不能不讲信义，何况一个大国呢？如果我不讲信义，那便是宣扬羊祜的德威，对他毫无损伤。"孙皓无言以对。

晋吴在边疆争夺民心时，孙皓却在后方做一些丧失人心的事。吴凤凰二年（273），孙皓的爱妃派人到市场上劫夺百姓的财物。司市中郎将陈声以前是孙皓宠爱的臣子，依仗孙皓优遇，将抢财物的人绳之以法。爱妃向孙皓哭诉。孙皓大怒，借口其他事锯断陈声的头，将他的尸体扔到四望山下。这事令朝野侧目。

吴凤凰三年（274），陆抗病死。孙皓没再挑选一位能力出众的将领接替陆抗职位，而是将陆抗统率的兵马一分为五，分别交给陆抗五个儿子统领。就这样，在荆州前线对峙中，吴国迅速沦为弱势一方。

二、继承遗志，离间敌国

吴国荆州前线最高统帅陆抗死了，局势对晋朝越来越有利。不过，晋朝荆州前线统帅羊祜却并没轻松好过。羊祜在边境，德名素著，在朝中却经常遭到诋毁。他正直忠贞，疾恶如仇，毫无私念，但遭司马炎亲信荀勖、冯纨等人忌恨。羊祜对王衍的言辞华丽，雄辩滔滔不以为然。王衍也嫉恨羊祜。西陵之战后，羊祜曾要按军法处斩王戎。王戎也很怨恨羊祜，言谈中常常攻击他。

幸运的是，司马炎十分欣赏羊祜，坚信他所制定的战略。咸宁二年（276）十月，司马炎不顾其他朝臣反对，任命羊祜为征南大将军，恢复他贬降前的一切职权，开府仪同三司。羊祜一直认为，要想伐吴国，必须凭借长江上游的有利地势。

益州刺史王濬被征召回朝出任大司农。羊祜发现王濬的才能可当重任。王濬在晋朝内部同样充满争议，遭到不少同僚攻击。羊祜上表给皇帝，极力肯定王濬的军事才能，挽留他任益州刺史，负责秘密编练水军。司马炎毫不犹豫地支持羊祜。王濬被任命为监益州诸军事，加龙骧将军。羊祜密令王濬负责训练水军。

经过多年练兵和各项准备，荆州边界的晋军实力远远超过吴军。陆抗病死后，吴国又因孙皓的高压统治，各种矛盾日益激化。灭吴条件和时机已经成熟。羊祜不失时机地献上《请伐吴疏》，从各方面论述攻打吴国的必要性和可行性。

一向有灭吴志向的司马炎看完《请伐吴疏》，从内心认同。出乎意料的是，在朝廷上讨论时，《请伐吴疏》遭到朝内其他大臣反对。贾充、荀勖、冯紞等人的反对态度尤为激烈。他们提出西北的鲜卑人没平定，不应该两线作战。度支尚书杜预、中书令张华等少数人表示支持。

恰好晋军在西北与鲜卑人交战失利，羊祜再次上表："吴国平定，胡人自然安定，当前应迅速完成灭吴大业。"这次上奏依然遭到大部分人反对。司马炎只好将此事缓一缓，灭吴之计已等了数年，也不再在乎多等几年。羊祜感叹不已。司马炎为安慰羊祜，于咸宁三年（277）晋封他为南城郡侯，设置国相，与郡公同级。

羊祜虽然在朝中政敌不少，但他的英名美德传播远近，朝野上下有目共睹，朝中一部分大臣议论，说羊祜应居宰相之位。司马炎正在考虑灭吴之计，将东南军政要务托付给羊祜，也就把这建议搁置在一边。

咸宁三年（277）十二月，吴国夏口都督孙慎率吴军突然进攻晋朝，掠走晋朝弋阳、江夏等地上千家人。在荆州边疆一带，晋军对吴军友好如兄弟，吴军却在临近春节时突然进入晋朝境内抢掠。谁得人心，谁不得人心，一目了然。

面对吴军这次抢掠，羊祜并没派兵进行追击。事后，司马炎不理解，派人追查原因，准备移徙荆州治所。羊祜向前来调查的使者解释原因。使者无法再责问羊祜。司马炎得知相关内幕，也没再追究这件事。

咸宁四年（278）八月，羊祜染病，请求入朝。羊祜返回洛阳后，抱病入见皇帝，再一次陈述灭吴主张。司马炎也将灭吴纳入当前考虑之中。羊祜病势加重，已不能入朝。司马炎专门派张华前去咨询方略。羊祜一再讲述灭吴的必要性和策略，并请求让杜预出任镇南大将军，镇守荆州。

羊祜死后，杜预镇守荆州。司马炎重视杜预，叮嘱杜预继续执行羊祜生前制定的战略。

杜预出身关中世族门阀京兆杜氏。他父亲杜恕与朝中权臣关系不和，称病隐居。杜预从小与其他世族门阀子弟不同，博览群书，勤于著述，对经济、政治、历法、法律、数学、史学、工程等都有研究。司马昭执政后，为拉拢杜家，将妹妹高陆公主嫁给杜预。杜预这才进入官场，成为重要大臣。

咸宁四年（278），荆州前线的晋军主帅羊祜病死前，向皇帝举荐杜预接替自己。羊祜举荐杜预，一方面是因在朝廷内部争论中，杜预始终站在羊祜一边，积极支持灭吴战争；另一方面是因杜预有卓越的军事才能。同年十一月，司马炎下令任命杜预为镇南大将军。受命之后，杜预南下襄阳，为灭吴战争做准备。

到达荆州后，杜预积极进行军事部署，不久就派兵奇袭吴国西陵。

西陵是吴国西部边镇，战略位置十分重要。晋军突破西陵，益州水师就可以顺流而下，驰骋荆州。对西陵的重要性，吴国也早就注意到。西陵是吴国西大门，丢掉西陵，整个荆州不保。从陆逊到陆抗，他们从没放松过对西陵的控制。杜预发现，自陆抗死后，吴国皇帝孙皓逐渐削减了吴军在西陵的兵力。西陵守将是名将张政。不除张政，西陵将成为未来战争中晋军前进途中的巨大障碍。

杜预策划了一条借刀杀人之计。他从军队中挑选一批精壮将士去偷袭西陵。张政预料到杜预出任晋朝镇南大将军，会发生一些军事冲突，提高了警惕，但万万没有想到，杜预一到任就派人偷袭西陵，没有准备，吃了大败仗。

事后，张政担心皇帝孙皓惩罚他，没如实报告情况。杜预早了解到孙皓生性多疑，对臣下不信任，故意把在西陵抓到的俘虏送到吴国首都建业。孙皓果然中计，气急败坏地召回张政，命令武昌监刘宪接替张政的职务。在大战前，吴国将帅移易，军心动荡，为晋军取得胜利创造了有利条件。

咸宁五年（279）八月，杜预准备就绪后，上书皇帝请求对吴国开战。正好，安东将军、都督扬州诸军事王浑上表声称吴国要发倾国之兵攻打晋朝。

在朝廷里，王浑的上表引发激烈争论。反对派趁机说三道四，反对发起灭吴战争。司马炎对杜预的请战迟疑不决，思考再三，表示将灭吴计划推迟到下一年再讨论。

杜预得知皇帝的态度，非常着急。他再一次上书，陈述自己的见解。他说，吴国兵力相当紧张，只能集中力量保住夏口以东，连西线也无力增援。杜预婉转地批评皇帝听信谣言，放弃灭吴大计，实际上是纵敌养患，给敌人喘息机会。他认为，灭吴战争胜券稳操，即使没有成功，也不会损失什么。对杜预的上书，司马炎迟迟不置可否。

杜预又急又气，第三次上书，请求立即开战。他愤怒地批评反对派既不顾国家利益，又怕别人立功的阴暗心理和可耻行径。杜预还向皇帝指出，由于要攻打吴国的消息已经泄露，吴国可能要采取对策，那必将给灭吴战争带来许多新困难。

杜预这次上书被人送到皇帝那里时，大臣张华正在陪皇帝下棋。张华看到奏折后，立即推开棋盘，劝皇帝不要再优柔寡断，恳求他采纳杜预的建议。贾充、荀勖等人又反对进攻吴国。杜预几次上书，把攻打吴国的形势剖析得一清二楚。司马炎最终下定决心支持杜预，发兵南征吴国。

与羊祜、杜预克服千难万险发起灭吴战争相反的是，在晋朝皇帝司马炎下定决心全面开战时，吴国皇帝孙皓没加强荆州前线防御，而是忙于镇压内部叛乱。

咸宁五年（279）夏，郭马叛乱爆发。郭马原来是合浦太守修允的部曲督。修允任桂林太守时，生病住在广州，先派郭马率五百人去安抚各夷狄。修允死后，军队被重新分配，郭马不满与旧部属分开。孙皓下令查核广州户籍后，郭马与何典、王族、吴述、殷兴等人号召士兵，汇聚群众，攻击并杀害广州督虞授。郭马自称安南将军、都督交广二州军事，殷兴自任广州刺史，吴述自任南海太守。郭马又派何典率军进攻苍梧，王族率军进攻始兴。

当时，吴国有流言："吴国将败，军队会从南方开始，灭亡吴国的将是公孙。"非常相信天道迷信的孙皓听到相关流言，大怒，下令将从大臣到士兵中姓公孙的人全部流放到广州，不让待在长江流域。

得知郭马叛乱的消息，孙皓大为恐惧："这是要被天灭亡啊！"出于心理上的惊恐，孙皓任命张悌担任丞相，何植担任司徒，任命滕修出任镇南将军、假节领广州牧，率一万人从东道讨伐郭马反军。他们在始兴与王族所部反军相遇，没能取得胜利。没多久，郭马杀南海太守留略，放逐广州刺史徐旗。

孙皓震惊，又派陶濬率七千人从西道走，命令陶璜率所部以及合浦、郁林诸郡军队，与东西两路军会合，一起讨伐郭马反军。就这样，为镇压南部的叛乱，吴国动用了数郡的军队。

在这种形势下，准备多年的晋朝发动了灭吴战争。

三、众将齐发，渡江灭吴

咸宁五年（279）十一月，经过深思熟虑，司马炎采用羊祜生前拟制的计划，命令二十万晋军，分六路同时进攻吴国。

司马炎总体战略是：派镇军将军、琅琊王司马伷率一支晋军从下邳向涂中方向进军，派安东将军王浑率一支晋军从扬州向江西[①]，出横江渡口进军，然后，两支晋军分路直逼建业，牵制吴军主力，使其不能增援上游；派建威将军王戎从豫州向武昌方向进军，派平南将军胡奋率晋军从荆州向夏口方向进军，派镇南大将军杜预率晋军从襄阳向江陵方向进军，三军夺取夏口以西各战略要地，以策应王濬所率八万水陆大军顺江而下，尔后南下长江、湘水以南，直抵交广；派龙骧将军王濬和广武将军、巴东监军唐彬率晋军从巴蜀顺江东下，与王戎所部、胡奋所部以及杜预所部会合，然后，由杜预率各军一起东下，与司马伷所部、王浑所部一起南下东进，夺取建业。

在这次部署中，司马炎没任命一直为灭吴战争做准备的杜预、王濬、王浑三人中任何一人为最高统帅，而是任命此前一直反对对吴国作战的太尉贾充为大都督，冠军将军杨济为副都督，负责率中军驻扎在襄阳，节度伐吴诸军；命令坚决支持伐吴的中书令张华为度支尚书，负责总筹粮运。

当时，晋朝内部依然存在反对伐吴战争的人，任用反对派首领贾充担任有职无权的伐吴军最高统帅，安排皇后叔父杨济做贾充副手，同时安排积极支持伐吴的张华负责粮草供给，显然是为平衡各方势力，杜绝反对派从中作梗。而六路军统帅都是皇帝亲自指定的，且都是灭吴积极派。

---

① 江西，此处指今安徽和县方向。

咸宁六年（280）正月，王濬率水陆大军从成都沿江而下，过瞿塘峡、巫峡，到达秭归附近。王濬率唐彬所部攻破吴国丹阳①，俘获丹阳监盛纪。然后，王濬率军顺流而下，进入西陵峡，遇到吴军设置的拦江铁锁和暗置江中的铁锥。由于此前擒获了吴国间谍，得知上述情况，王濬令人做了几十个大木筏，每个方百余步大，筏上扎成草人，被甲执杖，令善水的士兵乘筏先行，铁锥刺到筏上都被筏带去。他又令人做火炬，长十余丈，大数十围，灌上麻油，放在船前，遇到铁锁，就点起火炬，将铁锁熔化烧断。于是，晋军战船通行无阻。

咸宁六年（280）二月初三，王濬率晋军攻克西陵，俘获吴国镇南将军留宪、征南将军成据、宜都太守虞忠。两天后，晋军攻克荆门、夷道，俘获监军陆晏。又过了三天，晋军又攻克乐乡，俘获水军督陆景。吴国平西将军施洪等人投降。王濬从蜀出兵，兵不血刃，无坚不摧，夏口、武昌的吴军不敢抵抗。

王戎接到皇帝命令后，派罗尚、刘乔率晋军为前锋，自己率部随后跟进，协助王濬所部进攻武昌。吴国将领杨雍、孙述、刘朗各自率所部向王戎投降。王戎率军到长江边，吴国牙门将孟泰献蕲春、邾城县投降。另一路胡奋所部晋军出动，配合杜预所部作战。

杜预所部作战非常精彩。咸宁六年（280）正月，杜预率军包围江陵城。江陵城防坚固，易守难攻。杜预不想在江陵消耗时间和兵力，对它围而不歼。在切断江陵和外部联系后，杜预调动樊显、尹林、邓圭、周奇等人，让他们各率一部分兵力，沿江而上，向西进攻，夺取沿岸城池。

一个漆黑夜晚，杜预又派出管定、周旨、伍巢等人率八百精兵，偷袭江南的乐乡。在夜幕掩护之下，这支奇兵神不知鬼不觉地渡过长江。他们一方面在山上到处点火，树立旗帜，虚张声势；一方面分兵袭击乐乡附近各险要之处。

---

① 丹阳，此处在今湖北秭归东南。

乐乡城里的吴军都督孙歆吓得坐卧不安。各处吴军也人心惶惶，不敢随意行动。有上万口吴国百姓投降。这支人马埋伏在乐乡城外，等待时机攻城。正巧，有一支吴军从江岸返回乐乡。这支晋军乔装打扮，混杂在吴军中，溜进城里，活捉吴军都督孙歆。杜预设计巧取乐乡。部下十分钦佩。

二月，在扫清江陵外围后，杜预率军进逼江陵。伍延假称请降，但仍在城墙上列兵防守。杜预率晋军攻下江陵城，占据荆州。长江上游平定，从沅湘以南直至交州、广州一带，吴国州郡都望风归顺，奉送印绶。杜预安抚投降的人，又借兵威，迁徙将士及屯戍人家以充实江北。南方州郡故地都安置地方官。投降的吴国人都有归属感。

杜预所部与王濬所部会合后，挥师东进，配合其他各路晋军攻打吴国都城建业。有人对连续进军产生畏难情绪，在一次军事会议上提出，天气转热，雨水增多，北方士兵不服水土，容易感染疾疫，应该等到冬天再继续进军。杜预不以为然，分析战争形势，说："现在我们接连取胜，士气大振，正需要一鼓作气。打仗好比劈竹子，只要劈开几节，底下就会迎刃而解。"杜预意见为大家所接受。

负责下游进攻的王浑所部也在咸宁六年（280）正月发起攻击，取得瞩目的成就。王浑率十多万晋军向横江方向进军，同时派陈慎等率部分兵力攻击寻阳；派李纯率军向高望城进攻俞恭所部吴军。正月二十五日，李纯率军占领高望城，击破俞恭所部吴军，推进至横江以东，夺占渡江的有利渡口。与此同时，陈慎所部晋军攻取阳濑乡，大败孔忠等人所率吴军。陈代、朱明等人率所部吴军向晋军投降。

吴国在长江上中下游全线失败，孙皓顾此失彼，在惊慌之中，只好派人重点抵抗在长江下游进攻的晋军。

咸宁六年（280）二月，孙皓得知王浑率晋军南下，命令张悌、沈莹、孙震、诸葛靓率三万吴军，渡江迎战王浑所部，战略目标是阻止晋军渡江。张悌率吴军到牛渚后，沈莹向他分析晋军来犯形势，说："晋国在蜀地编练水军很长时间了，如今倾国大举进攻，万里长江上一起齐力，必然出动益州水师浮江而下。我国在长江上游诸军，没有戒备，名将也已经死了，都是一些幼少在防守，恐怕上游沿江诸城都不能抵御了。晋国水军必然会到这里了！"沈莹建议，应集中兵力在采石防守，等晋军前来决战，如果能打败晋军，便可阻止晋军渡江，还可趁机向西进攻，夺回失地。如果吴军渡过江去与晋军决战，不幸失败，大势必将去。

张悌不采纳沈莹集中兵力决战的建议，而是认为吴国即将灭亡，人人早已看清，并非今天才知晓。晋军一到，吴军民众心中必然恐惧，到时就难以再整军出战。吴军应该趁晋军未到，渡江与晋军决战，或许还有希望获胜。如果战败身亡，为国牺牲，他也死而无憾。如果吴军能战胜，北方的敌人便会逃走，吴军的声威便会大振，那时能乘胜南下，迎击西来之敌，定能制胜敌人。张悌官职比沈莹高，权力比他大。最终，张悌率吴军渡江迎击晋军。

三月初，张悌率军渡江后，在杨荷，遭遇王浑部将张乔所率七千晋军。张悌率军随即将张乔所部包围。张乔所部兵微势弱，闭寨请降。诸葛靓认为，张乔是以假投降行缓兵之计，拖延时日，等待后援，应急速进兵，予以歼灭。张悌却主张放过张乔所部，因为强敌在前，不可因小敌而出战。在接受张乔所部投降后，张悌率军继续前进，随即与王浑所部主力——孙畴、周浚所率晋军列阵相对。

沈莹率五千精锐吴军向晋军攻击。他们三次冲击，都没奏效，反而被晋军斩杀两个将领，被迫退兵。孙畴乘吴军退兵混乱之机，派薛胜、蒋班率晋军追杀。吴军大败。此时，伪降的张乔所部晋军又从背后杀来。吴军溃败而逃。

诸葛靓见大势已去，收集数百败兵，逃回江南。张悌不肯逃走，与沈莹、孙震等人率军力战而死。吴军三万多人，近八千人被斩，其余的逃散。晋军胜利推进到长江边。

何恽向王浑建议："张悌率吴国三万精兵，被我军歼灭，吴国上下震惊。龙骧将军王濬已攻下武昌，乘胜东下，所向皆克，吴国已呈土崩瓦解之势。我们应速挥军渡江，直捣建业。大军突然而至，定能不战而逼降吴国。"王浑认为，皇帝只命令他出兵江北，以抗吴军，如果渡过长江，违背皇帝命令，即使作战获胜，也难以获赏；如果作战失败，则必获重罪。

王浑坚持按照原诏令就地等待王濬所部水军到来，然后，再统一指挥王濬等各路军渡江作战。何恽再次向王浑建议说："将军身为上将，当见机而进，岂有事事等待诏命的道理呢！"王浑仍然不听。

司马伷所率晋军自一月出兵以来，到涂中后，便命令刘弘率一支晋军进抵长江，与建业隔江相峙，以牵制吴军。同时，司马伷派王恒率诸军渡过长江，直接进攻建业。王恒所部进展顺利，一一击破吴国沿江守军，歼灭吴军五六万人。

杜预所部与王濬所部会师后，挥军顺流而下。三月十四日，他们到达牛渚。他们到距建业西南五十里处时，孙皓才派张象率一万水军前来迎战。吴军不仅数量少，且早已没战斗力，已成为惊弓之鸟。张象所率一万吴军，一望见晋军旌旗，便不战而降。王濬所率晋军水军的兵甲布满长江，旌旗映亮天空，声势十分盛大。

三月，吴国数百个近臣叩头请求孙皓："北方军队日日逼近，所到之处都兵不血刃，陛下怎么办啊！"孙皓问："什么缘故呢？"众人都说："请先给岑昏定罪。"岑昏是吴国尚书，孙皓宠臣。孙皓很多行为举止都是岑昏暗中撺掇的。孙皓自言自语地说："这样的话，就应以他向百姓谢罪。"众人一起收捕岑昏。孙皓想再阻止时，岑昏已经被杀。

原先，孙皓派陶濬率军前往交趾征讨郭马叛军。陶濬率部到武昌时，得知晋军大举进攻消息，便停止去交趾，率军返回建业。孙皓得知陶濬从武昌回来，召见他，问他水军情况。陶濬自信地说："晋军从蜀地开来的船都很小。现在，皇上给我派两万兵，乘坐大船战斗，也足够击败晋军。"孙皓喜出望外，下令汇集两万军队，命令陶濬第二天率两万军队去迎战晋军。没想到，当天夜里，两万人已全部逃走。

王浑所部、王濬所部和司马伷所部都已逼近建业，驻扎在长江北岸，随时都可以渡江作战。吴国司徒何值、建威将军孙宴等人交出印信符节，前往王浑那里投降。孙皓见内部已分崩离析，采用薛莹、胡冲等人的计谋，分别派使者送信给王浑、王濬、司马伷，请求降服，企图挑唆三人互相争功，引起晋军内部分裂。

王濬正挥军直进，三月十五日到达三山①时，先已经到达的王浑派使者命令王濬暂停进军。王濬不理，借口风太大，无法停船为由，扯起风帆直冲建业。当天，王濬率八万水陆晋军，方舟百里，浩浩荡荡进入建业城。

孙皓听从胡冲的建议，仿效刘禅的做法，备亡国之礼，率太子孙瑾等二十一人来到王濬营门外请求投降。王濬接受孙皓投降，亲解其缚，让孙皓广发劝降书信给臣僚，以便于晋军顺利接收各地。随后，王濬派人将孙皓一家送到洛阳。吴国灭亡，自东汉末年以来百年战乱和三国鼎立纷争局面宣告结束，天下又重新统一。

晋灭吴之战是中国战争史上第一次大规模突破长江天堑的进攻战。此役创造水陆俱进、多路并发、顺流直下的大江河进攻方略，结束东汉末年以来百年分裂局面，为后世用兵长江提供了借鉴。

因受限于长江，曹操败于赤壁，曹丕攻吴时临江而返。司马炎吸取教训，编练一支强大的水军。这支水军从巴蜀启航，沿江东下，破铁锁，除铁锥，斩关夺隘，所向披靡，仅四十多天便驶抵建业。水军不失时机地配合步兵发起总攻，迫使孙皓投降。司马炎创造不可磨灭的功绩，其功勋毫无疑问超越了前辈。

---

① 三山，在今江苏南京西南。

第九章　盛世背后危机四伏

太康盛世后，晋朝统治阶层迅速腐化，社会崇尚玄学清谈，攀比炫富之风盛行。太后和皇后争权，皇后和太子争权，各种权力斗争接连而来。

一、皇帝腐化，群臣效仿

太康元年（280），是司马炎人生最高光的一年，也是他在历史上最高光的一年。此时，他建晋代魏已十五年，各项政治制度和经济措施得到实施，社会经济文化实现大发展，北部边疆实现安定。更重要的是，在他统筹指挥之下，天下再次实现统一。晋军渡江灭吴是历史上首次大规模跨长江作战，是后世膜拜的光辉典范。如果历史止步于这里，司马炎无疑是与秦皇汉武并肩的千古帝王。遗憾的是，他后来的表现几乎是荒淫和昏庸的。

司马炎分封诸王和功臣，设置荣誉虚职优待百官，是为巩固江山、保障皇位安全。不过，他因一个无法跨越的问题，最终选择司马衷做太子，埋下了晋朝动乱的种子。

太子是储君、国家根基，关乎王朝未来。册立太子成为司马炎内心极其清楚却最终依然犯下的严重错误，是太康盛世掩藏下的最大危机——他遵守嫡长子继承制，册立智力低下的嫡长子司马衷为太子，成为后来晋朝诸王叛乱的诱因。

嫡长子继承制是宗法制度的最基本原则，指王位和财产由嫡长子继承。嫡长子指嫡妻所生的长子。确立嫡长子继承制目的，是规范权位和财产继承分配权，稳定秩序。司马炎模仿周朝分封诸王，在继承制上也模仿周朝，确立嫡长子继承制。

司马炎坚持嫡长子继承制，跟自身经历密切相关。他父亲司马昭是司马懿嫡次子，他伯父司马师才是司马懿嫡长子。在正常情况下，按照嫡长子继承制，司马师继承司马懿的职爵，司马昭没任何机会。司马师继承职爵，但死得早，且嗣子年幼。为了司马氏家族继续掌控辅政大权，司马师才在临死前指定弟弟司马昭继承职爵。司马师在世族门阀中权威高，指定司马昭继承职爵，其他世族门阀容易接受和承认。

还有一个原因是，司马师嗣子司马攸原本是司马昭嫡次子。司马昭以父亲代替年幼儿子行使职权，在礼法方面无障碍。当时，很多人认为司马昭继承职爵是在代替司马攸行使职权，等他将来老去，所继承的职爵是"要还给司马攸的"。

司马昭继承司马师的职爵，掌握辅政大权后，册立谁为继承人一度犹豫不决。司马昭嫡长子司马炎深知魏国已变成世族门阀共同执政。司马昭镇压反司马氏家族的世族门阀。司马炎则极力拉拢世族门阀中有才华的子弟，如荀顗、裴秀、贾充、王沈、羊祜、荀勖等人，争取他们的支持或者让他们加入自己的智囊团。司马昭想册立司马攸为世子时，遭到世族门阀反对，不得不册立司马炎为世子。司马炎能继承职爵，以及建晋代魏，大批世族门阀子弟的支持起着决定性作用。

世族门阀是嫡长子继承制的坚定支持者。在法理上，他们有着共同的价值观。他们支持司马炎继承职爵，就是维护嫡长子继承制，就是维护既得利益。司马炎是嫡长子继承制受益者，如果不坚持嫡长子继承制，就是在动摇自身合法继承职爵的基础。皇帝否定自己的合法性，江山便不稳固。

司马炎第一任皇后叫杨艳，出身弘农杨氏，生了嫡长子司马轨、嫡次子司马衷以及三个女儿。司马轨早死，司马衷成为事实上的嫡长子。而司马衷偏偏是低能儿，曾闹过官家蛤蟆和私家蛤蟆的笑话。这样智商的人，做皇位继承人，当然令人不放心。

怎么办呢？天下之大，在坚持嫡长子继承制前提下，唯有司马衷有资格做太子。如果要换人做太子呢？也不是没办法。那就是等司马衷死后，给杨艳皇后过继一个嗣子，册立这个嗣子为太子，或者重新册立皇后，新皇后生的儿子成为新嫡子，再册立新嫡子为太子。当然，这两个办法都是绝路，断然没可能。

司马炎跟杨艳皇后感情非常好，恩爱有加。泰始二年（266）正月，杨艳被册立为皇后。第二年，司马炎就经不住杨艳皇后及朝中世族门阀的催促，拥立才九岁的司马衷为皇太子。当时司马轨已经夭折，司马衷是杨艳唯一的儿子，虽然智商不高，但册立他为太子才能保障杨艳皇后的地位。

杨艳皇后深得宠幸，掌握着选妃嫔的最后决定权。她仅选取那些面色白净、身材修长的女子充当妃嫔，淘汰那些端庄秀丽的女子。司马炎以与世族门阀联姻为借口，要将一些出身世族门阀的女子纳为妃子。杨艳皇后趁此机会，拉拢一些世族门阀，让他们的女儿充当三夫人九嫔，以牢牢掌控后宫大权。

司马衷长大一些后，司马炎发现他的智力没什么长进，认为他没能力继承帝位，准备另立皇位继承人，又不敢私自做决定，私下征询杨艳皇后意见。杨艳皇后只有司马衷一个儿子，且母子荣辱连在一起，便毫不犹豫地反对。司马炎见此，只好不再提此事。

杨艳皇后对此事焦躁不安。为了巩固司马衷太子之位，杨艳皇后向世族门阀寻求支持力量。贾充妻子郭槐曾托荀勖给太子说媒，请求纳女儿贾南风为太子妃。贾充是一人之下万人之上的亲信宠臣。贾充大女儿贾褒是齐王司马攸的王妃，杨艳皇后弟媳。如果再让太子娶贾褒妹妹贾南风做太子妃的话，那么在辈分上就乱了。荀勖给太子说媒时，杨艳皇后拒绝了。见皇帝有换太子意图后，杨艳皇后顾不得什么辈分，改变主意，秘密召见郭槐进行商议，力主纳贾南风为太子妃。

泰始七年（271），太子司马衷十二岁，有人提出要给太子纳妃。

杨艳和郭槐已经私下结盟选好亲家。司马炎私下与杨艳皇后商议太子婚事，表示想迎娶卫瓘女儿为太子妃。杨艳皇后顾左右而言他，盛赞贾充小女儿贾南风有美德。在朝廷上讨论给太子纳妃的事时，众多世族门阀和大臣不愿意自己家族女子被纳为太子妃。荀勖盛赞贾充小女儿贾南风漂亮贤能，年龄与太子相仿，适合做太子妃。很多世族门阀和大臣不喜欢贾充，却一致赞成纳贾南风为太子妃。司马炎见此，只好下令纳贾南风为太子妃。

贾南风为太子妃后，杨艳皇后与宠臣贾充及巴结贾充的世族门阀，成为事实上的联盟。太子司马衷的地位更稳固。

泰始十年（274）夏，杨艳皇后病重，管理后宫力不从心。司马炎抓住机会宠幸喜欢的妃嫔。胡夫人抓住机会，讨得皇帝欢心。杨艳皇后得知相关消息，自知大限将至，担心皇帝以后会立胡夫人为皇后，导致太子地位不稳，大打悲情牌，请求皇帝将来册立堂妹杨芷为新皇后。当时，杨芷只有十六岁，比太子司马衷大一岁，比太子妃贾南风还小一岁。司马炎答应了，当即纳杨芷为妃子，又在两年后册立她为新皇后。

在皇后空缺两年间，司马炎大量纳妃，沉湎于女色。杨芷当上皇后，虽然温顺有妇德，美名播于后宫，也获得皇帝宠爱，但根本没她堂姐杨艳有心计和政治头脑，对皇帝选妃没丝毫影响力。

司马炎大量选妃，选了差不多一万人。妃嫔多得让他每天晚上不知道在哪个妃嫔那里睡觉好。有人出主意：让羊拉着车在宫里随意行走，羊车停在哪里，就住在哪里。宫中嫔妃获皇帝宠幸非常不容易。有个聪明伶俐的嫔妃发现羊喜欢盐，令宫女在门上插竹枝，在地上和竹枝上洒盐水。结果，羊车直奔这里来。司马炎觉得非常好玩。新皇后杨芷对此无能为力。

杨艳皇后死后，司马炎担心太子继位后会丢掉江山。他无法反对嫡长子继承制，又对嫡长子继位不放心，便决定亲自考一下太子，给几道考题，限他三天之内拿出对策。

太子拿到题目以后，不会回答治国策略问题，当然也不懂。太子妃贾南风虽长得丑，但智商并不低。看到考题后，她找了个有学问的人写好答案，还故意写几个错别字，然后让太子抄一遍交上去。

这次"作弊"让司马炎心里欣慰：太子虽然才学差点，但大道理还是懂的，思维还是清晰的，只要有忠臣辅佐，坚持十几年，再传位给聪明伶俐的孙子司马遹，江山还是稳固的。司马炎不再考虑换太子的事，找几个德学兼优的人辅佐太子，将朝政大权交给杨芷皇后的父亲杨骏等人，然后尽情享受人生去了。

自以为江山稳固后，司马炎不再节俭治国，纵情享受生活。皇帝生活豪华奢侈，荒淫无度，其他公卿大臣、世族门阀也不说什么，有样学样地享受。少数大臣提醒皇帝不宜将朝政大权交给杨骏等人。司马炎不听，他们也不再说什么。于是，晋朝大部分得势的世族门阀都追随皇帝享受去了。

司马炎的舅舅王恺既是世族门阀，又是皇亲国戚。他对皇帝倡导享乐主义领悟得深入透彻，带头做表率。他仗势作威作福，搜刮民财，与大富豪石崇斗富，一心想夺得冠军。石崇家厕所非常奢华，有香水、香皂，还有十多个衣着华美的女仆。客人在他家上厕所时，女仆帮客人脱下衣服，换上新衣服，才可以进厕所。

王恺想斗富，石崇却并不因为他是皇帝的舅舅便让着他，针锋相对地跟他斗。王恺家用糖水洗锅，彰显他富有，石崇听说后，就让家里用蜡烛当柴火烧；王恺做两万米的紫丝布步障，彰显他讲究排场，石崇令人做两万五千米的锦步障——只要王恺家有的，受人关注的，用来彰显富有的，石崇就高出他一筹，打压一下。

王恺斗富斗不过石崇，觉得丢脸，向皇帝求助。司马炎不仅没阻止王恺跟石崇斗富，反而对此事非常感兴趣，鼓励王恺不要灰心，继续去斗，并赞助他一棵二尺多高的珊瑚树。

那棵珊瑚树光彩夺目，世间罕见，加上是皇帝亲自赐予的，王恺以为这回斗富赢定了。没想到，石崇看到珊瑚树后，神情淡定，二话不说，顺手将它打得粉碎。王恺心疼不已，指责石崇妒忌他。石崇笑着说："别心疼了，我赔给你就是。"他令人拿出六七棵三四尺高的珊瑚树，任凭王恺去选。王恺自愧不如，不得不承认没石崇富有。

王恺和石崇斗富助长了晋朝贵族奢侈之风，导致人人都想方设法富起来，向别人展示自己富有。掌握权势的世族门阀不直接创造财富，便残酷地剥削百姓。百姓很快成为世族门阀掠夺的对象。

除斗富外，世族门阀也搞一些文化活动。当时文化活动大多是附庸风雅、清谈玄学，以空虚无聊和迷惘为基调。从竹林七贤，到金谷二十四友，到洛阳三俊，到太康之英，无不是如此。司马炎也乐在其中，积极鼓励世族门阀们将注意力转移到享乐、附庸风雅、追逐玄学清谈方面。他认为这样，那些世族门阀就不会惦记司马家族的江山了。

二、两后争权，内斗迭起

太康元年（280）后，天下太平，司马炎不复留心国事，整日宣淫，不理朝政。杨骏得宠，进朝辅政。皇帝只顾享乐，军政大事都交给"三杨"①办理。"三杨"贵显无比，势倾天下，但尽心竭力，抚外安内。晋朝统一南北后，一度也呈现经济繁荣局面，户口增加，出现前所未有的繁荣景象。

杨艳和杨芷相继为皇后，相继受皇帝宠信，"三杨"掌握朝政大权，皇帝充分信任他们，全力享受人生去，不知道危险已经悄然发生。这个危险来自得势的后族与此前宠信的世族门阀关系逐渐水火不容。

晋朝是皇帝率领一群世族门阀共治的朝代。无论是国家政治领域，还是军事领域，世族门阀都有较大发言权。天下统一后，皇帝带头，引领世族门阀享受去，将朝政交给皇后家族的"三杨"。一部分世族门阀跟着皇帝享乐去了，没有异议，但有部分世族门阀从自身利益出发，

①　三杨指杨骏、杨珧、杨济三兄弟，司马炎统一天下后，他们三兄弟分掌军国大权，势倾天下，时人称之"三杨"。

对掌权的后族越来越不满。

杨骏虽然出自华阴望族，世代贵显，但他素无才干，也没有名望，在女儿杨艳成为皇后前，只做过低品级小官，没在朝廷出任高官的经历。在很多世族门阀眼中，他是"寒族"。因而，一些世族门阀出身的长期在朝中做高官的人从内心看不起他。

杨骏负责处理朝政后，朝中许多人轻视他。一向识人知鉴的尚书郭奕还上书皇帝，说杨骏器量狭小，承担不了社稷重任。这意思明显是不看好杨骏的能力，公开反对他辅政。

不过，司马炎却有自己的独特想法：他认为，汉朝弱主当朝、宗室强盛，都是因为重用像霍光、王莽那样声名卓著、手段强硬的权臣辅政，才会挟持弱主与宗室争权。杨骏平庸无能玫，正是辅佐新君的最佳人选。因为杨骏没能力，就不会生异心，就必须与宗室保持平衡关系。杨骏是太子外公、皇后父亲，且没后代继承职爵①，不会产生非分之想。

更重要的是，司马炎以权臣身份建晋代魏，天下统一后，他不忍心也没必要冒着风险去杀那些有才干有声望的世族门阀，带头引导他们享乐腐化，目的就是转移他们的注意力，消除他们篡夺江山的可能。让有能力有声望的世族门阀辅政，处理军政大事，那样才真正让司马炎不放心。

司马炎并没理会其他世族门阀大臣反对杨骏辅政的建议，而是更加重用"三杨"，继续放手让他们处理军政大事。当时，杨骏出任太傅，杨珧出任尚书令，杨济出任卫将军。

"三杨"在朝廷地位稳固，但杨芷皇后却逐渐镇不住后宫。企图挑战她皇后权威的，竟然是她一直全力维护的太子妃贾南风。

太子妃贾南风并不是荀勖盛赞的漂亮贤能，而是人长得丑，心眼也恶毒，生性妒忌。太子让某个宫女怀孕了。贾南风见到那个宫女有

———————————

① 此处指杨骏没儿子。

孕，竟然以戟打她的腹部，让她流产。司马炎得知此事，勃然大怒，准备废掉贾南风太子妃之位，将她囚禁在金墉城。

充华赵粲求情："贾妃年纪轻，妒忌是女人容易发生的，她年纪长大点就不会再妒忌的。请皇上给她一个成长的机会。"尚书令杨珧也提起在太康三年（282）四月病死的贾充，暗示要看在贾充的面子上饶恕贾南风。另一个宠信大臣荀勖也趁机劝皇帝宽恕太子妃。

司马炎不吭声，回到后宫，问杨芷皇后看法。杨芷皇后因堂姐临终前将太子和太子妃托付给她，力劝司马炎说："贾充是对社稷有巨大功劳的人，他家数世都值得被宽宥对待。太子妃是贾充女儿，这个年龄是妒忌正旺盛的时期，还不足以因一点小过错就掩盖她其他方面的大德。"

见朝内外都替太子妃说好话，司马炎只好不了了之。

皇后是后宫之主，太子妃出现那种情况，她认为自己管理失职。事后，皇后严厉地告诫太子妃，要她自知悔改。

谁知道，贾南风根本不将皇后放在眼里——论年纪，皇后比太子妃还小；论出身，皇后娘家势力远比不上太子妃娘家的。太子妃妒忌其他宫女受太子宠幸，同样也妒忌皇后受皇帝宠信而导致"三杨"权倾朝野。她固执地认定，皇帝要废她太子妃之位，是皇后的意思，对皇后十分怨恨。

太康十年（289），由于纵欲过度，司马炎身体时好时坏，就把朝政完全交给杨骏，自己深居后宫养病。太熙元年（290）三月，杨骏与卫瓘争权，请求皇帝下诏，夺回已嫁卫瓘儿子卫宣的繁昌公主。杨骏说卫宣好酒，经常嗜酒犯错。司马炎问身边黄门郎有没有这种事。黄门郎说有。司马炎准奏。又有人上书请求罢免卫瓘，将卫宣交廷尉治罪。司马炎没同意。

卫瓘出生于河东郡安邑县世族门阀，官宦世家，十岁丧父，从小便磨炼自立能力，世袭阌乡侯爵位。在官场中，卫瓘坚持秉公办事，不亲不疏，面对诉讼，明之以法，晓之以理，动之以情，令人信服。

他凭长期累计的功勋，在太康三年（282）当上司空，兼任尚书令、侍中。

卫瓘为政清简，深得朝野上下赞誉。见皇帝下令让繁昌公主与卫宣"离婚"，卫瓘意识到是平素与他不和的杨骏想独掌朝政，故意借机进谗言陷害他，既惭愧又惧怕，便声称年老请求逊位。司马炎任命卫瓘为太保，以菑阳公身份回家养老。有人又上奏请求收捕卫宣交给廷尉，并罢免卫瓘职务。司马炎猛然醒悟，发现杨骏借助卫宣的事逼卫瓘告老还乡。等他查清楚真相，想让卫宣与繁昌公主复婚，卫宣已忧愤而死。

司马炎身体状况越来越差，神智时而清醒时而昏聩。他没将国家大事托付给重臣，开国功臣都已去世，朝臣惶恐不安，无计可施。杨骏排斥公卿大臣，亲自在皇帝左右伺候，并趁机随意撤换公卿，提拔心腹。司马炎病情稍有好转，清醒过来，抬头发现满眼看到的都是杨骏替换的新面孔，认为杨骏所用之人不当，就严肃地说："怎么能这样做呢！"于是，他命令中书令华廙起草诏书，召汝南王司马亮与杨骏共同辅助王室。他万万没有想到，杨骏恐怕失去权柄与宠信，从华廙那里借来诏书看后，强行把诏书藏起来。华廙恐惧，亲自找杨骏要诏书。杨骏不给。

过了两天，司马炎病危，杨芷皇后奏请让杨骏辅政。司马炎点了点头。于是，皇后口头传达皇帝旨意，命令华廙和何劭作遗诏。遗诏写成，杨芷与华廙、何劭共同呈给皇帝看。司马炎看后不说话，于两天后带着无限遗憾死去——由司马亮与杨骏共同辅政变成由杨骏辅政。

太子司马衷即位，杨芷皇后被尊为皇太后，贾南风被立为皇后。顾命大臣太傅杨骏根本没将皇帝放在眼里，住进太极殿，煞有介事地批阅奏折。不仅如此，杨骏还安排亲信段广、张劭做近侍，监视皇帝一举一动，又安排亲信统领禁兵。为取悦群臣，他肆意封赏"有功之人"。杨骏这些举动，满朝文武大臣敢怒不敢言。贾皇后也非常忌恨。

贾皇后早就怨恨杨太后，在司马衷当皇帝后，便不对她尊敬礼待，反而想参与政事。辅政大臣太傅杨骏阻挠贾皇后参政。贾皇后对他们父女恨得咬牙切齿，决定联络各方势力，除掉他们。

永平元年（291），贾皇后勾结孟观、李肇、董猛等人，密谋诛杀杨骏和废掉杨太后。贾皇后又派李肇联络汝南王司马亮和楚王司马玮，要求他们率军讨伐杨骏。司马玮同意了，便请求入朝。杨骏不敢阻止。司马玮入朝后，率军发动了宫廷政变。

永平元年（291）三月八日，贾皇后指使死党上书皇帝，诬陷杨骏谋反。皇帝宣布洛阳城全部戒严，撤销杨骏太傅职务。接着，司马玮、司马繇奉诏率四百名殿中兵诛杀杨骏。杨骏在府第中被杀。司马玮又收捕卫将军杨珧、太子太保杨济等人，夷灭三族。

杨太后闻讯，万分焦急，在帛书上写下"救太傅者有赏"，用弓箭射到宫外。书信被贾皇后的人捡到。贾皇后当即把书信公布于众，宣称杨太后与太傅杨骏共同谋反，并以皇帝名义下诏幽禁杨太后。她又指使手下人上书请求废黜杨太后，将杨太后贬为庶人，送到金墉城囚禁。第二年，杨太后被活活饿死，年仅三十四岁，做皇后、皇太后共计十五年。

诛杀外戚杨氏集团后，贾皇后以皇帝名义征召司马亮为太宰、卫瓘录尚书事，一同辅政，又任命司马玮为卫将军，司马繇为尚书左仆射。贾皇后与贾模、郭彰、贾谧、司马玮和司马繇一同参预国事。

司马繇是琅琊王司马伷三儿子，是诸葛诞外孙。东夷校尉文俶与诸葛诞有杀父之仇。司马繇担心文俶成为舅舅家的隐患，便公报私仇，构陷文俶是杨骏同党，夷灭文俶三族。不仅如此，司马繇还专权，一天之内恣意赏罚三百多人。司马亮指控司马繇意图专擅朝政，将他免官流放到带方郡。贾皇后愈来愈暴戾，司马繇准备废掉她。因司马亮提前出手了，贾皇后躲过一劫，还看到"借力打力"好处。

不久，贾皇后又发现司马玮和司马亮不和，找借口将他们免职，然后悄悄地矫诏命令司马玮去杀掉司马亮和卫瓘。司马玮诛杀司马亮和卫瓘后，太子少傅张华派董猛劝贾皇后趁机诛杀司马玮。贾皇后听从此建议，称司马玮矫诏杀害司马亮和卫瓘，命令司马玮所部解散。随后，司马玮被捕杀。

起初，司马玮杀司马亮和卫瓘后，内外兵乱繁起，朝臣都感到恐惧，手足无所措。张华告诉皇帝说："司马玮矫诏擅自杀害司马亮和卫瓘，将士们仓促行事，认为是国家旨意，所以才听他的。现在，陛下可派特使持幡，让外军解除戒严，事件就可平息。"司马衷采纳了。司马玮被杀后，张华因首先献谋有功，被拜为右光禄大夫，开府仪同三司、侍中、中书监，佩戴金印紫绶。

贾谧与贾皇后共同商量，认为张华儒雅有谋略，往上没威逼君主的疑虑，往下又是众望所归，准备让他总摄朝政，大事咨询他。贾皇后犹豫未决，询问裴頠意见。裴頠平时很尊重张华，非常赞成此事。不久，贾皇后独掌了朝廷内外大权，树立党羽，安排党羽出任要职，贾模为散骑常侍、加侍中，张华为侍中、中书监。

张华受到重用，尽忠国事，辅佐朝政，弥补缺漏，以致尽管皇帝昏弱，贾皇后残暴肆虐，但天下仍然能安定。张华担心皇后亲族势力强盛酿成灾祸，创作《女史箴》来讽劝贾皇后。贾皇后尽管性格凶暴嫉妒，但敬重张华，在很多时候也采纳他的建议。在贾皇后专权前期，晋朝社会基本稳定，并没出现大过错。

那些权贵和世族门阀也并没强烈反对贾皇后，仅仅将她与杨太后的斗争看作两个后族世族门阀之间的争斗。

三、恶少告状，太子遭殃

贾皇后实现专政，却没生育能力，无法生嫡子。才人谢玖生的庶长子司马遹，在司马衷继位时，就被立为太子。

司马遹幼年聪慧，受祖父司马炎喜爱，经常被带在身边。司马遹五岁时，宫中曾经晚上失火，司马炎登楼远望。司马遹拽着他的衣襟到暗处。司马炎问为什么要这样做。司马遹说："夜晚仓促之间，应该防备非常变故，不应让火光照见陛下。"司马炎因此认为司马遹是奇才，曾抚摸着他的背，对廷尉傅祗说："这小子将来会兴旺我们司马家族！"由于司马炎当着群臣面称赞，司马遹很小便美名流传天下。

永熙元年（290），司马衷继位后，司马遹被册立为太子。辅政的太傅杨骏和垂帘听政的杨太后非常重视太子的教育和成长，选用有德望的人做太子师傅。其中，何劭当上太师，王戎当上太傅，杨济当上太保，裴楷当上少师，张华当上少傅，和峤当上少保。何劭、王戎等人都是有声望和学问高深的人。

小时了了，长大未必佳。司马遹年纪稍长就不好学，每天与左右嬉戏胡闹，也不知道尊敬师傅。贾皇后嗜权如命，平素嫉恨太子名声好，见太子越来越任性妄为，认为这样对自己有利，不仅不尽职尽责规劝教育，还暗中让宦官谄媚奉承，怂恿太子"趁着年轻力壮好好玩乐，没必要自我约束"。

宦官怂恿司马遹玩物丧志，享乐趁年轻，还怂恿他暴虐残忍，严厉打击那些忤逆他想法的人。每逢遇到司马遹生气发怒时，被收买的宦官就感叹："殿下不知道用威严刑法，天下的人怎么会惧怕而臣服呢？"久而久之，司马遹便认为，别人之所以惹他不高兴，是因为他不够狠毒。

司马遹所宠幸的蒋美人生了个儿子。那个宦官便怂恿他厚加赏赐，要为皇孙多造些好玩的器具。司马遹毫不犹豫地采纳。很快，他在奢侈放纵的生活中找到了快乐。

司马遹怠慢松弛日益明显，还常常不上朝侍奉，常在后园游戏。他爱好矮车小马，让左右之人骑驰，弄断缰绳，让人坠在地上取乐。或有违背者，用手捶击他。司马遹个性拘泥于小忌讳，不允许修缮墙壁、动瓦盖屋。他在宫中开设集市，让人杀牲卖酒，亲手掂量斤两，轻重一点不差。他外祖父家是杀羊的屠户。受其影响，他对卖肉非常钟爱。又让西园卖葵菜、蓝子、鸡、面之类物品，从中牟取利润。按东宫旧礼制，每月五十万钱，以备各种费用，司马遹常常预支两个月以供宠幸的人开销。

世族门阀奢侈成风，司马遹如果是普通宗王或者世族门阀子弟，如此闹腾，危害倒不大，但他是太子，未来皇位继承人，且有个性情凶暴的、对他横竖不顺眼的贾皇后独掌朝政。司马遹处境其实相当危险。

司马遹不是贾皇后所生，而贾皇后又性情凶暴。太子舍人杜锡深感忧虑，每每忠心规劝司马遹修德行纳善言，远离谗言和诽谤。司马遹不仅不听，反而发怒，让人把针放在杜锡常坐的毡中。杜锡不知有陷阱，落座后针扎入臀部，血流不止。他得知是太子所为后，便从此不再提任何意见。

司马遹越来越目空一切。贾皇后是看在眼里，喜在心里。而丝毫没感觉危险到来的司马遹又跟贾谧杠上了。

贾谧原名韩谧，是贾皇后妹妹贾午与韩寿的孩子。韩寿早死，贾充又没儿子，便将外孙韩谧收为嗣孙，改名贾谧。贾充一生坏事做尽，却安享荣华富贵，老死于床上。贾谧继承爵位，出任散骑常侍，有较高地位。因为姑姑是贾皇后，再加上他"好学，有才思"，喜欢结交朋友，贾谧以大才子形象出现在朝廷，各种追求名利的人相继巴结他。贾谧左右逢源，广交社会名流做朋友，成立了一个声名赫赫的文学圈子——金谷二十四友。在这二十四人中，有举世闻名的美男子潘安，有因富有留名后世的石崇，有文学史上的名人陆机、陆云、左思、刘琨等人。一时间，贾谧成为世族门阀子弟的"青年领袖"。朝廷内外，谁都敬重他几分。

相比贾充，贾谧是青出于蓝而远胜于蓝。不少世族门阀竞相巴结贾谧。当时，玄学清谈非常流行。出身世族门阀琅琊王氏的王衍是公认的玄学奇才。竹林七贤之一的山涛在老年时见到幼年的王衍，曾感叹："不知道是哪位妇人，竟然生出这样的儿子！"太傅杨骏曾经想把女儿嫁给王衍，王衍却以此为耻，假装发狂才得免。司马炎私下问竹林七贤之一的王戎："当世哪个人可以和王衍相比？"王戎说："没有见到当世谁能跟他相比，应该从古人中去寻求。"王衍才华横溢，容貌俊雅，聪明敏锐有如神人，常把自己比作子贡，再加上他声誉名气很大，为世人所倾慕。他精通玄理，专门谈论《老子》《庄子》。无论朝廷高官，还是在野人士，都很仰慕他，称王衍为"一世龙门"。王衍接连担任显要职务，年轻求仕的人，没有不仿效他的。王衍看不起很多世族门阀子弟，却主动巴结贾谧。

王衍巴结贾谧的方式非常特别。王衍有两个女儿，长得非常漂亮，被世族门阀子弟中很多男子追求。王衍不屑一顾，却主动找贾皇后，请她出面说服贾谧选自己的一个女儿为妻子。贾谧一眼看中王衍大女儿，成为王衍大女婿。后来，在贾谧提议下，贾皇后又出面给太子司马遹娶了王衍那个相貌稍差的小女儿。贾谧愿意促成这门亲事。王衍也积极促成这门亲事。这样，贾谧与司马遹有了亲戚关系。

贾谧和司马遹年纪差不多，又都是著名世族门阀王衍的女婿。按照常理，他们之间关系容易走近。何况，贾谧出面给司马遹成就了一段姻缘。令人想不到的是，他们有隔阂，还是因娶王衍女儿产生的隔阂。贾谧娶的是姐姐，司马遹娶的是妹妹。司马遹原本中意的是娶姐姐，但被贾谧抢先娶走，因而心里恨他，愤愤不平溢于言表，丝毫不加掩饰。

贾谧是散骑常侍，经常出入皇宫，深受贾皇后宠信，又是太子妃姐夫，喜欢到东宫"走亲戚"。司马遹憎恨贾谧横刀夺爱，也看不起他，见他来了，就直接撇下他，到后庭去玩。贾谧不在意，照例常常到东宫"走亲戚"。没想到，司马遹因彻底得罪贾谧最终付出了惨重代价。

有一次，司马遹破例接待了贾谧，陪他下围棋。两人下着下着，出现争棋。司马遹逐渐处于下风。成都王司马颖正好到东宫，看到这一幕，大声呵斥贾谧。司马遹不仅不解围，还在一旁得意地笑。贾谧内心愤愤不平，开始对司马遹恨之入骨。

贾谧跑去对贾皇后说："太子置办那么多田产，积蓄那么多财产，结交那么多小人，目的是什么？目的就是想扳倒姓贾的人。他曾私下说过：'等皇后死了，我就收拾姓贾的人。'不但如此，如果皇帝死了，他当了皇帝，还会效仿废黜杨太后那样，在金墉囚禁您。依我看来，您不如早作安排，另立慈顺的人做太子……"

见贾谧告状，贾皇后非常生气，立即派司马颖出镇邺城，将他赶出洛阳。然后，她开始着手策划废黜太子。

自从消灭杨氏集团后，贾皇后独揽朝政大权，但对世族门阀大多比较重视，也分一部分权力给他们。因此，大部分世族门阀都支持她。

元康六年（296），赵王司马伦入朝出任车骑将军。司马伦入朝后，依照谋臣孙秀的谋划，大散珍宝，与贾氏亲族深相结纳。与贾皇后搞好关系后，司马伦上表请求出任录尚书事，参预中央朝政。廷议时，张华与裴𫖮"固执以为不可"，但贾皇后却高兴地答应了。

裴𫖮跟贾模一起找到司空张华，一起商议国事。裴𫖮建议废掉淫荡放肆的贾皇后，拥立太子生母谢淑妃为皇后。一言既出，张华和贾模很惊惧，同时担心司马诸王各拥兵镇，朝中朋党林立，弄不好会引发祸端。裴𫖮此议本是深思熟虑，见张华、贾模不同意，他孤掌难鸣，也无可奈何。

忧惧之余，裴𫖮只能找贾皇后母亲郭槐，言辞恳切地陈说祸福，让她申诫贾皇后善待太子。贾模也多次面见贾皇后，陈说祸福。贾皇后不仅听不进去，还认为贾模胳膊肘往外拐，怀存异心，便在朝中排斥他。贾模郁郁不得志，不久病死。

为了保证太子继位后贾家无祸，郭槐常常劝贾皇后对太子好一些，并不时切责怒骂对太子无礼的嗣孙贾谧。贾皇后、贾谧都不听。

贾皇后决定废黜太子，派人到处宣扬太子的缺点。朝野人士都意识到太子危险了。有人劝太子抢先发动政变，废掉贾皇后。太子不听。

没多久，贾皇后让潘岳以太子的口气手写祈祷神灵的文章，文章含有叛逆的意思。太子进宫时被灌醉，稀里糊涂抄写了一遍："皇上、皇后，求你们快点自动退位吧！你们不自动退，我就进宫废掉你们。

我做皇帝，蒋美人做皇后……"

贾皇后拿"证据"给皇帝看，逼他写下"太子写这样的话，现在我下令赐他死"。上朝时，贾皇后又传给大臣看太子的抄本。大家都不敢说话。只有张华进谏说："这是国家的大祸患。自汉武帝以来，每每废黜正嫡，总要引起动乱，况且大晋拥有天下的时间不长，希望慎重考虑此事。"

裴颜认为先要审讯传书的人，又请求检验字体真假，认为如果不这样，恐怕其中有诈。贾皇后便拿出太子平时写的十几张启事，众人比照，也没人敢说不是太子亲笔所写，议论一直到太阳偏西仍不能决断。贾皇后感觉出张华等人保护太子的意志坚定，上表请求将太子免为庶人。皇帝同意了。太子被废黜为庶人，软禁在金墉城。

太子被押送到金墉城。太子妃和儿子也一同前去。太子宠妾蒋美人被活活打死，太子母亲也不能幸免。王衍怕惹祸上身，连忙叫女儿和太子离婚，回娘家。太子妃哭着回娘家，朝野人士都同情她，怨恨贾皇后。

太子是国家根基，突然遭废黜，朝野震动。不久，外面有人传说要废贾皇后，迎太子回宫。贾皇后怕日久生变。贾谧趁机劝贾皇后尽快杀死太子。贾皇后决定下毒手杀太子以绝后患。

她召入太医令程据制毒药，让黄门孙虑去逼太子服下。太子谨慎不服，竟被孙虑用药杵给活活打死，死时才二十三岁。狡诈的贾皇后上表要求厚葬太子，皇帝就用王礼埋葬了太子。

因不善处理与贾谧姑侄的关系，太子司马遹成为替死鬼，被毒杀。

第十章　八王之乱动摇国基

司马氏宗王的权力欲望被激化，先后八个宗王争夺朝廷大权。司马衷无力控制局势。东海王司马越取得最终胜利，却将晋朝推到灭亡边缘。

一、百日皇帝，遗臭万年

太子司马遹的死，除贾皇后、贾谧外，另一个潜藏的凶手便是司马伦。这个司马伦不仅害死太子，还点燃了八王之乱的战火。

太子司马遹刚被废黜时，宗王和世族门阀中有人想反击贾皇后。司马雅和许超等人联络司马伦谋臣孙秀，商议救太子。野心勃勃的司马伦却决定，等贾皇后害死太子后，再以为太子报仇名义杀死她。他让人放出"有人要废贾皇后，迎太子回宫"消息，派孙秀去怂恿贾谧趁机报仇，除掉太子。果然，贾皇后中计，惊慌派人毒死太子。

太子死后，司马伦、孙秀谋划杀贾皇后。司马雅和许超托词有病，没参与。孙秀又告诉阎和。阎和响应孙秀号召，约定四月三日夜晚三更一刻，以鼓声为号。

到约定时间，司马伦假诏敕令三部司马："中宫与贾谧等人谋杀了太子。现在，你们要让车骑将军进入宫内，废除贾皇后。你们听从命令的，赐爵为关中侯；不听命的，诛灭三族。"众人都表示听从命令。

司马伦假诏开门晚上入宫，把军队陈列在路南，派司马冏带领三部司马一百多人，打开宫门进入。骆休充当内应，迎皇帝驾临东堂。

结果，贾皇后被废黜，先囚禁在建始殿，后被送到金墉，用金屑酒①毒杀。同党张华、裴颁、解结、杜斌等人，都被司马伦杀掉。

随后，司马伦又假诏任命自己为持节大都督，督中外诸军事，相国，兼任侍中、赵王，统领百官，并完全依照司马懿当年辅佐魏国的规格建立赵国，设置左右长史、司马、从事中郎四人，参军十人，掾属二十人，军队一万人；任命赵王世子司马荂为冗从仆射，司马馥为前将军，封济阳王，司马虔为黄门郎，封汝阴王，司马诩为散骑侍郎，封霸城侯。此外，孙秀等文武官几千人封侯。

司马伦独揽朝政大权，激化了其他宗王野心。贾皇后与杨太后斗争是新旧世族门阀以及后族之间的斗争，大部分宗王和世族门阀处在观望状态之中；贾皇后与太子斗争，是皇室内部斗争，虽然一部分宗王和世族门阀反感贾皇后，但大部分依旧处在观望状态。

司马伦投靠贾皇后，激怒贾皇后处死太子后，趁机除掉贾皇后，夺取辅政权，充满着阴谋和无耻。很多宗王和世族门阀对他的举动非常鄙视。赵王专权且有篡夺皇权迹象，进一步激化了宗王和世族门阀的不满。

赵王骄纵僭位，淮南王司马允、齐王司马冏心怀不平。孙秀等人担心他们会成为祸患，便请求皇帝命令齐王去镇守许昌，同时收回淮南王的中护军职务。当时，淮南王出任骠骑将军、开府仪同三司、侍中，兼任都督、中护军，统率宫中负责警卫的将士，非常有声望。

淮南王暗中得知赵王有篡权叛逆之心，声称有病，不去上朝，秘密豢养死士，暗自谋划要诛杀赵王。赵王很畏惧淮南王，转任他为太尉，表面优待尊崇他，实际夺去他的兵权。淮南王称有病，不接受任命。

赵王派御史逼迫淮南王，逮捕淮南王官属以下各级官员，以谋反罪检举他。淮南王非常愤恨，审视诏书，发现是孙秀的笔迹。他勃然

① 金屑酒，古代帝王用来赐死大臣的酒。

大怒，下令捕杀前来宣布命令的御史。御史逃跑，侥幸免死。淮南王杀死两名令史。随后，淮南王声色俱厉地对左右说赵王想篡夺皇位，率领封国内士兵和亲兵七百人冲出王府，大呼道："赵王谋反，我要进攻他，凡是淮南将士都祖露左臂。"许多人前来归附，跟他一起反赵王。

淮南王一行将进入皇宫。王舆及时关闭东掖门。淮南王不能进入，率军包围相府，围攻赵王。他所率士兵都是淮南身怀绝技的剑客。双方多次交战，赵王所部战死一千多人。太子左率①陈徽率东宫士兵在宫内呼喊以作内应，淮南王集结队伍在承华门前列阵，弓弩齐发，射向赵王所部，箭如雨下。司马畦身体掩蔽赵王，箭射中他背部。赵王手下都隐蔽站立在树后，每棵树都中了数百箭。

双方从清晨辰时激战至午后。中书令陈準紧急派军前来解围。侍中司马虔在门下省秘密邀约勇士，以富贵相许，派伏胤率四百骑兵从宫中冲出来，手举空板，伪称有诏书帮助淮南王。淮南王没觉察，开阵接纳他们，在下车接受诏令时，被伏胤杀死。

淮南王司马允造反失败后，赵王司马伦加九锡，增加五万户封邑。赵王假装谦让。皇帝派百官到赵王府上劝进，由侍中宣读诏书。赵王不得不接受。此外，诏书还给赵王四个儿子升官，任命赵王亲信孙秀为侍中、辅国将军、相国司马。

赵王没有学问，不知书；孙秀也只有狡黠小聪明，贪求淫利。与他共事的人，都是邪佞之徒，只追逐荣禄名利，没有深谋远虑的谋略。司马莠见识浅薄，司马馥、司马虔也都凶狠暴戾，司马诩愚蠢顽劣又轻佻，各自乖异，互相憎恨诋毁。

赵王和孙秀相信巫鬼，听信妖邪说法。孙秀让赵奉假称司马懿有神语，说要让赵王早日入西宫②；又说先祖司马懿在北芒山给赵王佐助。赵王又在北芒山别立宣帝庙，祭祀先父司马懿。祭祀说叛逆的谋划可

---

① 太子左率，太子卫队的长官之一。

② 西宫，此处指皇帝居住的宫殿，下同。

以成功。赵王任命太子詹事裴劭、卞粹等二十人为从事中郎，另有掾属二十人。孙秀等安置诸军，安插心腹，让司马威兼侍中，出入诏命。孙秀假作禅让诏书，让满奋、崔随捧着皇帝玉玺、印绶，禅位给赵王。

赵王假装谦让不接受。宗室诸王、群公卿士假称有符瑞天文灵应，纷纷再次劝进，赵王才同意登基为皇帝。王舆、司马雅等率甲士入殿，以威赏明示三部司马，没有谁敢反对。当天夜晚，赵王派张林等人屯守诸门。司马威、骆休等人逼着皇帝拿出玉玺、印绶。不到天亮，内外百官用车舆和法驾迎接赵王。皇帝司马衷坐云母车，随行仪仗队几百人，从华林西门，出居金墉城。和郁、司马睿、陆机等人送皇帝一行，直到金墉城下而返回。张衡率部负责保卫和监督废黜皇帝司马衷。

赵王率五千士兵从端门进入，登上太极殿。满奋、崔随、乐广把玉玺印绶献给他。赵王僭位称帝，大赦天下，尊称司马衷为太上皇，年号建始。在司马氏家族内部，论辈分，赵王司马伦是皇帝司马衷的叔爷爷。叔爷爷从侄孙手中夺过皇位，册封侄孙为太上皇。天下臣民看不懂，宗室诸王也看不懂，但赵王只要能当皇帝，就什么都不在乎。

司马伦当皇帝后，为拉拢人心，不惜大规模赏赐。他下令，当年贤良方正、直言、秀才、孝廉、良将都不考试，直接录取；计吏以及在京邑出使四方的使者，十六岁以上的太学生直接任命为官吏；郡县二千石以上令长适逢大赦时正在职的都封为侯，郡纲纪都是孝廉，县纲纪都是廉吏。赵王四个儿子以及心腹孙秀、张林等人，都获得大量封赏，其余同谋的都破格提拔晋升，不可胜记，就连奴仆士兵杂役也加封爵位。每次朝廷会见，冠饰貂蝉的人满座。有道德修养的人，都以接受赵王封赏为耻。

当初齐王司马攸病死后，他儿子司马冏继任齐王。齐王司马冏统率护卫军镇守许昌。司马颙是司马炎堂弟，继承父爵河间王。司马颙少年时有好名声，看轻钱财厚待贤士，曾被司马炎称为各藩王的表率。元康九年（299）九月，河间王代替梁王司马肜担任平西将军，手中掌握重兵，镇守关中。成都王司马颖是皇帝司马衷的同父异母兄弟，于元康九年（299）结怨贾谧，被外放镇守邺城。在晋朝宗室诸王中，齐王、河间王、成都王是各占一方的实力派，被称为"三王"。

孙秀对"三王"不放心，选派亲戚党羽以及赵王旧官吏，去给"三王"当参将和郡守。

齐王司马冏见众心怨恨赵王，暗地与王盛、王处穆商量，密谋要起兵诛杀赵王。赵王派心腹张乌前去窥视齐王举动后，张乌背叛了赵王，回去对赵王说："齐王没有别的图谋。"齐王有现成计划没施行，担心事情泄露，便与管袭一起杀了王处穆，还把王处穆首级送给赵王，以便让他安心。赵王果然被迷惑住，没先对齐王动手。

永宁元年（301），一切谋划就绪后，齐王下令逮捕并杀死管袭，与何勖、董艾等人一起宣布起兵。同时，齐王派使者通告成都王、河间王、长沙王、新野王，把檄文传遍天下征镇州郡县国，让天下共知，号召天下人一起讨伐赵王。扬州刺史郗隆接到檄文犹豫不决，参军王邃杀郗隆，把他的首级送给齐王，率军响应起兵。

收到齐王讨伐檄文，赵王、孙秀等人大为恐惧，派孙辅、李严率七千士兵从延寿关出战，张泓、蔡璜、闾和等人率九千人从堮坂关出兵，司马雅、莫原等人率八千人从成皋关出兵，命令东平王司马楙都督各军作战。

赵王派杨珍昼夜到宣帝庙祈祷请求，回报总是说宣帝感谢陛下，某日必当破贼；又任命道士胡沃为太平将军，让他招来福佑。孙秀家中天天陈设各种祭祀，制作诅咒制胜的巫术文章，让巫祝选择作战的日子。他又让近亲在嵩山上穿着羽衣，诈称是仙人王乔，制作神仙文字，叙述司马伦国运长久，以此迷惑民众。

孙秀想派司马馥、司马虔率军协助诸军作战。司马馥和司马虔不肯。司马虔平素与刘舆亲善友爱。孙秀便让刘舆去劝司马虔出兵。司马虔才率八千士兵做后继和援助。

张泓、司马雅等人虽然连战连胜，但反赵王的义军分散后又会合，司马雅等人不能前进。许超等人与成都王所部军队在黄桥作战，杀伤一万多人。张泓径直到阳翟（今河南禹州），又在城南攻破齐王的辎重军队，杀死几千人，占据城池保住囤积军需物资。这时，齐王所率的军队已经在颍阴，距离阳翟四十里。

齐王分军渡过颍水，进攻张泓所部不利。张泓率军乘胜追到颍上，夜晚面临颍水列阵。齐王派轻兵进攻他们，诸军不动。孙辅、徐建所部在夜晚里自乱，径自回洛阳自首。

孙辅、徐建逃跑时，不知道其他军督都还在，说："齐王军队强盛，势不可当，张泓等已覆没。"赵王大惊，隐瞒此事，召集司马虔和许超回京。正好张泓击败齐王的捷报传来，赵王大喜，又派许超前往。这时，司马虔在回京途中，已到庾仓。许超回兵前进渡过黄河时，将士疑惑隔阂，锐气内挫。张泓等率士兵渡过颍水，进攻齐王的兵营。齐王出兵进攻孙髦、司马谭、孙辅所部，将其全部攻破。士兵流散逃回洛阳，张泓等收集余众回营。

孙秀等得知军情一天天危急，假传攻破齐王兵营，活捉了齐王，以此欺骗众人，让百官都来祝贺。士猗、伏胤、孙会都执掌兵权而不相从。赵王又让刘琨督河北将军，率一千步兵，去催促各军作战。孙会等与义军在激水交战中大败，撤退保守河上。刘琨烧断河桥。

成都王收到齐王的传檄，听从卢志的建议，发兵响应，与河间王、齐王一起共讨赵王。行军至朝歌（今河南淇县）时，成都王已经拥有二十余万军队。赵骧率军与士猗、许超、孙会所部在黄桥大战，遭到惨败，死伤八千多人。成都王欲退保朝歌。王彦、卢志及时劝阻。成都王采纳建议，率诸军再次出击。双方在溴水大战，成都王取得巨大胜利。孙会弃军南逃。成都王趁机率军渡过黄河，乘胜长驱直入。

齐王起兵后，安西参军夏侯奭自称为侍御史，在始平聚合兵众，招得几千人，前来响应，又派信使邀请河间王起兵。河间王派房阳、张方率军讨伐，擒获夏侯奭以及同党十几人，在长安闹市腰斩了他们。等到齐王的檄文传到，河间王下令收捕齐王使者，把他送给赵王处置。赵王向河间王微调兵将去镇压义军。河间王派张方率军前往帮助赵王镇压义军。

张方率部到华阴时，河间王听说齐王、成都王兵力强盛，派李含和席遐等人追回张方所率军队，让他们响应齐王、成都王，去讨伐赵王。

赵王不得人心。自从义兵兴起，百官将士都想杀赵王、孙秀以向天下谢罪。孙秀知道众怒难犯，不敢走出官府。听说河北军全部失败后，孙秀忧虑得不知所为。义阳王司马威劝孙秀到尚书省与八坐[①]议论征战防备的事。孙秀听从劝告去了。赵王下诏，京城四品官以下子弟年龄在十五岁以上的人，都到司隶那里，准备出征镇压反军。内外各军都想劫杀孙秀。

许超、士猗、孙会等人回军后，跟孙秀谋划。有人想收集剩余士兵出战；有人想焚烧宫室，诛杀不依附自己的人，随赵王向南投奔孙旗、孟观等人；有人想乘船向东逃到大海。计议不决。

王舆决定反叛，率七百多士兵从南掖门攻入，令宫中士兵各自守卫宫门，三部司马作为内应。王舆亲自率军前往攻击孙秀等人。孙秀等人关闭中书南门。王舆命令士兵登墙烧屋。孙秀和许超、士猗仓皇逃出。赵泉斩杀孙秀等人，逮捕孙会交付廷尉诛戮。他们捉住谢惔、骆休、王潜，都斩于殿中。三部司马兵在宣化闼中斩孙弼示众。

当时，司马馥在孙秀家。王舆派将士把司马馥囚禁在散骑省，用大戟守住省阁。八坐都到殿中，坐在东阶树下。王舆驻扎在云龙门，逼赵王下诏说："我为孙秀等人所误，致使三王发怒。现在孙秀已诛，将迎太子复位，我告老归农。"传示诏书用驺虞幡[②]信令将士放下武器。文武百官各自奔逃，没有谁敢家居。黄门引领赵王司马伦从华林东门出，和司马荂等人一起，回到汶阳里住宅。

王舆派数千甲兵把废黜皇帝司马衷从金墉城迎归。百姓都称万岁。

---

① 八坐，即八座，晋朝时指代尚书令、左右仆射、诸曹尚书。

② 驺虞幡，指古代一种绘有驺虞图形的旗帜，用以传旨解兵。

司马衷一行从端门入升殿，居广室，下令送赵王父子到金墉城关押。

梁王司马肜表奏诛杀叛逆的赵王父子。百官在朝堂会议时，都如同梁王表奏一样。司马衷派袁敞持节赐赵王死罪，让他喝金屑苦酒。赵王惭愧，用手巾遮住脸，连声说："孙秀误我！孙秀误我！"赵王儿子司马荂、司马馥、司马虔、司马诩被逮捕交付廷尉狱。

百官凡是司马伦所用的人，一律斥免，台省府卫也只有少数保留。自齐王兴兵六十多天中，作战所杀害将近十万人。同赵王为逆参预谋划大事的人，张林被孙秀杀死；许超、士猗、孙弼、谢惔、殷浑与孙秀被王舆率军所杀；张衡、闾和、孙髦、高越从阳翟返回，伏胤战败后回洛阳，都在东市被斩杀；蔡璜在阳翟向齐王投降，回洛阳以后自杀；王舆因有功免于诛杀，后来与东莱王谋划杀齐王，又伏法被杀。

反赵王僭越称帝，迎接皇帝复位，齐王、成都王、河间王功劳巨大。司马衷复位后，在朝政上依靠"三王"。遗憾的是，晋朝消灭一个有野心的赵王，"三王"之间又很快兵戎相见了。

二、三王辅政，三王相争

赵王司马伦死了，晋朝依旧没稳定下来。司马衷复位后，齐王出任大司马，负责主理朝政。河间王和成都王拥兵自重。"三王"共同执掌朝政，相互牵制，保持均衡。如果"三王"精诚团结，相互合作，辅佐皇帝，将晋朝再次带到安定时期，也并不是什么难事。遗憾的是，"三王"的表现并没如天下期待的那样。

等司马衷恢复皇帝位后，齐王司马冏率众进入洛阳。当时，齐王手下有几十万披甲之士，驻扎在通章署，兵威震动京都。皇帝亲自前往任命齐王为大司马，加赠九锡之命，准备器物、典章策命，礼节都如同司马懿、司马师、司马昭、司马炎辅佐魏国时一样。

齐王当上大司马，成为辅政大臣，居住在故居的宫殿里，设置四十个掾属，大筑宅第馆舍，北边收取五谷买卖市场，南边开设各种官署，毁坏的房舍数以百计，派大匠经营制作，与西宫^①一样。他还下令开凿千秋门的墙壁通向西阁^②，后房里设置悬钟乐器，前庭陈列八佾舞^③蹈，沉湎于酒色，不肯入朝朝见。

齐王在府中任命百官，用符命文书指挥三台，选举不公平，只宠信亲近之人。他把重要职任委派给何勖、葛旟、路秀、卫毅、刘真、韩泰等人。有次，殿中御史桓豹向皇帝奏事，没有先经齐王查阅，齐王便令人拷问桓豹。朝廷侧目而视，天下大失所望，感觉齐王辅政跟原来赵王称帝时没有什么不一样。

郑方用不加封箴的书信极力劝谏齐王，主簿王豹多次规劝齐王，齐王都不采纳。齐王骄纵日益加深，始终没悔改的意思。孙惠劝谏，齐王既不采纳，也不给他定罪。永宁二年（302）五月，齐王想长久专政，借口皇帝的子孙俱尽，请求册立清河康王司马遐儿子、仅八岁的司马覃为太子，由自己充当太子太师。晋朝皇帝和太子都在齐王掌控之中。

当初，司马衷恢复帝位时，成都王不领功，推说都是齐王的功勋，然后托词出宫，回镇邺城。回邺城后，皇帝下诏赐给成都王加九锡殊礼，进位大将军、都督中外诸军事、假节、加黄钺、录尚书事，入朝不趋，剑履上殿。

成都王接受大将军封衔，辞让殊礼九锡，又上表提及参与讨伐赵王的功臣卢志、和演、董洪、王彦、赵骧等人，全部封开国公侯。不仅如此，成都王又上表请求运十五万斛粮食解救受战祸影响的阳翟居民，建造棺木、收殓在黄桥战死的八千人，设立墓园、祭堂和纪功碑，并表彰其家，加两级优待等。这些举动给成都王司马颖带来更高名望。

齐王专权，作威作福，骄奢日甚，令人失望，成都王众望所归，被寄希望于能改善国家。皇帝下诏让成都王入朝辅政。成都王亲近的宦官孟玖不想回洛阳，加上母亲程太妃留恋邺都。成都王司马颖对是否回朝辅政犹豫未决。

当初，河间王司马颙一会儿支持赵王，一会儿支持齐王、成都王，但因最终战胜赵王时，他是反赵王的，升任为侍中、太尉，加三锡之礼。不过，河间王并没因此感恩，还因此妒忌齐王和成都王。

永宁二年（302），李含任翊军校尉，因与齐王亲信皇甫商、赵骧等人有怨恨，悄悄投奔河间王，假称接受皇帝密诏讨伐齐王，陈说其利害关系，用利禄智谋诱导河间王。河间王接受李含建议，上表罗列齐王罪状，扬言率二十万人马，将与成都王、新野王、范阳王一起进攻洛阳。同时，他派人邀请成都王共同举事；任用李含为都督，率领各军驻屯在阴盘，先头军队驻扎在新安，距离洛阳有一百二十里，还传送檄文给长沙王。

河间王的表疏传到洛阳后，齐王十分惧怕，会集百官，商议对策。司徒王戎、东海王司马越都劝齐王交出权力，推崇礼让。东海王是皇帝以及齐王的族叔。他的言论导致齐王亲信葛旟大怒，大声述说齐王功绩，责骂和威胁企图劝齐王交出权力的人。百官震惧，无不失色改容。

长沙王司马乂看不惯齐王越来越专权。他与刘暾等人秘密预谋杀齐王。长沙王是皇帝司马衷的同父异母弟弟，开朗果断，才力超绝常人，虚心谦让贤士，很有名望声誉。永康二年（301）赵王篡位，齐王、河间王和成都王起兵讨伐赵王，长沙王率本封国护卫军响应，充当成都王的后援。常山内史程恢准备背叛长沙王。长沙王到邺都后，杀了程恢和他五个儿子。到洛阳后，长沙王出任抚军大将军，领左军将军。

齐王掌权后，任用王豹做主簿。王豹认为，一些诸侯王留在京城，最终会使政局动荡，提出送诸侯王回各自封国。此举极大触动长沙王等在京城宗王的利益。齐王犹豫不决，回复王豹说要再仔细想一想。长沙王来到齐王府上，看到伏案上王豹写的文件。他拿起来看了后，对齐王说:"王豹这小子离间骨肉,为什么不杀他?"齐王不采纳王豹的策略,还听了长沙王的建议,杀死了王豹,却丝毫没怀疑长沙王这个堂兄弟有什么居心。大家都感到王豹死得冤枉。

长沙王担心他设计杀掉王豹这事被齐王回味过来。见河间王公开讨伐齐王,齐王手忙脚乱,全部注意力都在击退河间王反军上,就想趁其不意,给予齐王致命一击,自己掌握辅政权。

河间王传布檄文让长沙王做内应。永宁二年(302)十二月,长沙王径自入宫时,齐王派董艾率部袭击长沙王。长沙王率身边的一百多人,挥手砍断车前的帷幔,乘着敞露车飞驰奔往皇宫,关闭各座宫门,挟持皇帝,与齐王所部相互攻杀。长沙王发兵攻打齐王府邸。齐王派董艾陈兵在皇宫西边。长沙王又派宋洪等人率军放火焚烧各座观阁以及千秋门、神武门。齐王命令黄门令王湖把所有驺虞旗帜偷来,大声喊:"长沙王伪造诏命。"长沙王又宣称:"齐王谋反,帮助他的人诛灭五族。"

当天晚上,城内大战,飞驰的箭像雨一样密集,火光连天。长沙王挟持皇帝到上东门。齐王率军在攻打长沙王所部时,无法看清夜色中的皇帝,以致许多飞箭纷纷射到御座前。群臣忙于救火。死去的人一个压一个地躺着。齐王失去了对皇帝的掌控,越来越颓势。

连战三天后,齐王兵败,被长沙王活捉并带到大殿前。皇帝司马衷恻然怜悯,想让他活下来。长沙王呵叱手下快些拉出去杀掉。齐王还回头望皇帝,企图获得救援,但无济于事,最终被斩于阊阖门外,首级被巡示六军。齐王两千余党羽都被杀,都被夷灭三族。齐王儿子淮陵王司马超、乐安王司马冰、济阳王司马英被囚禁在金墉。齐王被暴尸于西明亭,三天都没有人敢收殓。后来,荀闿等上表请求下葬齐王,才得到允许,齐王才入土为安。

齐王被杀,他年老的叔公平原王司马干得知消息后,哭得非常悲伤,对左右侍从说:"晋朝宗室日渐衰微,只有这孩子最优秀。如今把他杀了,宗室从今以后完了!"

河间王本来认为长沙王的兵力弱小，齐王的兵力强大，希望长沙王能被齐王擒拿，然后以为长沙王报仇为托词，宣告天下四方，共同讨伐齐王，之后废黜皇帝司马衷而扶立成都王司马颖为皇帝，自己担任相国，独断朝政。结果，长沙王杀了齐王，他的计谋未能得逞。

齐王战败被杀后，长沙王独揽大权。河间王见长沙王抢先"摘桃"，对他不满又找不到弹劾理由，只好派人刺杀。太安二年（303），河间王让李含与冯荪、卞粹等暗中策划杀害长沙王。皇甫商得知李含此前伪造诏书并与河间王图谋不轨，把知道的情况全告诉了长沙王。长沙王杀了李含等人。成都王派刺客企图刺杀长沙王。长沙国左常侍王矩值侍，见到来客脸色异常，就抢先杀了刺客。

河间王听说李含被杀，联合成都王一同攻伐京都，以讨伐皇甫商为名起兵，派张方任都督，率七万精锐士兵向洛阳进军。张方攻打皇甫商所部。皇甫商先抵抗而后溃败。张方便率军攻打西明门。皇帝司马衷任命长沙王为大都督，负责率军抗击张方所部反军。长沙王率领中军左右卫迎击张方所部。张方属下众兵大败，死了五千多人。张方在駃水桥西设立军营，在那里修筑数重壁垒，从外地引进军粮，以备足军需。长沙王又跟从皇帝出城攻打张方所部，作战不利。从八月到十月，双方连续交战不停。

朝廷商议认为，长沙王和成都王是兄弟，可以用言语相劝而和好，就派王衍暂代太尉，石陋暂代司徒，派他们去劝说成都王，叫他和长沙王划分陕地而割据一方。成都王没答应。

长沙王亲自写信给成都王，讲他起兵缘由以及期待天下太平、兄弟和睦的意愿。成都王看信后，也给长沙王回复了信，也说自己为天下着想，看重兄弟情谊，希望对方尽快放弃斗争，实现兄弟握手言和。双方在信件里说得有情有义，但现实中谁也不愿意退兵。长沙王和成都王相互对峙，互不相让。

双方鏖战几个月，长沙王多次击溃联军，但联军人数众多，粮食充足，溃败后又很快集聚起来。长沙王粮草供给不上，军队战斗力下降，但守军士气高，愿意固守洛阳。

永安元年（304）正月，长沙王前后多次打败成都王的军队，斩首和俘虏六七万人。战争持久而粮食缺乏，城中大为饥荒，虽说疲惫不堪，但将士同心协力，都想以死效劳。长沙王尊奉皇帝的礼节没什么过失。张方认为不能战胜长沙王，想返回长安。

然而，东海王司马越考虑事情难成，暗中和殿中将领收捕长沙王，押送到金墉城去。长沙王司马乂上表皇帝表达自己的忠心，指出朝廷中有大臣心术不正，蓄意陷害他，还指出他死后带来的危害。不过，长沙王已经下监狱，皇帝无法看到他的奏折，根本不可能因为他表一番忠心就特赦他。

永安元年（304）正月二十五，殿中左右都遗憾长沙王功败垂成，想把他劫持出来，再靠他来抵抗成都王。东海王担心祸难发生，想趁机杀长沙王。一月二十七日，潘滔劝东海王秘密告诉张方消息。张方派郅辅率三千人，前往金墉城逮捕长沙王，随后把他烧死。

长沙王死后，素有威望的成都王出任相国，河间王出任太宰，东海王出任尚书令。晋朝再次出现"二王"共同辅政。成都王是皇帝的同父异母弟弟，河间王和东海王是皇帝的族叔。河间王出歪主意，废除太子司马覃，改立成都王为皇太弟，继续担任相国。

成都王司马颖有威望，出任皇太弟兼相国，成为"事实上的皇帝"。他回到邺城，继续遥控政权，决定朝中一切政事。

三、远房宗王，趁乱秉政

永安元年（304）初，成都王当上皇太弟兼相国后，返回邺城，遥控朝廷军政大事。他出行的排场堪比皇帝，处处展现他目无皇帝，加上他又任用亲信宦官孟玖，引起大众不满，令朝野大失所望，给其他有野心的宗王提供了讨伐借口。

永安元年（304）七月，东海王司马越传檄四方，与陈眕、逯苞、成辅及上官巳等人，召集四方，共讨成都王、皇太弟司马颖。他们召集了十多万军队，宣布废黜司马颖的皇太弟之位，恢复前太子司马覃皇储地位，然后挟皇帝浩浩荡荡地进攻邺城。不久前出卖长沙王的东海王现在又出卖了成都王。

成都王得知消息，大为震惊，想要逃跑。部下劝他不要逃跑，集中力量与东海王决战。成都王召集各人商量对策。东安王司马繇认为，皇帝亲自率军来讨伐，应该投降请罪。成都王认为，皇帝已经被东海王挟持，讨伐他不是皇帝的意思，不肯直接投降。王混及崔旷都劝成都王率军迎战——只有率军击败东海王所部，面临的危机才可能化解。

成都王赞同出兵迎战东海王所部，派石超率五万兵马赶赴荡阴抵抗。陈匡和陈规亲自到东海王军中，声称邺城中成都王的部下听到皇师到来，已经离散，以骗取东海王麻痹大意。东海王信以为真，导致属下军队防备松懈。

在荡阴，石超率军与东海王所部激战。东海王所部大败。混战中，有人射伤了皇帝，左右护卫都争相逃命，将皇帝丢在草地上。石超把皇帝送到邺城。成都王取得这次大胜后，下令改年号为建武，杀害之前劝他投降的东安王司马繇，然后挟持皇帝，整顿军队，准备一鼓作气消灭东海王所部。东海王兵败后，先逃到下邳。徐州都督、东平王司马楙不接纳他。东海王没办法，逃回封地东海国①。

成都王以同宗室王爷名义，下令宽恕东海王，召他回朝辅政。东海王不相信成都王，认为那是个陷阱，没有理会。

当初，河间王派陈眕率军跟随东海王一起讨伐成都王，同时又派张方率两万军队援救邺城。东海王挟持皇帝北征邺城时，陈眕和上官巳辅佐太子司马覃留守洛阳。皇帝被成都王接到邺城后，张方率两万兵才赶到，见东海王所部已败，便趁机进攻洛阳。上官巳派苗愿率军

---

① 东海国，在今山东郯城北。

抵抗张方所部，但失败。太子司马覃却趁机袭击控制他人身自由的上官巳。上官巳、苗愿等人战败逃走。司马覃向张方所部投降，再次被废黜太子之位。此后，张方率军驻扎在洛阳。

东海王弟弟并州刺史东瀛公司马腾及参与毒杀太子司马遹的王浚杀死成都王所任命的幽州刺史和演。成都王得知消息，出兵讨伐司马腾。八月，王浚联合段部鲜卑首领段务勿尘、乌桓羯朱以及司马腾所部，一同起兵讨成都王，发兵进攻邺城。王浚给鲜卑人、乌桓人许诺，只要攻下一个城池，就听任他们抢掠三天。鲜卑人、乌桓人作战特别积极，个个争先充当先锋军，所到之处尽情烧杀抢掠。

得知消息，成都王派王斌及石超、李毅等人率军前往抵挡王浚所部幽州兵；派王粹率军阻击司马腾所部。成都王下属的匈奴人刘渊主动提出返回左国城（今山西方山境内），率五部匈奴的五千精锐骑兵，协助王粹所部作战。不幸的是，刘渊回左国城后，自称大单于，并没亲自率军赶来助战，而是派刘宏率匈奴军慢慢赶往邺城。匈奴援军还没到邺城时，王粹所部已经被司马腾所部打败。刘宏率匈奴骑兵无功而返。

接下来，王浚率军与司马腾所部会合，共同进攻王斌所部，取得巨大胜利。不久，王浚命令祁弘率军为前锋，在平棘又大败石超所部，乘胜进军到邺城下。

前线战败的消息传到邺城，邺城内人心惶惶，官僚士兵相继作鸟兽散。成都王非常恐慌，与卢志率数十骑兵，挟持皇帝连夜奔往洛阳。羯朱率乌桓军一路追赶到朝歌，追不上才放弃追击。

成都王挟持皇帝从邺城撤回洛阳，从狼窝躲进了虎穴。河间王部将张方率军进入宫殿中，逼迫皇帝到他军营中，纵兵抢掠府库财物，准备焚烧宫殿和太庙，使众人断绝再次回洛阳的念想。卢志冒死去劝张方，建议他做事不要那样绝情。张方想了想，便没下令烧毁洛阳的宫殿和太庙，但挟持皇帝、成都王、豫章王等人迁往河间王的势力腹地——关中长安，以避敌锋。

皇帝、成都王、豫章王等人迁到关中后，河间王掌握朝政大权，亲自挑选安排朝廷百官。他逼皇帝下诏，公开宣布天下混乱是成都王惹的祸，废除成都王皇太弟之位，命令成都王离开朝廷、返回封地成都国，还宣布改元永兴，任命豫章王为皇太弟。

趁机"摘桃"的河间王又让皇帝下诏，任命躲在东海国的东海王司马越为太傅，召东海王回朝共同辅政。如果东海王的目标是在他人地盘上与人共同辅政，那么他早就与成都王和解了。如今的河间王远比成都王要阴险，老谋深算的东海王根本不答应。

东海王不接受封赏，命令司马模为北中郎将，率军赶到邺城，负责镇守邺城。随后，东海王在徐州起兵，宣布讨伐张方所部，要亲自到关中迎接皇帝。

竟陵王司马楸感到非常害怕，以徐州之地投降东海王。东海王以司空身份自领徐州都督。接下来，他安排三个弟弟司马腾、司马略、司马模分别据守幽州、青州、许昌，移檄各个国、镇、州、郡。范阳王司马虓、幽州刺史王浚等人共推东海王为盟主。诸多朝臣和世族门阀纷纷投奔东海王。东海王声名渐起。

关中军民得知消息大为恐惧。张方劝河间王奉送皇帝回到洛阳宫中，再让成都王返回邺城。河间王一听，拒绝了。随后，河间王借给刘乔兵符，升他为镇东大将军，派成都王统率楼褒、王阐等各军，据守河桥，负责抵御东海王所率军队。

当初，成都王被废皇太弟之位，河北军民都念其善。公师藩、汲桑、石勒等人为迎立失势的成都王，聚兵数万，在清河鄃县起兵。七月，公师藩等人聚众攻陷郡县，杀死李志、张延等人。公师藩、楼权、郝昌等人率军转而进攻邺城。司马模左右密谋将充作内应。但是，丁邵率军救了司马模。范阳王又派苟晞率军驰援司马模。公师藩等人被击败，撤走。

东海王传檄共讨河间王时，河间王见到河北有人支持成都王，让皇帝命令成都王返回邺城镇守，抚慰叛亡，升任成都王为镇军大将军、都督河北军事，又任命卢志为魏郡太守，加左将军，随成都王一起率一千多人返回邺城。成都王率部到洛阳时，东海王讨伐河间王的军队就来到了，接连击败了刘乔、楼褒、王阐等所部军队，然后率军向长安进发。成都王被迫逃到关中。

河间王以皇帝名义发诏罢免东海王等人，命令他们都回封地。东海王受命，率三万军队返回东海。西行到萧县时，豫州刺史刘乔派儿子刘佑率军抗拒东海王所率大军。东海王所部战败。此后，范阳王派督护田徽率八百精锐骑兵迎接东海王。在谯，田徽所部遇上刘佑所部，大败刘佑所部。东海王所部才得以进屯阳武。东海王所部声势大振，逼近关中。

当初，东海王因张方劫持迁移皇帝，天下人埋怨气愤，率先起事并和山东各诸侯限定日期奉迎皇帝归来，先派人去劝说河间王，叫他送皇帝回到洛阳，与河间王划分陕地而治。河间王想听从东海王的建议，但部将张方不同意。等到支持东海王的军队取得大捷，成都王等人战败，河间王下令郅辅在夜里斩了张方，送张方的首级给东海王求和。东海王拒绝求和。

不久，河间王又变卦，改派刁默率军守卫潼关，却归罪郅辅杀了张方，下令杀了郅辅。河间王派吕朗等人率军据守荥阳。刘琨拿张方首级给吕朗等人看，吕朗等人投降。当时，东边军队已很强大，打败刁默所部入关。河间王非常害怕，又派马瞻、郭伟率军在霸水抵抗。马瞻等人战败逃跑。河间王只好乘着单马车，逃到太白山。

支持东海王的军队进入长安，皇帝返回，任命梁柳为镇西将军，镇守关中。马瞻等人率残部出来，到梁柳那里去，趁机在城内一起杀了梁柳。马瞻等人又与始平太守梁迈联合起来，一起到南山迎请河间王。河间王不肯入府。苏众、朱永劝河间王上表谎称梁柳病死。朝中大臣知道了有关张方的情况。

随后，裴廙、贾龛、贾疋等人发义兵，征讨河间王，杀了马瞻、梁迈等人。东海王派麋晃率军讨伐河间王所部。到郑地，河间王将领牵秀率军来抵抗麋晃所部。麋晃斩杀牵秀，并杀他两个儿子。义军占据关中，河间王仅保守孤城而已。

东海王所部攻陷长安前，成都王随河间王一起躲避。祁弘等人所部鲜卑军大掠长安，杀两万余人，东海王等人带皇帝退回洛阳。成都王从华阴经武关出新野。他到新野不久，荆州刺史刘弘死去。郭劢趁机发难，准备迎立成都王为新荆州刺史。郭舒全力协助刘璠讨伐郭劢所部，将郭劢斩杀。

随后，东海王又让皇帝诏令刘陶捉拿成都王。成都王抛弃母亲和妻子，与儿子司马普、司马廓坐马车渡黄河回朝歌，收集以前麾下将士数百人，准备前往投奔支持他的公师藩。当年九月，成都王等人在途中不幸被抓获，送到邺城，交范阳王处置。范阳王将他们父子囚禁，但不忍心加害他们。

一个多月后，范阳王司马虓暴死。范阳王长史刘舆想到成都王在邺城素有威望，担忧留成都王在邺将成为后患，就秘不发丧，且令人装扮台使，矫皇帝诏书赐成都王死。成都王死后，官属争相奔散，唯独卢志随从不怠。后来，汲桑杀害司马腾，号称为成都王报仇。

祁弘率鲜卑骑兵攻入长安，大肆抢掠时，东海王率军驻扎在温县。不久，祁弘挟持皇帝乘牛车返回洛阳，东海王率军护送。皇帝下诏封东海王太傅、录尚书事，负责辅政。东海王以诏书任命河间王为司徒。已经失势的河间王选择接受征召，赶到洛阳赴任。司马模派梁臣到新安①雍谷，在车上掐死河间王，并杀死河间王三个儿子。延续七年的诸王混战，以东海王的最终胜利而结束。

光熙元年（306）十一月，皇帝司马衷在显阳殿食饼中毒而死。皇太弟司马炽继位，是为晋怀帝，改元永嘉，朝政大事继续交给东海王。周穆、诸葛玫游说东海王废黜皇帝司马炽，立清河王司马覃，让东海王挟幼主号令天下。东海王杀了他们。

---

① 新安，此处指今河南渑池东。

后来，司马炽开始亲理万机，留心庶事。东海王不悦，求引退回封地。司马炽不许。东海王便出镇许昌。一场更大的灾难悄然来临。东海王无力应对。晋朝在北方的官员和世族门阀陷入了灭顶之灾中。

第十一章　永嘉之变的绝望与生机

匈奴人刘渊起兵，夺取晋朝在中原大部分领土。刘渊死后，刘聪先后攻下洛阳和长安，俘虏晋朝两个皇帝。匈奴汉陷入内讧和仇杀，中原陷入各族混战之中。江南重建的晋朝有了生存机遇。

一、建汉反晋，逐鹿中原

晋朝诸王混战，社会动乱，遭遇空前危机。匈奴人刘渊趁机起兵反晋。

刘渊是匈奴后裔。东汉建武元年（25），乌珠留单于儿子右奥鞬日逐王比自称南单于，向东汉称臣，率部进入西河美稷定居，在左国城设单于廷。黄巾军起义后，羌渠单于派儿子於扶罗率军援助东汉。后来，羌渠单于被部众所杀，於扶罗率部留驻东汉，自称单于。於扶罗儿子叫刘豹，刘豹儿子叫刘渊。曹操将南匈奴分为五部后，刘豹担任左部帅，其余部帅也由刘姓人担任。

刘渊年幼时非常聪慧，喜好学习，学习过《毛诗》《京氏易》《马氏尚书》《春秋左氏传》《孙吴兵法》等书。他仪表魁梧，武术精妙出众，臂长而善于射箭，体力超过一般人。年轻时，他被世族门阀王浑、王济等人看好。有人劝皇帝杀掉刘渊，多亏王浑保全，才逃过杀身之祸。

刘豹死后，刘渊代理左部帅兼任北部都尉。在任期间，刘渊严明刑法，禁止各种奸邪恶行，不看重财物，爱好施舍，与他人相交，推诚相见。匈奴五部的豪杰都纷纷投奔到他帐下，连幽州、冀州的知名儒生、杰出人士都不远千里投靠他。

永熙元年（290），司马衷继任皇帝后，刘渊先后出任建威将军兼五部大都督以及宁朔将军兼任监五部军事。

诸王混战，天下大乱，盗贼蜂起，中原逐渐走向失控。左贤王刘宣等人秘密商议打着复兴汉朝的旗号反晋，推举刘渊做大单于。他们派呼延攸到邺城，将密谋内容告诉刘渊。刘渊心动了，借口回故地给同族长辈送葬，向成都王请假。成都王没答应。刘渊只好让呼延攸先回去告诉刘宣等人，招集五部部众，会同宜阳诸多胡人，宣称响应成都王，为叛变做准备。

永安元年（304），司马越、陈眕等人征讨成都王。成都王任命刘渊为代理辅国将军，负责北城防守诸事务。刘渊发现司马腾、王浚等人的军队中有鲜卑人、乌桓人助战，便趁机向成都王提出回去率匈奴人来助战。成都王所部当时处于劣势，非常高兴地任命刘渊为北部单于、参丞相军事。刘渊回到左国城，宣布就任大单于，定都离石。

不久，王浚派祁弘率鲜卑军进攻邺城。成都王战败，挟持皇帝逃到洛阳。刘渊准备派兵去讨伐鲜卑军。刘宣等人坚决劝阻，还煽动匈奴人仇恨晋朝，鼓吹复兴匈奴霸业，还说上天赐予了他们消灭晋朝的机会。刘渊的雄心壮志被激活，决定以汉朝刘氏外甥的身份，打着"为汉朝复仇"旗号，趁中原混乱机会起兵反晋。

刘渊不再想着去救助成都王的事，而是积极准备称王。永安元年（304），刘渊在左国城南郊筑坛设祭，自称汉王，赦免境内囚犯，建年号元熙，追尊刘禅为孝怀皇帝，建造汉高祖以下三祖五宗神位进行祭祀，册立妻子呼延氏为王后，署置百官，任命刘宣为丞相，以崔游为御史大夫，宗室刘宏为太尉，其余人授官各有等差，国号为汉，史称匈奴汉、汉赵、前赵。

诸王在中原混战，刘渊在左国城称王建国。并州刺史是东嬴公司马腾。当时，他正在全力支持东海王司马越攻击成都王。得知匈奴人起兵，司马腾大吃一惊，急忙派聂玄率晋军前去镇压。在大陵[①]，刘渊

---

① 大陵，位于今山西文水。

率匈奴汉军打败聂玄所部晋军。司马腾担心遭到匈奴汉军进一步攻击，率并州两万多户百姓逃到山东避祸。他们一路到处侵犯、骚扰。刘渊决定乘胜进攻，派刘曜率匈奴汉军接连攻下太原、泫氏、屯留、长子、中都等地。

永兴二年（305），刘渊派匈奴汉军攻打司马腾。司马腾向鲜卑拓跋部首领拓跋猗迤请求援助。卫操劝说拓跋猗迤率鲜卑军帮助司马腾。拓跋猗迤率几千轻装骑兵去救援司马腾，杀死汉赵将领綦毋豚。同年，司马腾又派遣司马瑜、周良、石鲜等人讨伐匈奴汉军，驻扎在离石汾城。刘渊派刘钦等人率匈奴汉军迎战司马瑜等人所率晋军。四次交战，司马瑜所部晋军都被击败。刘钦整顿匈奴汉军，凯旋回师。

同年，离石发生大饥荒，刘渊率匈奴汉军迁居黎亭（今山西长治一带），以便食用囤积在邸阁的粮食。刘渊留下刘宏、马景率匈奴汉军守离石，派卜豫运送粮食供给他们。接着，他任命刘景为使持节、征讨大都督、大将军，率匈奴汉军在版桥截击刘琨所部晋军，结果被刘琨所部晋军击败。刘琨率晋军进据晋阳（今山西太原）。

刘殷、王育劝刘渊抓住机会平定河东，建立皇帝名号，向南大举进军，攻克长安，将它作为国都，再率领关中兵众席卷洛阳。刘渊采纳建议，率匈奴汉军进据河东，攻占蒲阪（今山西永济）、平阳，进入蒲子（今山西隰县），将蒲子作为都城。河东、平阳属县各垒壁都投降归顺。

汲桑曾追随成都王司马颖，与东海王有死仇。在成都王死后，永嘉元年（307），汲桑在赵魏起兵反晋，自称大将军，任命石勒为扫虏将军，攻打郡县，释放囚徒，攻占邺城，杀死司马腾。匈奴汉势力坐大后，汲桑及石勒等人却对晋军作战失利，转而投降匈奴汉。刘渊一一授予他们官职。上郡四部鲜卑陆逐延、氐族酋长单征、东莱人王弥也都率部相继投降匈奴汉。

刚好这一年晋朝换了新皇帝，大单于、汉王刘渊准备称帝。此时，晋朝却因东海王司马越的一番操作，天下臣民都为之心寒。

原来，汲桑起兵反晋后，以安葬成都王为借口，用车载成都王的牌位，围攻邺城。司马腾轻敌，认为"汲桑那个小贼寇，不值得忧虑"。汲桑派李丰等人率军攻城，司马腾守不住，率轻装骑兵逃跑，被李丰追杀。邺城陷落，汲桑所部准备向南进攻兖州。东海王得知消息大惊，命令苟晞率晋军去讨伐汲桑所部。苟晞率晋军相继击败石勒所部和汲桑所部。冀州刺史丁劭又趁机率晋军，再次击败刚重整的汲桑所部。汲桑率领残部慌忙逃走。汲桑素来畏惧苟晞，在接连失利后，带着石勒等人投降刘渊。

苟晞率军击败汲桑等人围攻邺城后，因巨大功劳，出任抚军将军，都督青州、兖州诸军事，封东平郡侯。更重要的是，苟晞是当时极少数能率晋军追着反军打的将领，威名鹊起，时人将他比作韩信、白起。东海王越来越感觉不舒服，因为他弟弟及几个儿子不久前都死于汲桑手下。苟晞的成功似乎衬托着他弟弟及儿子们的无能。

没过几天，河南尹潘滔挑拨说："您应当亲自监管兖州的。兖州地处军事要冲。苟晞又是有大志的人，不会甘愿一生只做臣子。他长期统领兖州这个重要地区，一旦生变，后果就会很严重。"

东海王一听，觉得有道理，此前考虑欠妥，便宣布自任丞相兼任兖州牧，改任苟晞为青州刺史、假节、都督青州诸军事，征东大将军、开府仪同三司、加侍中，封东平郡公。苟晞到手的兖州变成一堆虚职，严重不满，从此发誓与东海王势不两立。

除此之外，东海王司马越还做了一件得罪世族门阀的事。清河王司马覃年龄不大，却具有一而再再而三被册立为太子的传奇经历，受皇室以及世族门阀关注。永嘉元年（307），东海王毒死皇帝司马衷，拥立司马炽为皇帝，继续掌控朝政大权。同年十二月，陈颜等人谋划再次拥立司马覃为太子。事情泄露，司马越假传圣旨将司马覃囚禁在金墉城。永嘉二年（308）二月，司马覃被杀，时年十四岁。此事导致一部分朝臣和世族门阀十分不满。东海王搞得晋朝内部离心离德。

永嘉二年（308），匈奴汉王刘渊正式称帝，大赦境内囚犯，改年号永凤。他任命刘和为大司马，封梁王，刘欢乐为大司徒，封陈留王，呼延翼为大司空，封雁门郡公，宗室中以亲疏为等级，皆封郡县王，异姓中根据功劳、谋略的等级封郡县公侯。与晋朝分庭抗礼的新王朝诞生。

在宣于修之建议下，刘渊将匈奴汉的都城迁到平阳。不久，刘渊命令刘聪、王弥率匈奴汉军进攻洛阳，刘曜、赵固等人率匈奴汉军作为后继。东海王派平曹武、宋抽、彭默等人率晋军迎战。晋军大败。刘聪等人率军迅速攻到宜阳。司马模派淳于定、吕毅等人率晋军从长安出发讨伐刘聪所部匈奴汉军。双方在宜阳决战。淳于定等人所部晋军大败。匈奴汉军主帅刘聪依仗连续取得的胜利，骄傲轻敌，没有设防。垣延假称投降，趁夜率晋军偷袭匈奴汉军。刘聪所部匈奴汉军大败而回。洛阳之围解开。晋朝暂时转危为安。

永嘉二年（308）冬，刘渊再次征发士兵，派刘聪、王弥、刘曜、刘景等人率五万精锐骑兵进攻洛阳，派呼延翼率步兵接应。在黄河南面，匈奴汉军打败晋军。刘聪率匈奴汉军继续前进，驻扎在洛阳西明门。贾胤乘夜率晋军接近匈奴汉军。在大夏门大战中，晋军斩杀匈奴汉将领呼延颢，击溃了呼延颢所部。

刘聪率匈奴汉军向南撤退，在洛水构筑壁垒。不久，他们又进驻宣阳门。刘曜率部驻扎在上东门，王弥率部驻扎在广阳门，刘景率部攻击大夏门，刘聪亲自到中岳嵩山求神，命令刘厉、呼延朗等人负责指挥留守的匈奴汉军。这一次，东海王抓住战机，命令孙询、丘光、楼衷等人率三千勇士，从宣阳门攻击，成功斩杀匈奴汉将领呼延朗。

刘聪得到消息，快马赶回。刘厉因害怕刘聪治罪，投水而死。王弥劝刘聪说："现在既然失利，洛阳又非常牢固，您不如回师，以后再慢慢地图谋。我当在兖州、豫州之间招募兵士，收聚粮食，以等待进攻的日期。"宣于修之又劝刘渊说："现在晋朝的紫气还很盛，大军不回，必定失败。"刘渊派傅询快马去召刘聪等人率军回师。

王弥所部从轘辕撤出时，东海王派薄盛等人率晋军追击。双方在新汲大战，王弥所部匈奴汉军又大败。刘渊整顿军队，防守蒲阪，不久又回平阳。

匈奴汉与晋朝陷入对峙状态之中。如何打破对峙状态，获取优势，检验着双方决策人。

二、宁平事件，永嘉之变

晋朝和匈奴汉进入战略相持阶段。双方决策者都在苦思冥想破解之道。匈奴汉皇帝刘渊通过升官晋爵方式，鼓励将帅们努力作战，力争打败晋军。而实际掌控晋朝的东海王司马越根本没想破局之道，将精力放在打击异己分子和加强自身权威上。这决定了匈奴汉和晋朝最终的结局。

东海王全身心考虑率部驻扎在哪里更安全、更有利于控制朝廷一些。他三次更换驻扎地，给朝臣以及世族门阀的印象，不是在全力解决国家危机，而是不断地寻找安全躲避场所。他越来越令人失望。

当时社会混乱，中原存在一个特殊群体——乞活军。乞活军是活跃于黄河南北的汉族流民武装集团，是非常凶猛强劲的农民队伍，也是特定历史时期的特殊产物。乞活军既不是官方招募的，也不是民间自发的，兼具官方、民间特质——它是由官方组织起来的集体流民，是流民中团结力最强、活动范围最广、历时最长久的队伍。乞活军最基本的目标是乱世中乞求活命自保，基本成员是汉族流亡农民，也有少部分原并州官吏、士大夫、士兵，甚至在战乱年代失去土地家财的世族门阀子弟。

对这样一支队伍，无论是匈奴汉，还是晋朝，都可以争取为己方利用。尤其是晋朝，在外族入侵背景下，是有足够理由招纳乞活军的。东海王没意识到这一点，还以高高在上的姿态召命田甄等各路乞活军。乞活军之所以产生，原本就跟朝廷一些政策有关。东海王的高姿态非常容易引起乞活军反感。

毫不意外的是，田甄不接受命令，不愿意接受收编。东海王也毫不犹豫，派军讨伐田甄所部乞活军。田甄所部乞活军战败。田甄逃往上党，他的部众投降。这一战，东海王看似取得了胜利，但带来的结果很悲催，其他各路乞活军从此要么投靠匈奴汉，要么在晋军与匈奴军作战时处于观望态度，谁都不依靠，集体组团自保。

　　在乱世中，为了生存自保，世族门阀也不得不组建私人武装，或者将乞活军收编成私人武装。私人武装崛起，成为社会普遍现象。于是，谁的势力强大起来，那些私人武装集团就投靠谁，等其势力衰败后，迅即转投另一个势力更强的。因为他们唯一的目的就是抱团自保。晋朝在中原的统治基础就这样无声无息地瓦解了。

　　永嘉三年（309），东海王从荥阳回到洛阳，将太学作为府第。太学是古代国立最高学府。晋朝非常重视太学。司马炎当皇帝时，太学生有三千人。按照当时规定，太学生试经及格的出任郎中。晋朝世族门阀占绝对统治地位。除太学，还为五品以上官僚子弟专设国子学。国子学和太学并立，国子学生主要是世族门阀子弟，太学生主要是下层士人。司马越此前一些举动，难免遭到太学生议论，在直接占领太学后，太学生的学习生活受到明显影响，当然免不了议论和谩骂东海王。

　　东海王不愿意跟那些来自中下层的太学生计较，但怀疑朝臣中有人给太学生撑腰，背叛自己。他看一个叫王延的不顺眼，就诬陷王延等人密谋作乱。皇帝司马炽只好下诏将王延等人处死。此事后，很多朝臣噤若寒蝉。

　　不久，因与苟晞有宿怨，东海王又找借口奏请罢免有爵位的宿卫。殿中诸将皆封侯，一律被罢免。殊不知，这些有爵位的宿卫大多是出自世族门阀。东海王诛杀王延，罢免宿卫，大失众望，引起众人不满。许多原本持有观望态度的世族门阀转向抵触东海王。

　　刘渊封官奖励诸位将领努力作战，并未改变局势。永嘉四年（310）七月，刘渊生病，准备嘱托后事，任命刘欢乐为太宰，刘洋为太傅，刘延年为太保，刘聪为大司马、大单于，统领尚书事务，在平阳西部建造单于台，任命刘裕为大司徒。刘渊病重，召刘欢乐和刘洋等人到宫禁中接受遗诏，拥立太子刘和继位，辅佐朝政。

刘和继位，匈奴汉的形势更不容乐观。刘和的能力和威望并不突出，他弟弟楚王刘聪、齐王刘裕、鲁王刘隆、北海王刘乂都在外统率军队。永安王刘安国兼任右卫将军，安昌王刘盛、安邑王刘钦、西阳王刘璿兼任武卫将军，分别统率禁军。内外军权都掌握在宗室手中。

呼延攸和西昌王刘锐被排除在辅政大臣外，心里不满，对刘和说："四个宗王在外统率军队，四个宗王在朝廷统率禁军，您成为被架空的傀儡啊！希望您早作打算。"

刘和本来就没安全感，听罢此话，更加害怕。呼延攸趁机建议皇帝命令统率禁军的"四王"去消灭在外统率军队的"四王"。刘和召来刘钦、刘盛、刘璿、刘锐以及呼延攸、马景等人，令他们率军去消灭在外统率军队的"四王"。

刘盛不解，说："先帝死了，还没下葬，四王也没有变节，一旦自相残杀，天下人会怎么看呢？统一大业还没成功！皇上不要听信小人挑拨离间的谗言，不要疑忌兄弟。兄弟尚且不能相信，那还有谁值得相信呢？"

刘盛刚说完，刘锐和呼延攸就相继指责他："今天商议出兵的事，不要扯其他不相关的。你说的什么话？想造反吗？"没等刘盛争辩，呼延攸就令随从把他杀了。见此，皇帝刘和也不阻拦。

与会者非常害怕，只得听从皇帝的旨意，约定一起出兵攻打四王。根据商议结果，刘锐负责率军攻打在单于台的楚王，呼延攸负责率军攻打齐王，侍中刘乘负责率军攻打鲁王，田密、刘璿负责率军攻打北海王。皇帝刘和不得人心。田密、刘璿等派人偷偷投奔楚王。

楚王刘聪提前得到密报，做好充分准备。刘锐得知楚王已做好准备，下令撤军，与呼延攸、刘乘一起去攻打齐王、鲁王。楚王趁机率军从西明门攻进皇宫，杀掉皇帝刘和。随后，他又杀掉刘锐、呼延攸、刘乘等人。

群臣请求楚王继位。楚王说北海王刘义是单皇后的儿子，应让他继位。北海王尚未成年，又亲眼看到皇帝刘和的下场，坚决请楚王继位。楚王答应等北海王长大后将皇位还给他，宣布登基，册立北海王为皇太弟。楚王长子刘粲被任命为河内王、抚军大将军，都督中外诸军事。

刘聪当皇帝后整顿兵马，准备第三次出兵进攻洛阳。晋朝实际掌控人东海王依旧没走出困境，没能做好相关应对策略，反而进一步出昏招，导致晋朝内部进一步走向分裂。

因匈奴汉军时常侵扰，朝廷内外很多大臣对东海王不满。为扭转局势，加强自身威望，东海王身穿戎服入见皇帝，请求下圣旨派他率军去讨伐石勒所部，并召集兖州兵、豫州兵，命令他们救援京师。司马炽一一批准。

东海王司马越留下裴妃、世子司马毗，何伦、李恽等人率军负责守卫京都洛阳，以行台自随，率四万精锐晋军向东，到项县驻扎。

晋朝文武大臣以及世族门阀没人相信东海王率军迎战匈奴军，几乎都认定他是以出征名义躲难去。王公卿士纷纷随从东海王一起去项县，以致洛阳皇宫都没人守卫，饥荒导致皇宫里饿死不少人，尸骸交错。

面对窘境，东海王逼着皇帝下诏给他加九锡，同时传羽檄到四方，命令各地守将率军、带着军粮，来洛阳保卫皇宫。结果，没有一个地方派军队赶来保卫皇宫。东海王带走洛阳的护卫军，皇帝留在洛阳没人护卫，粮食也非常短缺。

就在这不久前，潘滔、刘望等人诬陷苟晞。苟晞非常愤怒，上表请求斩杀潘滔等人，也请东海王派刘洽出任他的军司。东海王一概拒绝。苟晞便与东海王正式决裂，在属下各州郡宣告自己的战功，陈述东海王的罪状。

东海王率军离开洛阳，导致皇宫都没人护卫，还饿死不少人，苟晞趁机上表皇帝，请求派他率军征讨东海王所部。东海王声威江河日下。司马炽也对东海王非常不满，下诏支持苟晞。

当时王弥和石勒率匈奴汉军不断攻城略地。司马炽支持苟晞率军征讨东海王，但前提条件是，先率军打退王弥和石勒所率匈奴汉军。曹嶷正率匈奴汉军攻打青州，负责留守青州的晋军将领苟纯闭门固守。曹嶷集结匈奴汉军兵力，连营数十里。苟晞接到皇帝命令后，率军赶去与曹嶷所部匈奴汉军作战，成功将曹嶷所部击败。

永嘉五年（311）正月，苟晞再选精锐军队与曹嶷所部匈奴汉军作战。因大风扬起风沙，苟晞所部晋军战败。苟晞弃城夜逃时，遭到曹嶷所部匈奴汉军追击。苟晞部众都向曹嶷所部投降。苟晞率少数人逃到高平，在当地招募数千士兵后，继续抗击匈奴汉军。

就在此时，司马炽秘密下诏任命苟晞为大将军，宣布东海王的罪状，要求各方讨伐他。东海王也截获诏命，便宣布苟晞的罪状，命令杨瑁、裴盾率军讨伐苟晞所部。苟晞派军收捕河南尹潘滔。潘滔成功逃脱。不过，苟晞斩杀了刘曾、程延等曾经诬告他的人。

东海王掌权以来，诛杀忠良，排除异己，不臣之心引起世人不满，加上匈奴等独立政权势力愈来愈大，地方越来越失控，又与苟晞数度交战，内部争斗不绝。面对内忧外患，他忧惧成疾。

东海王看了皇帝讨伐他的诏书，得知刘曾、程延等人被苟晞杀死，急火攻心，在当年三月病死于项城。不久，裴盾等人被王桑杀死。皇帝任命苟晞为大将军、大都督，督青、徐、兖、豫、荆、扬六州诸军事，将挽救时局希望寄托在苟晞身上。

东海王司马越病死在军中，他的亲信密友太尉王衍决定秘不发丧，任命司马范为大将军，负责统率东海王旧部，然后护送东海王的尸体回东海国安葬。一直盯着东海王所部的匈奴汉将领石勒得知消息，率军紧追不舍。在苦县宁平城，石勒率军追上司马范所率的晋军。

司马范派钱端率晋军迎战石勒所部匈奴军。一番死战后，钱端所部溃败。石勒趁机率匈奴骑兵围着溃败的十万晋军用弓箭肆意射杀。

经过一场大杀戮后，十多万晋军将士、王公大臣、世族门阀、士兵和庶民死在一起，尸体堆积如山。跟随在司马越身边的大臣、世族门阀几乎全被歼灭。晋朝遭到最根本性的打击。

石勒下令焚烧东海王的灵柩。王璋率匈奴汉军焚杀晋军残余部众。留守在洛阳的何伦、李恽得知东海王死的消息后，侍奉裴妃及世子司马毗从洛阳逃出。他们一行到洧仓（今河南鄢陵）不久，从苦县（今河南鹿邑）宁平城赶过来的石勒所部匈奴汉军将他们包围起来。一行人中，司马毗及三十六宗王都被杀。裴妃等女眷被匈奴人掳去为奴隶。

世子司马毗一行人逃出洛阳时，将皇帝丢下不管。大将军苟晞见洛阳正有饥荒，四周也战争不断，上表请求迁都仓垣（今河南开封一带），派刘会率数十艘船，五百宿卫和一千斛谷粮，护送皇帝迁都。司马炽答应迁都，朝中官员因害怕潘滔，不肯迁都，宫中人员也贪恋宫中财宝，不愿离开。司马炽最终决定到仓垣，但因没足够士兵守卫，出宫不久就被盗贼掠夺，被迫折返。这次折返导致他最终直接被匈奴汉军俘虏。

原来，匈奴汉皇帝刘聪即位后三个月，派刘曜、王弥、刘粲率军进攻洛阳，与石勒在大阳会师后，在渑池击败裴邈率领的晋军。匈奴汉军入洛川，掳掠梁、陈、汝南、颍川之间大片土地，攻陷一百多个壁垒，为围攻洛阳做好外围准备。

永嘉五年（311），刘聪派呼延晏率两万七千人进攻洛阳。行军到河南时，呼延晏所部就已十二次击败抵抗的晋军，杀三万多人。刘曜、王弥、石勒都奉命与呼延晏所部会合。在刘曜等人未到时，呼延晏率军先行进攻洛阳城，攻陷平昌门，焚烧东阳、宣阳诸门及诸府寺。司马炽派刘默率晋军抵御，被击败。呼延晏因后续军队还没到，从东阳门撤出，又在洛水焚毁司马炽准备出逃用的船只。

刘曜、王弥等人率军到达后，与呼延晏所部一起再次攻进洛阳城。攻陷宣阳门后，王弥、呼延晏率军攻入南宫太极殿，纵兵抢掠，尽收晋朝宫中宫人和珍宝。刘曜率军大杀官员和宗室三万余人。

皇帝司马炽在逃往长安途中被俘，太子司马诠被杀。司马炽被送往平阳，刘聪任命他为仪同三司，封会稽郡公。洛阳城被攻陷，司马炽被俘的悲剧事件史称"永嘉之变"。中原局势变化巨大。

三、血腥杀戮，以暴制暴

洛阳被攻陷，皇帝被俘虏，这是晋朝继苦县宁平城悲惨事件后又一重大悲惨事件。

在刘曜率军攻破洛阳时，豫章王司马端、和郁等人逃出洛阳，投奔大将军苟晞。大将军苟晞设置行台，拥立司马端为太子。司马端又以太子身份，任命大将军苟晞兼任太子太傅、都督中外诸军、录尚书事。

苟晞有在危急时刻恶心东海王的能力，却没力挽狂澜的能力。他出身寒微，身居重臣却十分自满，蓄养婢女千人、侍妾数十，纵情享乐，刑罚和施政都苛刻。都面临亡国了，执掌权力的苟晞还是继续纵情享乐，不注意团结臣僚一起救亡图存。阎亨谏止苟晞，遭杀。明预抱病见苟晞，以尧舜和纣王的对比劝谏。苟晞面有愧色。

当时人心已离，无人再为苟晞效命。部将温畿、傅宣都已叛离。石勒率匈奴汉军攻灭王赞所部晋军后，又袭击了苟晞所驻的蒙城。苟晞和太子司马端被俘虏。苟晞和王赞图谋反叛石勒，准备投靠琅琊王司马睿，被石勒安排的卧底发现后，将他们射死。司马端后事不详，莫名消失在历史长河中。

司马炽被俘虏后，守卫蒲坂的赵染叛晋归降匈奴汉，被任命为平西将军。刘聪派赵染、刘雅率两万骑兵攻打镇守长安的司马模，又命令刘曜、刘粲率匈奴汉军作为后继。

永嘉元年（307），司马模转任为征西大将军、开府、都督秦雍梁益四州诸军事，代替已经去世的河间王镇守关中。当时，关中地区发生严重饥荒，出现人吃人现象，再加上疾病瘟疫，盗贼公然作恶。司马模的力量不能控制，便把铜人、钟鼎铸成炊具来换粮食。东海王上表朝廷征召司马模回朝担任司空，派傅祗代替司马模镇守关中。淳于定劝说司马模不要接受征召。司马模采纳淳于定的建议，不赴征召，上表派司马保为西中郎将、东羌校尉，镇守上邽。裴苞拒绝司马保到任。司马模派陈安率军攻打裴苞。裴苞逃到安定。贾疋率郡人迎接裴苞。司马模派谢班率军讨伐贾疋。贾疋逃到卢水。同年，司马模进任为太尉、大都督。

得知赵染投降匈奴汉并率匈奴军来进攻长安，司马模派淳于定率晋军前去抵御。淳于定所部晋军被赵染所部匈奴汉军打败。众人背叛逃离，仓库空虚。韦辅劝司马模说："事情紧急，早降可以免难。"司马模听从韦辅的建议，便投降赵染。赵染脚朝前坐着，捋起袖子，数落前主子司马模的罪名，还把司马模送到河内王刘粲那里。刘粲下令将司马模杀死。

司马模被杀死，关中一些尚在抵抗匈奴汉军的人更坚定了抵抗信心。不久，梁综、竺恢、贾疋、麴特等人率军同时反击，刘曜所部匈奴汉军连战皆败，困于长安。永嘉六年（312），刘曜见战局不利，不得不率军退出长安，撤回平阳。晋军暂时在关中占据优势地位。

永嘉六年（312）初，刘聪派靳冲、卜珝率军包围并州治所晋阳。并州刺史刘琨见形势危急，派人向鲜卑拓跋部首领拓跋猗卢求救。拓跋猗卢率鲜卑军急忙赶到并州城下营救，靳冲、卜珝见攻下晋阳没任何希望，在与鲜卑军作战失败后，率军撤离晋阳城。

不久，令狐泥因父亲令狐盛被刘琨杀害，出于报仇目的，投奔匈奴汉军，并说出晋阳城内真实情况。刘聪十分高兴，派刘粲、刘曜率匈奴汉军攻晋阳，由令狐泥作向导。刘琨得知匈奴汉军又来攻后，到中山郡和常山郡招兵，派人向鲜卑拓跋部求救；同时派张乔、郝诜率一支晋军前去阻击匈奴汉军。张乔、郝诜都失败而死。刘琨便放弃晋阳逃走。刘曜、刘粲率军占领晋阳。不久，拓跋猗卢亲自率鲜卑军与刘琨所部晋军，一起反攻晋阳。刘曜、刘粲兵败，唯有弃守晋阳。撤走时，他们又遭拓跋猗卢所部鲜卑军追击。在蓝谷激战中，刘粲所部匈奴汉军大败，晋阳得而复失。

司马炽被掳到平阳后，刘聪任命他为特进、左光禄大夫、平阿公，后来改封会稽郡公。刘聪曾与司马炽回忆昔日与王济造访他的往事，也谈到西晋八王之乱、宗室相残的事。刘聪谈得十分高兴，赐小刘贵人给司马炽。永嘉七年（313）正月，刘聪与群臣宴会中喝酒，突然命令司马炽以青衣行酒。晋朝旧臣庾珉、王俊见此，忍不住心中悲愤而号哭。刘聪对此十分厌恶。当时，有人流传庾珉等会作刘琨的内应，帮助他攻取平阳。一怒之下，刘聪下令杀害司马炽以及庾珉等十多个晋朝旧臣。这一事件深深刺激了晋朝臣民。

早在永嘉五年（311），洛阳和长安先后被匈奴汉军攻占，司马模也被杀。索綝闻讯后哭着说："与其在此死去，不如当个伍子胥。"索綝、曲允等人一同出赴安定，投奔贾疋。在路上，索綝一行遇上贾疋派往匈奴汉的人质，与人质一同到安定。索綝、曲允等人与贾疋共谋复兴晋室，举兵五万进攻长安。

及后，索綝率军营救响应他们的新平太守竺恢。经过数百次大小战事后，他生擒匈奴汉将领李羌，击退匈奴汉军。同时，贾疋等人也大败匈奴汉军，进围长安。阎鼎护送秦王司马邺入关中，并在次年匈奴汉军撤出长安后迎秦王入城，与贾疋等人奉秦王为皇太子，建立行台。

在当年，以太子詹事总掌行台事的阎鼎与梁综争权，将梁综杀害。索綝、麹允等人也想专权，借口阎鼎擅杀大臣，组成联军讨伐他，将他赶走。不久，阎鼎被杀。

司马炽被杀消息于永嘉七年（313）四月传到长安。太子司马邺在长安即位为皇帝，即晋愍帝。索綝出任侍中、太仆。不久，索綝出任卫将军、领太尉，位特进，全权处理军政大事。

刘聪又派赵染、刘曜、乔智明、李景年等人率军进攻长安。他们多次击败在黄白城①抵抗的麹允所部晋军。赵染率匈奴汉军乘夜攻进长安外城，纵火抢掠，至天亮才撤出长安。索綝率晋军援助麹允所部。在战斗中，索綝率晋军打败呼延谟所部匈奴汉军。麹允最终也率晋军击败刘曜所部匈奴汉军，解除危机。

西晋建兴二年（314），刘聪再派刘曜、赵染出兵进攻长安。索綝再次率晋军抵抗，在新丰对抗赵染所部匈奴汉军。当时，赵染轻视索綝，以数百名轻骑兵攻击索綝所部晋军，终被索綝所部晋军击败。赵染单骑逃走。不久，刘曜、赵染、殷凯率军再攻长安，在冯翊击败麹允所部晋军。当晚，麹允率晋军夜袭匈奴汉军营，一举击败刘曜所部匈奴汉军。赵染中流矢而死。

随后，刘曜率军到怀县，转攻郭默所部晋军。郭默想投奔李矩。此时，刘琨派参军张肇率五百鲜卑骑兵欲救长安，但道路不通，正准备退还，路过李矩所部军营。李矩说服张肇率鲜卑骑兵进攻刘曜所部匈奴汉军。匈奴汉军看见鲜卑骑兵，不战而走。刘聪见进攻长安不成，就决定先消灭刘琨所部晋军，命令刘曜撤军。

西晋建兴三年（315），在襄垣，刘曜率匈奴汉军击败刘琨所部晋军，并准备进攻阳曲。此时，刘聪又认为要先攻取长安，命令刘曜撤军回蒲阪。数月之后，刘聪派刘曜率匈奴汉军进攻北地。刘曜所部匈奴汉军先破冯翊，后攻上郡。麹允率晋军在灵武抵抗，因兵少，不敢主动反击。

司马邺派麹允率晋军抵御刘曜所部匈奴汉军时，任命索綝为尚书仆射、都督宫城诸军事。面对一直进攻的刘曜所部匈奴汉军，麹允却不敢率军进攻。当时，麹允准备奉皇帝到司马保那里。索綝认为，司马保有皇帝在手后，就会因私心为所欲为。在索綝反对之下，麹允的想法没实行。

西晋建兴四年（316），刘曜率匈奴汉军进围长安。附近诸郡都派

① 黄白城，今陕西省三原县西阳镇武官坊。

军救援，但都不敢主动进攻。皇帝司马邺屡次借兵，司马保派胡嵩率军救援，还在灵台击败刘曜所部匈奴汉军。胡嵩随后就担心，一旦助司马邺击败刘曜所部匈奴汉军，就会助长麴允和索綝的威势，便退兵不再进攻。

刘曜因而得以率匈奴汉军攻占长安外城，逼皇帝与索綝、麴允等人退守长安小城自保。在刘曜所部匈奴汉军围困下，长安小城内闹了饥荒，人吃人，死亡和逃走的人很多，只有一千多名凉州义兵仍在坚守。当时，连皇帝都缺乏粮食。在死守两个月后，司马邺派宗敞向刘曜投降。

不久，司马邺出降。索綝、麴允等人随司马邺被押送到平阳。晋朝在中原的朝廷正式灭亡。司马邺被任命为光禄大夫、怀安侯。

前赵麟嘉二年（317），刘聪出猎时，命令司马邺穿戎服执戟作前导。晋朝故老哭泣。后来，刘聪又命司马邺做行酒、洗爵和执盖等仆役工作。晋朝旧臣又流泪哭泣。刘聪下令杀司马邺。就这样，刘聪亲手杀了晋朝两位皇帝。

公元317年是历史分水岭的一年。在建康①的琅琊王得知消息，即晋王位，改元建武，又在建武二年（318）即皇帝位，改元太兴，在江南重建晋朝，史称东晋。而灭亡晋朝在中原的朝廷后，刘聪也在东晋建武二年（318）病死。他儿子刘粲继位。匈奴汉内讧接踵而来，陷入"以暴制暴"夺取皇权的恶性循环之中。

靳准因女儿得宠于刘粲，逐渐窃取匈奴汉朝政大权，不久发动政变，杀死刘粲，将居于平阳的匈奴刘氏宗室无论少长都杀掉，自号大将军、汉天王。刘曜在长安继位，随即率军进攻平阳，消灭靳准。在消灭靳准过程中，刘曜与石勒产生矛盾。刘曜称帝建立前赵，石勒称天王，建立后赵。前赵与后赵争霸中原多年，逐渐处于下风。前赵光初十一年（328），在洛阳城西，刘曜率前赵军与石勒后赵军决战，不

---

① 建康，即建业，晋灭吴后，建业改名建康，其故址在今南京。

幸被俘。

前赵太子得知消息，直接放弃长安，逃到上邽。关中大乱，各地官兵都弃守，去跟随太子。没多久，前赵将领献出长安城，归降后赵。石勒非常高兴，派石虎率军继续攻击前赵余部。前赵一众王公大臣都被俘虏。同年，石勒杀死刘曜，前赵灭亡。除前凉、段部鲜卑辽西国及慕容鲜卑辽东国外，后赵几乎占领整个中原。

东晋咸和五年（330）二月，石勒自称大赵天王，设立百官，分封宗室。九月，石勒正式称帝。第二年，石勒到邺城，营建新宫作为都城。后赵建平三年（332），石勒死后，后赵陷入暴力争夺皇权的恶性循环中。

权臣石虎勾结鲜卑人，杀掉石勒儿子以及重要大臣，于后赵延熙元年（334）自称居摄天王，于后赵建武四年（338）自称大赵天王。石虎奢侈残暴，在后赵太宁元年（349）正月，石虎称皇帝，同年四月病死。石虎子孙之间又展开大杀戮。

一番血拼后，石虎义子汉人冉闵牢牢控制后赵皇帝石鉴。后赵青龙元年（350）二月，冉闵废黜石鉴，杀石鉴以及石虎三十八个子孙，将石氏灭族。冉闵登基称帝，大赦天下，改年号永兴，国号大魏，史称冉魏。

宗王石祇在襄国称帝，与后赵不满冉闵的官僚一起，反扑冉闵。冉闵率军与后赵残余势力血拼，虽然最后取得胜利，但实力已经被耗尽。慕容恪率前燕军趁机进攻冉魏。冉闵率军反击前燕军时，寡不敌众，战马累死，被擒杀。冉魏政权灭亡。

匈奴人消灭晋朝在中原的政权后，陷入以暴制暴循环中。这以暴制暴循环的三十年，不仅给鲜卑等少数民族登上历史舞台的机会，也给了在江南重建的晋朝历史机遇。

第十二章　王与马，共天下

位高权重的王衍将保全家族放在第一位，提前安排王导和王敦辅佐司马睿。王导充分发挥政治能力，王敦充分发挥军事才干，辅佐司马睿在永嘉之变后重建晋朝。世族门阀架空晋朝皇室，奠定东晋政治的基本格局。

一、衣冠南渡，重建晋朝

东海王司马越赢得诸王混战，却将晋朝江山给丢掉了。虽然他没看到晋朝皇帝、宗室、贵族、世族门阀遭匈奴人大肆屠杀的一幕，但他也是因面对局势无可奈何而病死的。

司马越死后，包括王衍在内的大批世族门阀被石勒杀死。这给晋朝的北方世族门阀造成巨大打击。一些残存的世族门阀纷纷寻找出路，一部分人组建私人武装自保，一部分人西逃凉州，一部分人北逃到对中原人友好的鲜卑部落，更多人南逃到尚在晋朝控制中的江南。其中，晋朝人南逃到江南的迁徙行为，史称衣冠南渡。

在诸王混战时期，东海王与成都王对峙，互有胜负。后来，东海王率先雇佣鲜卑军参战，与世族门阀琅琊王氏子弟王衍紧密合作。王衍是玄学清谈领袖。晋朝流行玄学清谈。王衍的声望如日中天，成为世族门阀公认领袖。王衍全力支持东海王。很多崇拜王衍的世族门阀也跟着支持东海王。

东海王司马越是司马懿四弟司马馗的孙子，是宗室远亲，相对成都王等宗王，身份没号召力。与声名显赫的世族门阀王衍亲密合作后，他不仅击败皇族内其他强劲对手，还牢牢掌控晋朝军政大权至死。

司马越出任太傅辅政时，王衍出任太尉。他对王衍几乎言听计从。王衍虽然没什么军事才干，也没提出能解决问题的战略方针，但很多琅琊王氏子弟进入东海王幕府任职，对东海王发家起了重要推动作用。

王衍位高权重，却不思为国，为在乱世中保全自己家族，他让弟弟王澄、族弟王敦分别出任荆州刺史、青州刺史。令人想不到的是，他与东海王"共天下"还不满足。见中原局势日益混乱，他还悄悄地在江南建立"后退基地"——请求让琅琊王司马睿与王导、王敦等人南下建康，提前经营江南。为稳定江南，使之成为中原的大后方，东海王同意王衍这项安排。

司马睿是琅琊武王司马伷孙子，琅琊恭王司马觐儿子，晋武帝司马炎侄子，皇室宗亲中的远支。他依附东海王，出任平东将军，监徐州诸军事，负责留守下邳。王导出身世族门阀琅琊王氏，是王衍同家族弟弟，年少时就风姿飘逸，见识器量，清越弘远，也在玄学清谈方面非常有造诣。

永熙元年（290），年仅十五岁的司马睿袭承琅琊王爵。同年，司马衷继任皇帝，无力驾驭政局，晋朝陷入频繁内斗中。在动荡险恶的环境中，出于皇室宗亲远支的琅琊王无兵无权。为避杀身之祸，他采取恭俭退让策略，尽量避免卷入斗争旋涡。

其他宗王忙于争夺朝政控制权，琅琊王却在结交朋友。在洛阳，琅琊王交结了同龄著名世族门阀子弟王导。王氏家族所在地是琅琊王封国，与东海国相邻。

琅琊王与王导关系密切，素来友善。王导已发觉天下动乱，决定全心全意辅佐意气相投的琅琊王，暗中立下兴复朝纲的志向。琅琊王也非常欣赏王导才干，非常信任器重他。两人成为好友，保持频繁联系。琅琊王住在洛阳时，王导总劝他尽快主动提出回琅琊国。

起初，朝廷征召王导出任东阁祭酒，后来召他出任秘书郎、太子舍人、尚书郎，王导都没到任。因王衍推荐，王导出任参东海王军事。

永兴二年（305），东海王起兵下邳，准备西迎皇帝，起用琅琊王为安东将军兼徐州诸军事，留守下邳，负责看管后方。琅琊王受命，趁机要求王导出任司马。东海王同意。琅琊王对王导委以重任，让他负责军事谋划。

永嘉元年（307），琅琊王出镇建康，王导跟着他南渡建康。琅琊王出镇建康后，面临一个巨大难题，那就是搞好与江南世族门阀的关系。晋朝兼并吴国后，江南世族门阀遭受排斥，进入朝廷做官比较困难，大多江南世族门阀子弟对晋朝不满。琅琊王能否在江南站住脚，取决于能否迅速赢得江南世族门阀支持。

琅琊王初到建康时，江南人不愿归附。他到建康已一个多月，无论是世族门阀，还是寒门庶族，没人来登门拜谒。王导为此事很焦急。他也认为，想要在江南建立以北方世族门阀为骨干的统治秩序，当务之急是笼络江南的世族门阀。他向琅琊王献策，一步步搞定江南世族门阀。

有一次，琅琊王要出去观看禊祭①。王导决定趁机让江南人看看琅琊王威仪。他让琅琊王乘坐豪华的舆，安排威严仪仗。随后，王导、王敦等北方来的世族门阀子弟，都身着豪华服装，骑马侍从。

当时，江南世族门阀纪瞻、顾荣等人混在人群中看热闹，见如此威仪后，感到惊异，情不自禁地在道路左边行拜礼。由于江南世族门阀对北方世族门阀非常崇敬。王衍是北方世族门阀领袖，王导也名扬天下。见王导、王敦等著名世族门阀子弟都对琅琊王毕恭毕敬，江南世族门阀便认定琅琊王有威仪、德望高。

江南世族门阀崇尚北方世族门阀，但它自成一个体系，也尊崇江南世族门阀名士为领袖。江南各阶层一举一动，都受江南世族门阀名士影响。

---

① 禊祭，古代的基本祭祀之一，在每个月的"除"日举行仪式进行祭祀，可以扫除恶煞、去旧迎新。每年有三十四个除日，但禊事多在春、秋的除日举行，一为气候温良，二是春种、秋收之际，此时祈求具有实际意义。

刚到江东时，王导常劝琅琊王克己垂范、励精图治。琅琊王越来越器重王导。王导趁机劝谏琅琊王："顾荣、贺循、纪瞻、周玘，都是南方名士，希望您能礼敬优待他们。"琅琊王表示愿意尽力重用江南有才华的人。王导又趁机说："顾荣、贺循都是江南最具名望的人，应当结交他们来收服人心。他们两人来了，就没有不来的人。"见王导推荐顾荣和贺循，琅琊王采纳建议，派他去拜访贺循和顾荣。

顾荣是江南世族门阀领袖。永兴二年（305），陈敏在历阳郡叛变，意图趁乱割据江东。顾荣不服陈敏，在永嘉元年（307）率军将他击杀。东海王掌控朝廷后，任命顾荣为侍中。顾荣等江南世族门阀一起去洛阳，在途中听说北方局势非常混乱，索性逃走。琅琊王镇守建康初，顾荣、纪瞻、陆玩等人都持观望态度。

王导是北方世族门阀大名人。顾荣和贺循虽然是南方世族门阀领袖，但依然对王导推崇至极。王导亲自拜访他们，他们感到非常荣幸，一切唯命是从，当即表示归顺。

顾荣来投奔，琅琊王以非常高的礼节接待他，经常询问他朝政事务。顾荣认为，唯有琅琊王才能镇住江东，保全江南世族门阀利益。他还认为，要想在江南稳定下来，先要赢得江南世族门阀名士支持。他推荐授予陆晔、甘卓、殷佑、杨彦明、谢行言、贺循及陶恭兄弟等人官职。司马睿全部采纳。江南其他世族门阀见此情况，也积极响应。

顾荣是江南世族门阀领袖，但没门第观念，世族门阀信赖他，一些寒族地主，甚至普通百姓也信赖他。顾荣全力支持琅琊王，江南其他世族门阀、寒族乃至百姓，也都支持琅琊王。

贺循是另一个江南世族门阀领袖。贺循节操高尚，童年时即异于常人，言行举止必定守礼仪、懂谦让，与纪瞻、闵鸿、顾荣、薛兼齐名，并称五俊。在江南，贺循有着其他人难以媲美的声望。

王导拜访贺循后，贺循接受邀请，前去拜见琅琊王。贺循被任命为吴国内史，参与商议军政事务。永嘉五年（311），镇东军司顾荣死去，琅琊王任命贺循代理镇东军司。贺循称自己病重，十多次上奏推辞。琅琊王亲自写信劝说，贺循也没应召。他任命贺循为军谘祭酒。

贺循归顺琅琊王后，还利用他的声望规劝江南世族门阀中的不法分子，为维护江东安定做贡献。廷尉张闿住在小市，私设街道大门，每天关门早，开门晚，影响附近百姓生活。百姓告状无门，拦住贺循的轿。贺循没说什么，答应解决此事。张闿听说此事，立即把门拆了，亲自去见贺循。贺循拿出状辞给张闿，说："这件事本用不着我过问的，只是和您是世交，为了您才舍不得扔掉它。"张闿惭愧地说："百姓有这样的要求，我当初没有立刻了解到。门早已拆了。"

见世族门阀名士贺循、顾荣都主动归顺琅琊王，江南各阶层都望风顺附。以琅琊王司马睿为最高领袖、北方世族门阀琅琊王氏为核心，江南各世族门阀支持的江南统治体系建立起来。

永嘉五年（311），石勒率匈奴汉军在苦县宁平城屠杀了十多万王公大臣、世族门阀、士兵和庶民。王衍等跟随东海王的世族门阀被消灭。同年，刘曜、王弥率匈奴汉军攻破洛阳，俘虏皇帝司马炽，杀王公以下士民三万余人。中原陷入空前战乱中。中原一些世族门阀不得不带着家族寻求避难之所。到江南避难的有十之六七。王导劝琅琊王趁机收揽贤人君子，扩大力量，以图大事。

当时，荆扬二州比较安定，人口众多，物产丰饶。王导治理方针讲求清静无为，上奏劝琅琊王不要轻易赐予臣下鼓盖等礼崇之物，让尊卑雅俗有区别。琅琊王下令说："王导德重功高，为孤所倚，本想予以表彰，加以殊礼，但他谦虚谨慎，严格约束自己，努力王事，尽一片忠心，以身作则，因此顺从他的良好愿望，促成他纠正弊端的良苦用心和举动。"

西晋建兴元年（313），皇帝司马炽被刘聪杀死。太子司马邺在长安继位。刘聪多次派兵进攻长安。建兴四年（316）年底，皇帝司马邺被迫投降。晋朝在中原的政权灭亡。不久，刘聪又杀司马邺。在建兴五年（317），琅琊王司马睿在江南自称晋王，改元建武，又在建武二年（318）宣布称帝，重建晋朝，改元大兴，史称东晋。东晋是中原人南下避难和中原文化延续的稳固根据地。

二、功高震主，危机爆发

在晋朝灭亡之际，在王导、王敦等人辅助下，琅琊王司马睿在江南重建晋朝，接纳大量南下避难的中原人。对华夏文化来说，这是厥功至伟的功绩。琅琊王建立这功绩，王导兄弟起了无法替代的作用。

王导是琅琊王主要谋士，王敦是琅琊王重要武将，统率一支由世族门阀子弟及其门人组成的军队。在经营江南之初，琅琊王十分尊敬王导。王导位高权重，尽心尽力，谋划各种策略，积极争取和联合南北世族门阀，说服他们支持琅琊王。

王导担任文职，喜欢清谈，常以大局为重，尽力少任职，避免功高盖主。当时，王导已成为南北公认的世族门阀领袖。江南各地学校废弃而未能得到兴建。王导上书劝谏重视教育，获得批准。江南读书人更推崇王导，他精神领袖的地位进一步巩固。大兴元年（318）四月二十六日，司马睿称帝受百官朝贺时，再三请王导同坐御床受贺。王导再三辞让不敢当。此后，王导担任丞相，内掌朝政。

司马睿长期跟王导相处，对他虽有忌惮，但表面一直尊崇他。司马睿不放心的是王敦。王敦无论声望、功劳、资历都卓著，且性格桀骜不驯，掌握着东晋最精锐的军队。

王敦要比王导大十岁，年轻时相貌俊秀，生性洒脱，善于评鉴人物，精通《左氏春秋》，尤喜清谈。他娶了司马炎女儿襄城公主，世族门阀兼皇亲国戚身份。贾皇后废黜太子司马遹后，王敦不顾禁令和被捕入狱危险，在路侧痛哭拜送太子。赵王篡位称帝，王敦全力敦促王彦起兵反赵王。永嘉元年（307），在王衍安排下，王敦出任广武将军、青州刺史。琅琊王镇守建康后，王敦与王导一同帮助他争取江南世族门阀拥戴。

永嘉五年（311），扬州刺史刘陶病死，王敦接任扬州刺史，兼任左将军、假节、都督征讨诸军事。同年，匈奴汉军攻破洛阳，俘获皇帝。皇室、世族门阀纷纷南下江东。司马睿被推为盟主，承制任命官吏。江州刺史华轶却不肯从命。王敦率军讨伐华轶。华轶兵败被杀。永嘉元年（312），巴蜀流民在湘州^①作乱，推杜弢为首领。杜弢率乱军北上席卷荆州、江州，甚至威胁到扬州。王敦率陶侃、周访所部共讨叛军。经过三年艰苦战争，杜弢之乱被镇压。王敦以功劳晋升镇东大将军、开府仪同三司、都督江扬荆湘交广六州诸军事兼任江州刺史，封汉安侯，可自行选置刺史以下官吏。

建武元年（317），司马睿称晋王，建立东晋，并于次年正式称帝。世族门阀兼皇亲国戚兼地方实力派的王敦都督六州军事，掌控长江中上游的军队，与王导一内一外，形成"王与马，共天下"格局。

与王导尽力低调不同的是，王敦我行我素，自我感觉良好。庾亮曾问王敦："听说你有非常出名的好友，是哪几位啊？"王敦回答说："你家的中郎^②，我家的太尉^③、阿平^④以及胡毋彦国。阿平最差。"庾亮问他谁最优秀。王敦道："自有人。"庾亮追问到底是谁。王敦说："有公论。"他言下之意指自己最优秀。

王敦的高调令皇帝司马睿极其不满，深感威胁。司马睿想削弱王氏家族势力，便引刘隗、刁协作心腹，暗中作军事布置，释放扬州内沦为奴仆的北方流民，把他们组成军队，然后任命戴渊为征西将军，都督兖、豫等六州军事，任命刘隗为镇北将军，都督青、徐等四州军事，各率一万人，分驻合肥、淮阴，名义上准备北讨石勒所部，实际上对付王敦所部。王敦极为不满。君臣之间逐渐产生嫌隙。

大兴三年（320），梁州刺史周访病死，湘州刺史甘卓调任梁州刺史。都督江扬荆湘交广六州诸军事的王敦趁机请求任命他的亲信陈颂

---

① 湘州，治今湖南省长沙市。

② 中郎，此处指庾敳。

③ 太尉，此处指王衍。

④ 阿平，此处指王澄。

接任湘州刺史。湘州所处位置十分紧要,素有牵制荆州作用。司马睿不愿湘州被王敦所控制,强行派心腹重臣谯王司马承出任湘州刺史。王敦又上表,陈说古今忠臣如何被皇帝猜疑、如何被小人离间,想以此感动皇帝。司马睿却对王敦更为忌惮,只不过在明面上还是给王敦增加属官、赏赐羽葆鼓吹等仪仗,提高他的待遇。王敦明显感觉到自己已经不被信任了。

另外,司马睿重用戴渊,无论是王敦,还是其他世族门阀,都不屑一顾,颇有微词。

戴渊年轻时有侠义,不注意品行,曾当过土匪头子。陆机坐船去洛阳时,行李很多。戴渊指挥人上船抢劫。陆机在船上见他风度仪态不凡,对他大声说:"你这么有才华,为什么要做这个事?"戴渊感悟后,扔掉剑,投到陆机门下学习。戴渊作战勇敢,表现突出,才受到重用。

戴渊虽然是名士陆机的学生,但既不是世族门阀出身,也没为东晋建立巨大功勋。相对应的是,王敦对刘隗却另眼相待。刘隗是永嘉之乱后避乱渡江的,被琅琊王任命为从事中郎。建兴元年(313),司马睿升任左丞相,任命刘隗为丞相司直,主管刑宪。刘隗严厉执法,赢得一些好名声。

建兴四年(316),淳于伯被冤杀。刘隗为淳于伯申理冤情,指责具体负责此案的周筵、刘胤等人处刑有失公允,矛头直指王导。王导被迫上疏引咎辞职。司马睿没同意。南中郎将王含自恃出身显贵,骄傲自恣。他任命的二十多个僚佐、守令,才不堪任。刘隗弹劾王含。这件事也被司马睿压下。刘隗接连针对琅琊王氏弹劾,引起王氏家族成员忌恨。

司马睿称帝后,刘隗出任御史中丞,兼任侍中,封都乡侯,又出任丹阳尹。当时"王与马共天下",司马睿重用刘隗和刁协,希望能借助他们抑制琅琊王氏等门阀势力,以加强皇权。

刘隗和刁协推行"崇上抑下、排抑豪强"政策,与琅琊王氏等门阀势力相抗衡。不爱争权的王导被刘隗、刁协逐渐架空。刘隗认为，王敦威权太盛，恐日后难以制约，建议皇帝派心腹外镇，加以防备。刘隗被任命为散骑常侍、镇北将军、都督青徐幽平四州军事、假节，出镇淮阴。刘隗走到与王敦对抗前台。

王敦为人处世高调，但也不愿意内讧。为了缓和关系，王敦亲自致信给刘隗，表示要和他修好，同心勠力共辅王室。刘隗却拒绝王敦的建议，执意要跟他对抗。刘隗不顾国家安稳，一切以个人利益为准则，执意搞对抗。无论身份、资历、战功、官职，王敦都比刘隗高，他放下身段与刘隗缓和关系，刘隗居然拒绝，执意要对抗，王敦不禁更为恼怒。

当时，王敦忌惮周访和祖逖。因为他们当上刺史全是真枪真刀打出来的，且军事才干非常出众。得知周访和祖逖先后死去的消息，王敦认为再无人可在军事上威胁他，决意举兵入京，逼迫皇帝杀掉刘隗和刁协。东晋建国以来第一次巨大危机爆发了。

三、王敦起兵，内外危逼

王敦被迫举兵向皇帝示威。对司马睿来说，这是造反；对王敦来说，他遭受威胁，还有理无处说，举兵入京，是讨还公道。

永昌元年（322）正月，王敦以讨伐奸臣刘隗名义，率军进攻建康。王敦上疏列举刘隗的十大罪状，表示只要杀了刘隗，见到刘隗脑袋便撤军退回。

刘隗的十大罪状分别是：

1. 奸佞谄媚，谗陷忠良，蛊惑圣听，扰乱朝政，擅作威福，杜塞言路；

2. 大兴劳役，骚扰百姓；

3. 僭越制度，以黄门侍郎、散骑侍郎为参军；

4. 倾尽国库资藏，损公肥私，赋役不均，使百姓嗟怨；

5. 私免良人家奴，散布个人恩惠，割配本可充实国库的大田，充实部下军队；

6. 拒绝荆州将士接迎妻小，使得三军怨愤；

7. 以讨胡为名培植个人势力，强征徐州流民为兵；

8. 以曾在皇帝即位前投书劝进的王官充征役；

9. 以自赎得免和已放遣的客户或其子弟为兵，有所不得，便归罪于原来的客主；

10. 驻军险要之地，升迁属官，随心所欲。

王敦的同党沈充在吴兴举兵响应。不久，王敦率军到芜湖，又奏列刁协的罪状。司马睿大怒，下诏宣布王敦为"大逆"，表示要亲率六军与王敦叛军决战，急调刘隗、戴渊率军前往守卫建康。

司马睿重建晋朝，功劳最大的是王导和王敦，当时世族门阀都认同。王敦起兵后，大多数世族门阀心里倾向王敦。加上刘隗、刁协等人推行遏制世族门阀的政策，不仅仅限于琅琊王氏，也涉及其他世族门阀。因而，几乎所有世族门阀对王敦起兵都持暧昧态度。

世族门阀温峤曾表示王敦所为必有原因，不算过分。温峤受名士王导、周顗、谢鲲、庾亮、桓彝等人欣赏，聚集在建康的世族门阀以跟温峤交往为荣。温峤也曾在朝堂之上慷慨陈词，盛赞刘琨忠义，力言江东承袭晋朝绪统是众望所归，深得皇帝赞赏。温峤仗义执言说王敦那样做"必有原因，不算过分"，说明当时世族门阀对皇帝的举动并不赞同。

王含在建康当光禄勋，听到消息，立即去投奔王敦。王含与刘隗有旧怨，切身体会到了王氏家族受打压，同时担心因王敦起兵受牵连被处死，因而不如直接去支持王敦。

当然，真正支持王敦的世族门阀，除王含以外，几乎没有，哪怕是王敦属官，也大多观望。王敦派人前往梁州、湘州，命令甘卓、司马承率军一同东下。梁州刺史甘卓虽然答应一起东下，却一直未曾出兵，在朝廷和王敦之间持观望态度。湘州刺史司马承虽然是王敦部下，但他是皇室宗亲、谯王，直接囚禁王敦派的使者，在长沙举兵声讨王敦，还杀了王敦姐夫郑澹。

王敦得知消息，命令魏乂、李恒等人率两万兵马攻打长沙，同时命令乐道融去游说甘卓出兵。乐道融趁机背叛王敦，反劝甘卓趁机率军袭击武昌。当时，司马承也派邓骞到梁州劝甘卓起兵勤王。经过多番犹豫，甘卓最终决定支持朝廷，传檄声讨王敦。武昌震动。王敦急忙派使者去向甘卓求和，请他罢兵退回梁州。甘卓再次犹豫，刚刚到猪口①便停军不进，看看局势再做决定。

刘隗回到建康，面对列道迎接的文武百官，慷慨陈词，神态自若。他入见皇帝后，与刁协一同请求诛杀留在建康的琅邪王氏家族成员。王导是南北世族门阀领袖，一举一动都影响巨大。王导忠于朝廷，反对王敦起兵，每天率二十多个族中子弟，天亮时就到台阁处等待议罪领罚。王导素来忠诚正直，司马睿深信他跟王敦不同，同时出于策略考虑，尽力安抚他。刘隗认为皇帝并无坚决平叛意思，此举是在留退路。他顿感前景不妙，不禁面有惧色。

司马睿又命王廙去劝止王敦。王廙是司马睿姨母的儿子，又是王导、王敦堂弟。司马睿认为，派王廙劝止王敦，会取得不战而屈人之兵效果。没想到，王廙不但不能谏阻王敦进军，反而被王敦留下在军中协助出谋划策。

在永昌元年（322）三月，王敦率军逼近建康城。司马睿派周札率军守卫石头城②，亲自披甲出镇城郊，准备迎战王敦所部。刘隗负责戍守金城③，作为外援。王敦想先攻金城，打击刘隗所部。杜弘却认为周札刻薄少恩，不得军心，建议先攻取石头城。王敦采取杜弘建议，先率军进攻石头城。守将周札开城投降。

得知相关消息，司马睿急忙命令刘隗、戴渊等人率部反攻石头城，

---

① 猪口，地名，在今湖北省仙桃市。

② 石头城，建康军事要塞，在今清凉山一带。

③ 金城，在今江苏省句容市。

都大败而回。太子司马绍得知诸军作战失败，想亲率军出城与王敦反军决战。温峤及时阻止太子。刘隗、刁协等人率败军撤回台城。司马睿给他们配备人马，让他们化装逃离建康城，自寻生路。刁协刚刚逃到江乘，被随从斩杀。刘隗逃回淮阴，遭到刘遐率军袭击，只得率亲信投奔中原后赵。

王敦起兵打的旗号是"清君侧"，刁协伏诛、刘隗北逃，朝中"奸臣"业已清除。不过，他对皇帝有怨气，继续拥兵驻扎在石头城，不到台城朝见皇帝，反而纵兵四处劫掠。此举导致建康大乱，台城中官员、卫士尽数逃散。司马睿无可奈何，只得派使者向王敦求和。

司马睿一败涂地，无奈之下，在信中对王敦说："你如果想当皇帝，早和我说啊，我把皇位让给你，还当琅琊王去。何苦让百姓跟着受苦呢？"司马睿近似哀求的话，并没抚平王敦怨恨的心，也没主动去见皇帝。

皇帝只好命令公卿百官到石头城拜见王敦，同时大赦天下，宣告王敦等人无罪，以王敦为丞相、都督中外诸军事、录尚书事、江州牧，封武昌郡公，食邑万户、朝政大权尽归王敦，司马睿被彻底架空。

王敦掌权后，因戴渊、周顗素有人望，将他们捕杀。当时，梁州刺史甘卓仍率军停驻在猪口。王敦以朝廷名义发出驺虞幡，命令甘卓退兵。甘卓担心继续进攻武昌，会逼得王敦劫持天子，就下令撤军回梁州。

随后，王敦又对朝廷官员及军镇将领进行调整。王敦驻兵石头城，一直不肯到台城朝见皇帝。谢鲲试图劝说王敦去朝见皇帝，以消除君臣之间隔阂。王敦却担心入朝时会发生变故。

王导认为，佞臣扰乱朝纲，同意王敦来"清君侧"，当奸佞被杀逐后，帝室势力退缩回去，但王敦还想进一步篡夺政权，便表示坚决反对，出面来维护帝室。王敦无法实现野心，只好"不朝而去"，率军回镇武昌，遥控朝政。

不久，魏乂率军攻破湘州，擒获司马承，将他用槛车解送到武昌。

王敦命令荆州刺史王廙在半路杀害司马承，同时指使周虑袭杀梁州刺史甘卓。通过此举，他控制了湘州、梁州。随后，王敦在武昌大肆谋害忠良，扶植亲党，亲自兼任宁州、益州都督。他下令取消司徒一职，将司徒府官属全部并入丞相府。

王敦如此猖狂，皇帝和朝廷成为摆设。司马睿见无法动摇琅琊王氏家族的权势，自己名为天子，号令却不出宫门，渐渐忧愤成病，卧床不起。他任命荀组为太尉兼太子太保，让他参与朝政，钳制王导。荀组受任不久就病死。司马睿更加忧伤，病势加重。永昌元年（322）末，司马睿因大权旁落忧愤而死。太子司马绍即位，史称晋明帝。

为了就近掌控朝政，王敦又暗示朝廷征己入朝。司马绍以手诏征召王敦。太宁元年（323）四月，王敦率军由武昌移镇姑孰（今安徽当涂），屯驻在城东于湖，宣布出任扬州牧，控制京畿。王敦权势更盛，控制扬州、江州、荆州、徐州等重镇，以沈充、钱凤为谋士，以诸葛瑶、邓岳、周抚、李恒、谢雍为亲信，纵容沈充等人胡作非为，有篡夺晋室的倾向。不过，王氏家族子弟中的王导、王彬、王舒、王棱等人，或明或暗地反王敦。

面对"王敦专制，内外危逼"局面，司马绍命令郗鉴以兖州刺史身份镇守合肥，想以他为外援对抗王敦所部。王敦却表举郗鉴为尚书令，迫使皇帝将郗鉴召回朝中。在入朝途中，郗鉴被王敦扣留在姑孰。因郗鉴素有名望，王敦不敢轻易加害。最终，郗鉴还是被放回建康。

王敦与钱凤等亲信密谋篡晋，不慎被堂孙王允之获悉。王允之假装酒醉沉睡，骗过王敦，以回京探父为由，回到建康，通过王舒、王导，将王敦的阴谋报告给皇帝。

王敦生病后，钱凤建议武力铲除势力强盛的会稽内史周札一族。王敦采纳此建议，派人率军前往义兴尽杀周札等周氏子弟。此举令江南世族门阀感到惊恐。

王敦病势愈来愈重，矫诏任命养子王应为武卫将军，作为自己继承人。他认为王应年少难当大事，在与钱凤等谋划后事时，又提出三套方案：上策为放弃兵权，复归朝廷；中策为退回武昌，拥兵自守；下策为举兵东下，颠覆朝廷。钱凤却认为下策才是最好计谋，与沈充决定在王敦死后发动叛乱。

与此同时，司马绍命令陈晷、虞骓去探问王敦病况，并微服到芜湖察看王敦的军营，预做讨伐准备。

太宁二年（324）六月，王敦任命温峤为丹阳尹，想利用他监视朝廷动静。温峤却将王敦的谋划尽数禀报给皇帝。司马绍决定讨伐王敦，亲自驻屯台城宣阳门外的中堂，做出一系列军事部署：任命王导为大都督，总领征讨诸军；任命郗鉴为卫将军，统领从驾诸军；任命温峤为中垒将军，与右将军卞敦负责守卫石头城；任命光禄勋应詹为护军将军，负责守卫建康城南朱雀桥①；命令王邃、祖约、刘遐、苏峻、陶瞻等边军镇将率部入卫建康。

为消除将士对王敦的畏惧之心，司马绍对外宣称王敦已死，讨伐对象是钱凤。王导也积极配合皇帝，率宗族子弟为王敦发丧。晋军将士对王敦的"死讯"信以为真，士气大振。

王敦得知消息大怒，以诛杀温峤等为名，再次举兵。他此时的病势沉重不能领兵，任命王含为元帅，与钱凤、邓岳、周抚等人率五万人向建康城进发，暗示钱凤等人在破城后杀死皇帝。沈充也在吴兴起兵，直趋建康城。

王含、钱凤等军水陆并进，攻到建康城下，屯兵在秦淮河南岸。温峤率军移驻秦淮河北岸，下令烧毁朱雀桥，与叛军隔河对峙。王导曾试图劝降王含，未能成功。不久，司马绍率军出屯南皇堂，命令段秀、司马曹浑等人率数千甲卒，乘夜渡河袭击叛军，在越城大败王含所部反军，斩杀前锋何康。王敦闻败震怒，欲强撑病体亲赴前线督战，最终因病重乏力，未能成行。

王敦在重病之中愤恨交加，当天死在姑孰军府中。他临终遗命，

---

① 朱雀桥，秦淮河上的浮桥。

让王应先即位称帝，再为自己操办丧事。王应秘不发丧，用草席包裹王敦的尸体，外涂白蜡后埋在军府厅堂之中，随即和诸葛瑶等人纵酒行乐。

沈充也率军到达建康城外，与王含等部会合。刘遐、苏峻等部边军也都相继赶到建康。沈充、钱凤等认为，边军远来疲惫，"未堪攻战"，领兵渡过秦淮河，想趁虚击溃边军。他们虽一度攻到宣阳门外，但最终还是被边军打退。

王敦的死讯逐渐传开，叛军军心涣散。王含、沈充等人自知大势已去，连夜烧营溃逃。司马绍命庾亮、苏峻等人追击沈充，又命温峤、刘遐等人追击王含、钱凤。王含、王应逃奔荆州，被王舒丢到长江淹死。钱凤、沈充也相继被杀。

司马绍命令取出王敦尸首，焚毁所着衣冠，摆成长跪姿势，斩首戮尸，将王敦、沈充等人首级一同悬挂在城南朱雀桥上示众。王敦之乱被彻底平定。

王敦之乱后，司马绍下令不再追究王敦一众官属，又分别委任应詹为江州刺史、刘遐为徐州刺史、陶侃为荆州刺史、王舒为湘州刺史，消除王敦及琅琊王氏家族占据诸州以凌弱皇室的失衡情形。

当然，琅琊王氏家族依然是东晋有影响力的世族门阀。王导更加低调，更严格制约宗族子弟。

第十三章 世族门阀争权夺利

东晋先天不足，各种矛盾很快激化。王敦叛乱、苏峻叛乱、祖逖北伐、桓温叛乱，各阶层都不满，但最终不得不维持世族门阀公治局面。皇帝一一险渡难关，却无能为力。

一、壮志难酬，无家可归

王敦起兵，给东晋造成生存危机。幸运的是，司马睿一直对王导不错。王导一直不支持王敦，全力支持皇室。王敦掌控朝政大权，因王导不配合，无法进一步推翻皇帝取而代之。司马绍继位后，王导又坚定支持他。王敦在身患重病情况下起兵称帝。这遭到包括王导在内世族门阀的一致反对。他们需要世族门阀共同执掌权力而皇室较弱的朝廷，不是某个世族门阀一家独霸或者皇帝独裁的朝廷。

王敦死后，他管辖范围的官员全部都换了，解决了王氏家族过于强势的问题。虽然王导依旧是最受尊崇的大臣，但他更偏重于世族门阀的精神领袖，不喜欢沾染更多权力。

东晋内部矛盾并没因为皇室与王氏家族的矛盾缓和而缓和。其他世族门阀之间矛盾激化，甚至因权力分配不公平爆发了几场战争。

在王导、温峤等人辅佐下，司马绍击败王敦集团，再一次将政局拉回到各世族门阀势力均等、共同拥护皇权上。可惜的是，司马绍天不假年，在太宁三年（325）闰八月二十五日死去，太子司马衍即皇帝位，即晋成帝。

司马绍在位时间不长，但他聪明敏捷，能随机断事，明白事理。

在位期间，兵乱连年，饥荒不断，死于饥荒、战乱、瘟疫的人，超过人口之半，国家空虚，社会凋敝十分严重，国事极端艰难。王敦挟兵威震慑皇权时，司马绍虚与周旋，养成其恶，以弱制强，潜心谋划，当机独断，肃清大凶，又调整荆湘等四州将领，以分散长江上游地方势力，拨乱反正，加强根本，削弱枝叶，安定大局。

当时，北方南下世族门阀与南方世族门阀之间矛盾尖锐，南方世族门阀受到排挤与压制。为稳定政权，司马绍力图调解矛盾，以期打破宗族界限，为国家选拔人才。不过，有一些世族门阀只看自身功劳和利益，并不理解司马绍的苦衷，也看不到他的英明，反而因某些事感到不公平，心怀怨恨。祖约就是这样的人。

司马绍临死时，遗诏司马羕、王导、卞壸、郗鉴、庾亮、陆晔和温峤辅佐朝政。祖约质疑皇帝安排的辅政大臣名单。他自认为，无论名气，还是资历，都不在郗鉴和卞壸之下，郗鉴和卞壸成为顾命大臣，他没有，那就是不公平。祖约认为自己够开府条件，希望能开府[①]，但所上奏章被驳回。他又多次上表请求，都没有获准。他认为，几个辅政大臣控制了皇帝，故意排挤他。

咸和元年（326），石聪率后赵军进攻祖约镇守的寿春。祖约多次上表请求朝廷派兵援救，但朝廷没出兵支援。石聪率后赵军久攻寿春不下，便率军进犯淮南诸地，杀掠了五千多人，建康大震。朝廷忙命王导为大司马、假黄钺、都督中外诸军事，率军驻扎在江宁，以抵御后赵。苏峻派韩晃率晋军击退石聪后，朝廷准备在江南修筑涂塘防御后赵。祖约认为自己被朝廷抛弃，心中愈加怨恨。

祖约对朝廷有误解和怨恨。他自认为的资历和功劳，多多少少与他哥哥祖逖有关。祖逖的表现和举动代表了南下北方世族门阀中一部分人的愿望。当时皇帝忙于跟王氏家族斗争，忽略了那部分人的诉求。如今，皇室与王氏家族矛盾缓和了，朝廷再次忽略他们的诉求，祖约

---

① 开府，是指古代高级官员，建立府署并自选随员或职员的意思。魏晋放宽开府资格，晋朝诸州刺史兼管军事带将军衔者即可开府。

将积攒的不满表现了出来。

祖逖出身世族门阀。他家族世代都有两千石以上高官。祖逖与那些崇尚奢侈清谈的世族门阀子弟不同——他少年时生性豁达，不拘小节，轻财重义，慷慨有志节，常周济贫困，深受乡党宗族敬重，成年后发奋读书，博览书籍，涉猎古今，时人都称他有赞世之才。他兄弟六人，其中，祖该、祖纳、祖约都是豁达爽直而有才干的人。

诸王混战时，长期读书练武的祖逖先后在齐王、长沙王、豫章王手下任职，所学得到了锻炼。后赵军攻陷洛阳，皇帝被俘虏。北方世族门阀纷纷寻找躲避之所。祖逖率亲族乡党数百家南下，到淮泗避乱。一路上，他躬自步行，把车马让给老弱病人，又把粮食、衣物和药品分给别人。在逃亡途中，他们多次遇到盗贼。祖逖应付自如，被同行诸人推为首领。他带着族人到达泗口时，被任命为徐州刺史。不久，他又被任命为军谘祭酒，率部驻扎京口。

祖逖时刻在寻找回归家乡的机会。建兴元年（313），司马邺在长安继位后，任命琅琊王司马睿为侍中、左丞相、大都督，督陕东诸军事，让他率军赴洛阳勤王。祖逖认为机会来了，向琅琊王进言，提出率军北伐、申雪国耻的建议。琅琊王正经营江南，根本无意北伐，没听从祖逖建议，也不好反对他北伐，就任命他为奋威将军、豫州刺史，给他一千人的粮饷、三千匹布帛，让他招募将士，自造兵器。祖逖北伐中原热情受到打击，但他没灰心，便利用奋威将军、豫州刺史空衔，克服重重困难招募将士，组建北伐军。

祖逖率一起南下的宗族百余家，从京口渡江北上。渡江后，祖逖等人在淮阴驻扎，起炉打铁铸造兵器，不久招募两千多人。张平、樊雅占据谯城，聚集数千人自保。他们接受琅琊王授予的官职。张平手下有董瞻、于武、谢浮等多支小队伍，各有数百人。祖逖逐步整合张平、樊雅等武装力量，率军占领谯城，在豫州站住脚，打通北伐通道，拥有北伐中原基础。

接下来几年，祖逖以奋威将军、豫州刺史身份，率部与后赵军对战，兼并中原各种武装集团，取得非常突出的功绩。他多次率部击败后赵石虎所部，尤其是大兴三年（320）击败石虎部将桃豹率的后赵军后，后赵在河南势力迅速萎缩。河南境内的赵固、上官巳、李矩、郭默等数个武装割据集团，都表示服从祖逖统一指挥。祖逖成功收复黄河以南大部分土地。

祖逖礼贤下士，善于体恤民情，即使是关系疏远、地位低下的人，也能施布恩信，予以礼遇。将士稍有微功，他便会加以赏赐。他生活俭朴，不畜资产，劝督农桑，带头发展生产，又收葬枯骨，深得民心。刘琨经常大力称颂祖逖威德。司马睿也下诏擢升祖逖为镇西将军。祖逖的势力和声望达到顶峰。后赵皇帝石勒见祖逖势力强盛，不敢派兵南侵，派人与他修好，禁止边将率军进犯，边境暂得和平。

祖逖在中原苦心经营了数年，为北伐奠定了基础，积蓄了实力，急迫盼望皇帝宣布北伐，派出兵马加强与后赵作战的力量。遗憾的是，大兴四年（321），为培植亲信，制约王氏家族的势力，司马睿突然任命戴渊为征西将军、都督司兖豫并雍冀六州诸军事、司州刺史，出镇合肥。祖逖一下子成为戴渊的直接部下。他辛辛苦苦奋斗多年，没想到不仅没得到朝廷大力支持，还给自己带来一个顶头上司。

祖逖认为，戴渊虽有才望，却无远见卓识，且自己辛苦收复河南，却仍不得朝廷信任，心中甚为不快。祖逖又听说王敦飞扬跋扈，跟皇帝关系紧张，戴渊为征西将军、都督司兖豫并雍冀六州诸军事的目的，是为制约王敦。祖逖担心内乱爆发，北伐难成，忧愤成疾，病死。

祖逖死后，司马睿命令祖约接掌军队。祖约随祖逖渡江后，在司马睿身边任职。司马睿重用祖约，想依仗这支力量跟王氏家族对抗。

大兴四年（321），祖约接任平西将军、豫州刺史，接管祖逖军队部众。异母兄弟祖纳心中不满，秘密向皇帝打小报告："如果给予他权势，将会成为作乱的阶梯。"司马睿认为祖纳妒忌祖约显贵得宠，没听信。祖约确实没控制部下能力，士兵多不依附他。

得知祖逖死后，石勒多次派兵侵犯黄河以南。祖约率军屡战屡败。

后赵军夺取襄城、城父，围攻谯郡。祖约因抵挡不住，便退守寿春。后赵军攻取陈留，梁州、郑州一带又变得动荡不安。祖约无法挽救失败局面。

太宁二年（324）王敦起兵，祖约被调回京保卫建康，率军进驻寿阳。他率军成功驱逐任台，因功被封五等侯，晋职镇西将军，屯驻在寿阳，继续负责守卫北部边境。

相比祖逖，祖约无论是声望还是功劳都要小得多。加上祖家是北方南下世族门阀，在当时并没太大势力，司马绍在临死前，不大可能任命他为辅政大臣。

相比之下，郗鉴在司马睿重建晋朝时是兖州刺史，是享誉天下的"兖州八伯"之一，且时任尚书令。至于卞壸，祖约的声望更无法跟他比。卞壸时任太子詹事，前后居师佐之位，尽匡辅之节，颇为王公大臣敬畏。他当顾命大臣水到渠成。

祖约认为，他被不公平对待，内心充满愤怒之火。苏峻发动叛乱后，祖约派兵支援苏峻。苏峻率军攻陷建康，执掌朝政后，祖约出任侍中、太尉、尚书令，风光一时。庾亮、温峤联合陶侃等世族门阀起兵讨伐苏峻时，后赵也派石聪率军进攻祖约所部。祖约率军与石聪所部作战时，部将背叛，大败，率残部投降后赵。石勒下令将祖氏一族百余人全部杀掉。

二、强制削藩，祸及京城

点燃祖约内心反叛之火的，是跟祖约没什么交集，且并非世族门阀出身的苏峻。

苏峻和祖逖一样，是北方人下江南的一个阶层代表。他发现自身利益遭执政的世族门阀侵蚀，就毫不犹豫地抗争，全力维护他所代表的群体的利益。

苏峻少年时是一介书生，有才学，被推举为孝廉。永嘉五年

（311），永嘉之乱爆发，百姓流亡。苏峻家乡人聚众举事。苏峻纠合数千家，修筑堡垒，成为割据武装。苏峻派徐玮传檄文到各堡垒，宣扬王化，又收拾无主枯骨埋葬。远近的人都感激他，推举他为主帅。司马睿得知消息，任命苏峻为安集将军，收编了这支地方武装。

青州刺史曹嶷上表请求任命苏峻为掖县县令，想趁机夺苏峻的军权。苏峻不愿意，以生病为由，不接受任命。曹嶷忌恨苏峻得到众人拥护，恐怕成为祸患，想率军讨伐他。苏峻害怕，率数百家渡海，向南方转移。到广陵，司马睿任命苏峻为鹰扬将军。恰逢周坚在彭城谋反，苏峻讨伐周坚有功，出任淮陵内史，升任兰陵相。

永昌元年（322），王敦谋反时，司马睿命令苏峻率军讨伐王敦。苏峻摄于王敦的势力，犹豫不决。王敦击败朝廷军队后，苏峻率军退保盱眙。太宁二年（324），苏峻升任临淮内史。王敦率所部进攻建康城。郗鉴建议朝廷召苏峻及刘遐率部援助京都。王敦派人劝阻苏峻不要率军奔赴救援建康。苏峻不听，派韩晃率军在南塘阻击，大败王敦所部，亲自率部随庾亮追击并打败沈充所部。战后，苏峻晋升为使持节、冠军将军、历阳内史，加散骑常侍，封邵陵郡公。

苏峻拥有一万精兵，武器装备也十分精良，驻扎江北负责防御后赵。他拥有强兵，非常自负，不断招纳安抚亡命之徒，隐瞒藏匿逃亡的罪犯，兵众日益增多。朝廷发的兵饷也不断增多，运输船队连绵不断。稍有不如意，他就指责朝廷。急于树立威信的世族门阀、辅政大臣庾亮无法容忍这一点。

庾亮出身颍川庾氏，是皇太后庾文君哥哥。司马衍继位后，庾太后垂帘听政，庾亮是辅政大臣。庾太后临朝摄政，命令庾亮、王导、卞壶共同辅佐朝政。实际上，一切政事都由庾亮决策定夺。

王导执政时，因宽和而赢得众心。庾亮执政后，一反前策，严厉任法，因而大失人心。

司马绍遗诏中的辅政大臣没陶侃和祖约。陶侃和祖约怀疑庾亮删改了遗诏，说了一些有怨气的话。庾亮担心会引起内乱，派温峤出镇江州，又修石头城，防备他们叛乱。

　　南顿王司马宗自认不该丢失官职，心怀怨恨，平素又与苏峻交好。庾亮想杀他，司马宗也想废黜庾亮。钟雅弹劾司马宗谋反。庾亮派赵胤去拘捕司马宗。司马宗率军抵抗，被赵胤所部杀掉。庾亮又免除西阳王司马羕官职，降封弋阳县王。司马宗是宗室亲属；司马羕是皇族元老，都是司马绍当皇帝时的重臣。天下人都认为庾亮在铲除宗室。

　　苏峻喜欢招纳接受亡命之徒充实实力，接纳了司马宗党羽卞咸的哥哥卞阐。庾亮命令苏峻交出卞阐。苏峻原本就因粮草供给问题对在朝中一言堂的庾亮不满，便将卞阐藏匿起来。

　　苏峻招纳了许多亡命之徒，专门用威刑治众。庾亮认为，苏峻终将形成祸乱。他想提升声望，排挤王导，决定拿在朝廷没任何背景的苏峻开刀，震慑朝内外大臣。

　　庾亮准备召苏峻入朝，跟王导等人商议。王导表示，苏峻奸诈多疑，必定不肯奉诏前来，不如暂时包容他。庾亮又在朝中说要召苏峻入朝，群臣无人敢反对。卞壶争辩说，苏峻实力强大，一旦发生变乱，容易出差错，应深思熟虑。庾亮不听。温峤也多次写信劝阻庾亮。满朝大臣都认为此事不可，庾亮全然不听，坚持要召苏峻回朝。

　　苏峻得知庾亮要征召他，派何仍拜访庾亮，说他不能胜任朝廷大臣职务。庾亮不依苏峻，继续坚持征召苏峻。咸和二年（327），皇帝司马衍颁布优抚诏，征召苏峻入朝担任大司农，加散骑常侍、位特进，命令苏逸代替他统领军队。苏峻一直猜疑皇帝要谋害他，上表说宁愿做一个偏远小郡的官，以换取不入朝做官。庾亮不同意苏峻自请降官的要求。

　　苏峻没办法，装束整齐，准备赴召，却依然犹豫不决，担心被剥夺军权后将无法活命。任让劝他，没有活路了，不如部署军队自卫。苏峻决定不应召，派人联合同样对朝廷不满的豫州刺史祖约，谋划作乱，以讨伐庾亮为号召。

　　温峤听说苏峻不接受朝廷诏命，要率军东下守卫京师，派兵来护卫三吴之地。庾亮不同意，写信提醒温峤："相比苏峻，我更担忧西边①的。你千万不要越过雷池一步。"这年十一月，孔坦、陶回向王导进言，请求迅速出兵抢占要地。王导认为这些建议很对，真正执掌大权的庾亮却不听从。

早对朝廷不满的祖约派祖涣、许柳率兵援助苏峻。苏峻派韩晃、张健等人率反军袭击姑孰，进逼慈湖。苏峻亲率祖涣、许柳所部一万人，乘风从横江渡江，进驻陵口，与朝廷军交战后频频告捷。

韩晃所部进犯宣城时，庾亮派军抵抗，不能取胜。苏峻乘胜兵临建康，到达覆舟山②。陶回认为苏峻所部会从小丹杨南道徒步前来，向庾亮建议埋伏兵众截击。庾亮不听。后来，苏峻所部从小丹杨前来，因为迷路，夜间赶行，各部混乱。

前方官军频频失利。皇帝司马衍下诏，假庾亮符节、都督征讨诸军事，负责率军与苏峻所部反军在宣阳门外决战。军队还未排成队列，士兵都弃甲而逃。庾亮、庾怿、庾条、庾翼等人逃奔寻阳。临走时，庾亮对钟雅说："以后的事拜托给您了。"钟雅说："户梁折断，屋椽崩毁，是谁的过失呢？"庾亮说："今天的事，来不及说了。"庾亮慌忙乘坐小船逃走。

随后，据守覆舟山的反军顺风放火，将台省官署及军营等顷刻烧尽。不久，反军攻陷宫城，放纵士兵大肆抢掠，侵凌六宫，穷凶极恶，残酷没人道。他们驱逐朝廷百官服苦役，暴打光禄勋王彬等人，逼迫他们背着重物登蒋山。他们把男女都剥光，各以破席烂草遮掩身体，没草可盖的便坐在地上用土把自己埋起来，哀号之声震动宫城内外。

庾亮带着族人逃走后，王导、荀崧、陆晔等人迅速入宫侍卫皇帝。苏峻率部进入建康后，不敢加害德高望重的王导，让王导官居原职。

---

① 西边，此处指西部陶侃所部。

② 覆舟山，即南京市玄武区太平门内西侧的九华山，是紫金山山脉西走入城的第一山丘，北隔明城墙，毗邻玄武湖，山中有寺，山顶有塔，山畔有湖，山下有城，是南朝时期皇家园林乐游苑所在。

苏峻想挟迫皇帝到石头城。王导担心皇帝会因此遭祸，全力反对。有人劝苏峻杀掉王导，杀光朝中大臣，重新安置心腹。苏峻素来敬畏王导，不敢那样做。

苏峻生气，下令将府库全部焚毁。有二十万匹布，五千斤金银，一亿万钱，数万匹绢，其他物品不计其数，被化为灰烬。随后，苏峻逼迫皇帝发布诏书，实行大赦，朝廷百官，只有庾亮兄弟不在被赦之列。苏峻宣布自任骠骑领军将军、录尚书事，同时改任各部门官员，安置亲属朋党，朝廷政事全由他一人决定。

庾亮逃出建康城后，去投奔温峤。温峤素来敬重庾亮，虽然庾亮是败退而来，但温峤还是推举他为都统。庾亮推辞，与温峤一起推举陶侃为盟主。陶侃来到寻阳，仍因遗诏之事对庾亮不满。时人议论陶侃会杀庾亮以谢天下。庾亮非常害怕，等见到陶侃时，引咎自责，风神度量令人佩服。陶侃释然了，对庾亮说："您修石头城来防备我，怎么今天又求我啊！"两人在一起宴饮，闲谈了一整天，然后一起策划在武昌宣布起义。

得知温峤、陶侃、庾亮在武昌兴起义军，苏峻便采用贾宁的计谋，占据石头城，再分兵抵御义军。苏峻军所过之处，无不残破。温峤等人率军将到，苏峻把皇帝迁往石头城，逼迫居民，全部聚集到后苑，命令匡术率军守卫苑城。

苏峻成天在皇帝面前胡言乱语。王导担心皇帝会有不测之祸。路永、匡术、贾宁都劝说苏峻杀掉王导，尽诛朝中大臣，重新安置上心腹。苏峻敬畏王导，不听劝告。路永等人和苏峻产生矛盾。王导派袁耽暗中诱劝路永等人，谋划让皇帝潜逃出来，去投奔陶侃、温峤所部义军。苏峻防守看护甚严，未能成功。王导只好带着两个儿子随路永逃奔到白石。

温峤、陶侃、庾亮等人率义军在白石修筑堡垒。苏峻率军攻打堡垒，几乎被攻克。庾亮将符节送到陶侃那里谢罪。陶侃安慰鼓励庾亮。庾亮率两千人坚守白石垒，苏峻率一万余步兵从四面持续围攻。庾亮所部士兵恐惧。庾亮激励全军将士，拼死奋战。苏峻只好退兵。庾亮率军追击斩杀数百敌人。

起初，苏峻军到处抢劫，擒获的很多，军威日渐强盛，战无不克。义军士气低落，部众多怀有异心。朝中大臣奔来义军的，都说叛军如何厉害。温峤怒骂他们胆小，长敌人威风。温峤多次作战都没获胜，也很惧怕苏峻。

形势不容乐观，苏峻派管商等人率军进攻吴郡，焚烧吴县、海盐、嘉兴，打败诸路义军；韩晃也率另一路反军攻宣城，杀害太守桓彝。管商等又率反军焚烧余杭，但在武康被义军打得大败，被迫退守义兴。

在这种情况下，温峤与赵胤只好率一万步兵，从白石南下，进逼苏峻所部主力。

苏峻、匡孝率八千人迎战。苏硕、匡孝率数十名骑兵逼近赵胤所部步兵，居然打败了赵胤所部。苏峻看见赵胤败走，说："匡孝能攻破贼兵，我还不如他吗？"苏峻便离开部众，率领数名骑兵，北上突入敌阵，但没成功。苏峻准备回奔白木陂时，彭世、李千等人用长矛投击他。他从马上坠落，被斩首分割，焚烧尸骨。苏峻在战场上意外战死，所部反军迅速被消灭。

咸和四年（329）二月，皇帝司马衍来到温峤船上时。庾亮见到皇帝，哽咽悲泣。司马衍诏令群臣与庾亮一起登上御座。第二天，庾亮又来跪拜谢罪，请求免职，准备率全家归隐。皇帝派尚书、侍中拿着他亲手写的诏令来安慰庾亮。庾亮自认为罪责深重，还想归隐，私自从暨阳向东走。司马衍令人挡住舟船。庾亮请求在外镇效命。司马衍命令庾亮出任为持节、都督豫州、扬州之江西宣城诸军事、平西将军、假节、豫州刺史、领宣城内史。

宫殿宗庙都被焚为灰烬。温峤建议迁都到豫章，三吴之地的豪杰们请求定都于会稽。两种意见争来争去，不知哪样为好。王导力排众议，请求在建康废墟上重建首都。皇帝采纳了王导的建议。

王导功劳巨大，也深知功高震主道理。咸和六年（331），他请求退职。司马衍多次挽留，他才继续执掌朝政。王导谦和宽厚，有仁爱之心，善于体察人情。无论是北方南下世族门阀，还是江南世族门阀，都将他当领袖。他时刻忠于皇帝，努力调和各方矛盾，极力维护东晋统一。东晋初期二十年内成功渡过一次又一次劫难，都有王导的功劳。

三、门阀公治，兄弟专政

苏峻之乱爆发，庾亮有不可推卸的责任。事后，庾亮一再请求惩罚他，皇帝都一一拒绝。庾亮带着羞愧继续当辅政大臣。

同年十二月，郭默杀害江州刺史刘胤，占据湓口反叛。庾亮认为一雪前耻机会来临，上表请求皇帝派他率军去镇压。皇帝命令庾亮以本职加任征讨都督，率路永、毛宝、赵胤、匡术、刘仕等部，共计两万步骑兵，与陶侃所部会合，一起前去镇压。

陶侃是东晋出身寒门的实力派人物。他于曹魏甘露四年（259）出生于寒门之家，出任县中小吏后，一步步上升，在八王之乱时已经做到刺史，司马睿称帝那年做到平南将军、都督交州军事，王敦之乱后做到征南大将军、开府仪同三司。太宁三年（325），皇帝重用庾亮、郗鉴等人，以制约王导，同时拔擢江南世族门阀子弟，在南北世族门阀之间搞平衡。为了使方镇互相牵制，在同年五月，皇帝任命寒门出身的陶侃为都督荆、湘、雍、梁四州军事、征西大将军、荆州刺史、领护南蛮校尉。

因出身寒门，陶侃对民间情况更了解一些。他治荆州时很重视稳定社会秩序和发展农业生产。在秋熟收获之时，陶侃常买米，等到饥荒时又减价卖出米，救济百姓。官民欢悦。荆州社会较安定，生产有所发展，是东晋最富裕的地方。

司马衍继位时，庾亮以外戚身份辅政。陶侃对自己没辅政失望。庾亮颇为顾忌据上游、握强兵的陶侃，加强建康石头城防卫，派温峤出任江州刺史，牵制陶侃。咸和三年（328），苏峻叛乱。温峤邀请陶侃出兵一同勤王。陶侃起初不愿意，但在温峤坚决要求下，因苏峻杀害陶侃儿子陶瞻，最终才出兵，并出任盟主。

同年五月，陶侃与温峤、庾亮等人齐会在石头城下。诸军就要展开决战，陶侃认为贼兵强盛，不可硬攻，当等待时机智取。几次出战都未能取胜，诸将请求在查浦修筑营垒。监军李根建议在白石修营垒。陶侃采用李根建议。叛军进攻白石营垒，没攻克，反而损兵折将。

咸和四年（329），苏峻之乱平定，东晋政局危而复安，陶侃回师江陵。陶侃因功升任侍中、太尉，加授都督交州、广州、宁州等七州军事，加羽葆鼓吹，封爵长沙郡公。

咸和五年（330），郭默擅自杀害刘胤后，王导认为郭默骁勇难制，应该任命他为江州刺史。陶侃闻知此事，认为其中有诈，准备率兵征讨郭默。郭默派使者送陶侃金钱美女，讨好他。陶侃起兵直达江州。郭默出战不利，进城固守，用米堆成垒堡，显示粮食有余。陶侃修筑土山与他对垒。同年三月，庾亮率军到达溢口，各路军队汇集。五月，宋侯捆绑郭默父子出城投降。在军门前，陶侃将郭默斩首，首级传至建康。

事后，陶侃兼任江州刺史，都督江州军事。当初，王导容忍郭默擅杀刘胤，主张趁机任命郭默为江州刺史，目的是要笼络郭默对抗陶侃。陶侃指责王导，迅速出兵，将江州控制在手。陶侃夺得江州，保障和巩固了自身安全。这次世族门阀与寒门的争斗，陶侃赢得最终胜利。

陶侃处决郭默后，首级传至建康。庾亮率部返回芜湖，拒绝朝廷封赏。陶侃写信劝庾亮接受朝廷奖赏。庾亮认为自己没功劳，坚决推辞不接受。皇帝给庾亮加镇西将军，他又推辞。庾亮一次次辞让，数十次上疏。朝廷才允许。

在司马衍继位后，王导一直参与辅政工作。他行事作风不拘小节，容忍自己委任将领的犯法行为，招致朝臣不满。其他世族门阀也试图借此废掉王导，削弱琅琊王氏家族。寒族实力派陶侃也准备起兵消灭王导。不过，郗鉴坚决反对。在苏峻之乱时，郗鉴大力推动陶侃和温峤、庾亮结盟，推荐陶侃为盟主。陶侃非常尊重郗鉴。见此，陶侃打消了武力除掉王导的念头。一场内斗消除于萌芽状态中。

咸和七年（332），因收复襄阳有功，陶侃被任命为大将军。陶侃上表坚决辞让，多次表示自己不想参与朝政，想告老还乡，都被佐吏们苦苦相留。咸和九年（334），陶侃生病后，上表逊位，派殷羡将官印节传等送还朝廷。随后，他乘车离开武昌，返回长沙，路过樊溪时死去。

陶侃死后，庾亮肩负的责任更大。皇帝任命庾亮为都督江、荆、豫、益、梁、雍六州诸军事，兼领江、荆、豫三州刺史，征西将军、开府仪同三司、假节。庾亮移镇武昌，接替陶侃管理长江中上游防御事务。

庾亮履行新职后，也想起兵消灭王导。他写信给郗鉴，陈述王导的过错，征求郗鉴意见。郗鉴仍不同意，此事只好作罢。

郗鉴一而再再而三反对消灭王导。因为王导是世族门阀精神领袖，武力消灭只能进一步激化世族门阀之间的斗争，使东晋出现更大动荡。他的拒绝对协调诸门阀士族之间关系，阻止朝中世族门阀斗争，起了不可替代的作用。

咸康五年（339），后赵皇帝石勒死。庾亮想趁机收复中原，先作部署，后向朝廷上疏请求北伐。他任命毛宝出任豫州刺史，让毛宝、樊峻率一万精兵，共守邾城；任命陶称为南中郎将、江夏相，率五千精兵进入沔中；任命庾翼任南蛮校尉、南郡太守，负责镇守江陵；任命陈嚣为辅国将军、梁州刺史，率军进入子午道，向后赵发起进攻。此外，他还派偏师伐蜀，进入江阳。庾亮亲自率十万晋军驻扎石城，为诸路大军作后援。

群臣商议此事时，王导表示支持庾亮。郗鉴认为，物质准备不充分，不可贸然行事。蔡谟也认为石虎不是庾亮能够对付的。此事便作罢。

不久，后赵军进犯邾城，毛宝和樊峻抵抗不住，向庾亮求援。庾亮认为，邾城城池坚固，没有及时派兵。同年九月，邾城失陷，毛宝、樊峻战败，投水而死。庾亮向皇帝谢罪，请求自贬三级，降为安西将军。皇帝下诏让他恢复原职，又拜他为司空，其余官职依旧。庾亮推辞不受。

自从邾城失陷后，庾亮忧闷成疾。当时，王导、郗鉴相继去世，皇帝征召庾亮为司徒、扬州刺史、录尚书事。咸康六年（340）正月初一，庾亮病死。

几天后，皇帝任命庾翼为都督江、荆、司、雍、梁、益六州诸军事，安西将军、荆州刺史，假节，接替庾亮镇守武昌。此前，邾城被攻陷后，后赵将领夔安进而围困石城。庾翼屡设奇兵，偷偷将粮食军需送入石城，为石城解围做出不可替代贡献。

有人怀疑庾翼年轻，不能继承庾亮的事业。庾翼尽心治理，军务和政务都很严明，数年之间，官府和私人资用充实，众人都称赞他的才能。黄河以南百姓都有归附之心。那些想从庾家夺走辅政大权的人也只好死心。

庾翼与桓温关系好，两人相约共同平定天下。庾翼曾向朝廷举荐桓温，说："桓温具备英雄的才能，希望陛下不要用常人的礼节对待他，按寻常的女婿①豢养，应当委派给他周宣王时方叔、召虎那样的重任，他必能建立匡救世事艰难的功勋。"

庾翼以攻灭胡虏、收复蜀地为己任，派使者向东与燕王慕容皝相约，向西与凉州牧张骏相约，商定日期大举行动。群臣大多认为，此事难以施行，只有庾冰、桓温、司马无忌支持庾翼。

咸康八年（342）六月初五，皇帝司马衍身体不适，下诏让司马岳继承帝位；六月初七，司马衍在西堂死去，司马岳继位做皇帝，司马晞、司马昱、庾冰、何充、诸葛恢一并接受遗诏辅政。庾翼没获得辅

---

① 女婿，桓温娶晋明帝司马绍女儿南康公主司马兴男为妻子，所以称呼他为女婿。

政权。

建元元年（343）七月初八，皇帝下诏让朝廷论议北伐之事。庾翼想出动所统领士兵北伐，上表推荐桓宣为都督司、雍、梁三州及荆州四郡诸军事，兼任梁州刺史，前赴丹水；任命桓温为前锋小督、假节，率军入临淮。同时，他出动六州奴仆及车牛驴马。百姓都叹息怨恨。

庾翼想移镇襄阳，怕朝廷不许，上表称移镇安陆。皇帝和朝臣商议后，派使者晓谕制止他。孙绰也写信劝阻庾翼。庾翼不听，违诏向北行进。到夏口后，他又上表请求镇守襄阳。庾翼拥有四万兵。皇帝下诏加授他都督征讨诸军事，庾冰率军镇守武昌，作为庾翼后援。

庾翼率军抵达襄阳，召集僚佐，陈列旌旗与铠甲，亲授弓箭，说："我这次出征，就像这次射箭一样。"三起三叠，士兵都注视着他，士气高涨。

当时，后赵五六百骑兵出樊城。庾翼派曹据率军追击，在挠沟北将他们击破，后赵军死伤近半。曹据缴获百匹战马。庾翼安抚自荒远地区前来的人，竭尽招纳贤士，建立客馆，设立典宾参军。他又命梁州刺史桓宣在丹水与后赵李罴交战，被李罴击败。庾翼贬桓宣为建威将军，桓宣为此惭愧气愤，不久后去世。庾翼让庾方之出任义城太守，代统桓宣部众。他又命应诞为龙骧将军、襄阳太守，司马勋任建威将军、梁州刺史，戍守在西城。

第二年，皇帝司马岳病重。庾冰、庾翼想立会稽王司马昱为嗣君，何充建议册立皇子司马聃。司马岳听从何充建议，立司马聃为皇太子。庾冰、庾翼因而痛恨何充。十一月初九，庾冰病死。庾翼因家事困事难以兼顾，留庾方之任建武将军，戍守在襄阳。庾方之年轻，毛穆之辅佐他。庾翼回镇夏口。朝廷下诏让庾翼再督江州，又兼领豫州刺史。庾翼辞谢豫州刺史，还想移镇乐乡，朝廷下诏不许。

庾翼便修缮兵器军备，积存粮食，准备之后举兵北伐，又派周抚、曹据讨伐成汉。永和元年（345），庾翼病死。世族门阀尽力阻止庾方之继任职位，一同推荐桓温接替职位。桓温继承了庾翼的北伐遗志，却打破了世族门阀之间相对均势的局面。

四、新贵崛起，朝野惊恐

从太宁三年（325）司马衍当皇帝，庾亮参与辅政，到永和元年（345），庾翼病死，庾家兄弟掌握朝政整整二十年。在二十年期间，其他世族门阀也掌握权力，也挑战过庾家权威，但庾家起到了牵制琅琊王氏家族的主力作用。

在二十年期间，遭排挤的王导也不声不响培养了另外一个世族门阀何充走进政治中心，成为制约庾亮兄弟的力量。苏峻之乱后，王导向皇帝进言，说："何充才识度量过人，严谨而公正，有万夫所归的声望，必能掌管朝政，为老臣的助手。老臣辞世之日，愿陛下接受何充为近侍，天下将会安定，社稷无忧。"何充升为吏部尚书兼冠军将军。

咸康五年（339）王导死后，何充出任护军将军，与中书监庾冰一起录尚书事。不久，皇帝任命何充出任尚书令，封左将军，后改任中书令，加散骑常侍。咸康八年（342），皇帝司马衍病死前，庾冰出于自家利益，主张拥立司马岳。何充主张拥立司马聃，两人互不相让。司马衍选择支持庾冰，下诏以司马岳为嗣君。

司马岳继位后，庾冰和何充辅政。他们之间的矛盾依旧没解决。第二年，何充出任骠骑将军兼任徐州刺史，镇守京口。不久，庾翼准备北伐，庾冰出镇江州。何充入朝，对皇帝说："庾冰是尊贵的国舅，应做宰相掌管朝政，不宜远出。"朝臣讨论，结果否定了何充建议。朝廷任命何充为都督扬州、豫州及徐州之琅琊诸军事、假节，兼任扬州刺史。

建元二年（344），司马岳病重，庾冰及庾翼准备立会稽王司马昱为新皇帝。何充再次主张立司马聃，得到允许。司马岳死后，何充以遗诏立司马聃为皇帝。庾冰、庾翼等人因而十分憎恨何充。垂帘听政的皇太后褚蒜子重用何充。庾冰等人无可奈何。

接下来两年，庾冰、庾翼先后死去，何充一人独掌大权，辅助幼主。庾翼临死前，上表朝廷请求让庾爱之继承他的职位。议论者认为，庾家世代守西藩，人情所归，应该依从庾翼的请求，以安人心。何充认为，庾爱之无法担重任，力推才略过人、文武兼备的桓温。何充身居宰相，刚强果敢，才识度量过人，执掌国政，正气凛然，以国家兴旺为己任，选任官职，无不以功臣为先，不为私人树立亲戚党朋，获得朝野敬重。他极力推荐桓温做荆州刺史，其他担心庾氏家族势力继续坐大的大臣也支持。

经多方博弈，桓温当上安西将军、荆州刺史，掌握长江中上游的兵权。谁都没想到，何充死后，桓温会掌握晋朝兵权，势力迅速坐大，打破世族门阀之间相对势均力敌的局面。

桓温是东晋新晋的世族门阀。桓温先祖被司马氏诛杀，是刑徒家族。他父亲桓彝南渡后，交结名士，跻身"江左八达"，逐渐赢得世族门阀认同。桓温长得帅气，为人豪爽，风度不凡，娶了南康长公主。南康长公主是庾氏家族外甥女。桓温与庾翼关系非常好。

桓温与庾翼曾相约一同匡济天下。桓温出镇荆州后，继承庾翼北伐中原的遗志，采取积极进取政策。当时，成汉正日渐衰微，成汉王李势荒淫无道。桓温采纳袁乔建议，决定亲率一万精兵，轻装速进，直攻成都。

永和二年（346）十一月，桓温上疏朝廷，请求率军西征成汉。朝廷有顾虑，担心兵败，召集大臣商讨，想以此为名拒绝。桓温不等朝廷回复，就与周抚、司马无忌等人率军向成汉发起进攻。

朝廷得知消息，忧虑不已，认为兵力过少，深入险要偏远的蜀地，担心会兵败而回。唯有刘惔认为桓温西征必能灭蜀。

有人问刘惔认为桓温西征必能灭蜀的原因。刘惔说："用蒲博^①来

① 蒲博，古代的一种博戏。

验证，如果没有十足把握，就不博。恐怕桓温最终要专制朝廷。"后来，果然像刘惔所说的。

永和三年（347）二月，桓温率兵到青衣①。李势慌忙命令李福、昝坚率军赶赴合水抵御晋军。成汉军诸将欲在江南设伏攻击晋军，昝坚却率成汉军从江北鸳鸯琦渡江，向犍为开进。成汉将领判断失误，成汉军与晋军不在同一条路上相向而行，根本没起到抵抗作用。

一个月后，桓温率军到彭模（今四川彭山一带），留下周楚、孙盛率部分兵马看守辎重，亲自率主力直取成都。李福趁机率成汉军袭击彭模，被孙盛等人率军击退。桓温率晋军三战三胜，击败李权等部成汉军，进逼成都城下。

晋军兵临成都城下，李势集结所有兵力，在成都城外笮桥与晋军决战。桓温亲临战场指挥，经过一场激烈的恶战，成汉军渐渐抵抗不住。桓温趁胜率晋军攻入成都，焚毁小城。不久，李势投降。桓温令人将他送往建康。成汉至此灭亡。

平蜀后，桓温举任贤能，援引贤才为己用，成功安抚蜀地。一个月后，桓温班师返回江陵。这一战，桓温声名大振。永和四年（348），朝廷封赏平蜀之功，虽然有世族门阀荀蕤背后捣鼓，但垂帘听政的褚太后还是封桓温征西大将军、开府仪同三司、临贺郡公。

桓温一战就灭成汉，战功是东晋建国以来无人能及的。但是，朝内大多数世族门阀忌惮声名大振的桓温，担心他日后难以控制。会稽王司马昱向褚太后建议召殷浩参与朝政，以期借助殷浩的声望抑制桓温。

殷浩见识高远，度量清明，富有美名，酷爱《老子》《易经》，善于清谈。司马昱与殷浩都喜欢清谈，兴趣相投。司马昱因殷浩有极高名声，又受朝野推崇，视殷浩为心腹，以抗衡桓温。殷浩与桓温彼此猜疑，相互不和。世族门阀子弟王羲之私下劝殷浩，希望他与桓温团

---

① 青衣，地名，位于今四川名山北。

结和好，不要在内部制造矛盾。殷浩不听从。

桓温虽不满殷浩处处与他为敌，但因熟知殷浩的为人，知其难有作为，并不担心。桓温拥有八个州，有权招募士兵、调配八个州资源，逐渐形成半独立状态。朝廷对桓温已不能征调如意，但求羁縻而已。因国中无事，君臣尚能相安。桓温虽然喜欢清谈，但有实际才干，且一直有北伐中原的理想。

永和五年（349），后赵皇帝石虎病死，后赵随即因诸子夺位而大乱。桓温决定趁机收复中原和关中地区，统一天下，请求北伐。东晋根本政策是保住江南半壁江山，无意收复中原，担心桓温北伐后的实力更大，又无法回避北伐，白白丧失战略机会，辅政的会稽王司马昱便派殷浩率军北伐。

永和六年（350），殷浩出任中军将军、假节、都督扬豫徐兖青五州诸军事，以收复中原为己任。桓温上表北伐，没得到回音，却得知殷浩率军北伐的消息，意识到朝廷用殷浩抗衡他，十分忿恨。不过，桓温也熟知殷浩并没实际军事经验，也不感到害怕。

桓温因屡次请求北伐不果，在永和七年（351）十二月十一日上表后，自行率约五万军队东下武昌。此举令朝廷十分恐惧。殷浩也因此准备离职，以避免刺激桓温，引发内战。王彪之极力劝阻殷浩。殷浩才作罢。

永和八年（352），殷浩上表北伐，率军进攻许昌、洛阳。出发前，殷浩坠落马下，时人认为不吉利。不久，朝廷命令陈逵、蔡裔为前锋，谢尚和荀羡为督统，开长江以西一千多顷水田，作为军粮储备。适逢苻健杀害大臣，苻黄眉从洛阳西逃。殷浩请求进驻洛阳，修复陵园。

永和九年（353）冬天，殷浩率七万晋军大举北伐，命令姚襄率军为前驱，刘洽负责镇守鹿台，刘遁负责镇守仓垣，又请求解除他扬州刺史职务，专镇洛阳，朝廷不许。殷浩到许昌后，正遇张遇反叛，谢尚又遭大败，只好率军退回寿阳。之后，殷浩率军再度进攻，驻扎在山桑。恰逢姚襄反叛，殷浩胆怯，丢下辎重，退守谯郡，器械军粮全部被姚襄所部夺走，士兵死伤、叛变的不计其数。殷浩派刘启、王彬之在山桑攻打姚襄所部叛军，被姚襄所杀。

桓温素来忌恨殷浩，听说殷浩北伐失败，上疏指责殷浩，列举他的罪行。永和十年（354），朝廷因桓温上表，逼不得已，将殷浩废为平民，将他流放到东阳郡信安县。

殷浩被撤职，朝中再无人能阻止桓温北伐。遗憾的是，等桓温准备好北伐时，中原局势早已发生变化。永和十年（354）二月，桓温率军北伐前秦。他亲率四万步骑兵从江陵出发，由水路从襄阳进入均口，然后从淅川直接到武关，同时令司马勋率军从子午道出发，一起攻击前秦。

历经数次血战，晋军顺利进入关中。前秦皇帝苻健被迫退守长安城。附近郡县纷纷归降桓温。关中百姓牵牛担酒沿路迎接晋军。许多老人痛哭失声说："没想到，今天还能再次见到官军！"不过，苻健坚壁清野，固守不战。晋军军粮不继，不得不撤军。随后，前秦军趁势追击，仓促撤军的晋军大败。

桓温并不服输，积极准备卷土重来。永和十二年（356）七月，他率军再次北伐。他从江陵出发，命令高武据守鲁阳（今河南鲁山），戴施率军进逼许昌、洛阳。同时，他求徐州、豫州出兵淮泗一带，进入黄河流域，以配合作战。

八月，桓温率军到伊水时，姚襄闻讯撤军到伊水北边，隔河而拒战。桓温亲自披甲督战，命晋军结阵而进，大破姚襄，收复洛阳，进入金墉城。桓温班师南归。豫州、青州、兖州等地再次失陷。北伐成果大打折扣。

隆和元年（362），吕护率前燕军进攻洛阳。戴施弃城而逃。陈佑率晋军坚守洛阳城，派人告急。桓温派邓遐率三千晋军去协助守城，再次请求迁都洛阳。东晋君臣根本不支持。桓温没办法，只好先稳定局势，再筹划讨伐前燕。兴宁二年（364），桓温率水师到合肥，进行北伐准备。因种种原因，北伐前燕的事耽误了好几年。

太和四年（369）三月，郗愔写信给桓温，请求率军进攻前燕。桓温顺势兼并郗愔所部的军队，于一个月后，亲率五万步骑兵北伐前燕。

桓温率晋军攻湖陆时，俘虏前燕将领慕容忠，进而进攻金乡。当时，正逢大旱，水道不通，郗超建议直捣前燕国都邺城，或者坚守河道，控制漕运，储蓄粮食，等明年夏天再继续进攻。桓温不听，令人在巨野开凿水路，使船只从清水进入黄河。

慕容垂、傅末波等人率八万前燕军抵抗。双方在枋头对峙。桓温命袁真率晋军进攻谯州、梁州，打开石门水道。袁真最终没开通石门水道，导致晋军军粮耗尽。桓温只好下令焚毁战船，退军而去。慕容垂率八千前燕骑兵追击，在襄邑大败晋军。

桓温北伐失败，朝廷没追究他兵败之责，还令人带牛酒犒劳他。桓温不认输，依然在寻找机会再次北伐。枋头兵败，桓温感到耻辱，认为朝廷不支持才导致失败，便想废黜皇帝司马奕，树立绝对权威，再次寻机率军北伐。这导致他成为朝野共同的敌人。

太和六年（371）十一月，桓温率军入朝，威逼褚太后废黜司马奕皇帝之位。褚太后召集百官，下诏废司马奕为东海王，改立司马昱为皇帝。

东晋开国五十余年，从未发生废立之事。桓温擅行废立，百官震栗，各世族门阀对他实力坐大感到惊慌。桓温也紧张不已，抓住机会清除朝中异己力量，先后废黜一些宗王，杀掉一些世族门阀。

庾氏家族是实力庞大的世族门阀。桓温杀了几个庾氏子弟，威势极盛。世族豪门谢安出任侍中，每次看到桓温，很远就主动打招呼。皇帝司马昱整天提心吊胆，害怕被废黜。他任命桓温为相国，留桓温在京师辅政。桓温拒绝。

咸安二年（372）七月，皇帝司马昱病重，急召桓温回朝。桓温不肯入朝。司马昱留下遗诏，让桓温摄政，效仿周公。王坦之力争，将遗诏中"摄政"改为"辅政"。桓温原以为皇帝临死前会禅位给自己，或让自己摄政，大失所望，怨愤不已。群臣惧怕桓温，不敢拥立太子登基。尚书仆射王彪之拥立太子司马曜继位。司马曜继位后，派谢安去请桓温入朝辅政。桓温生气，不入朝。

宁康元年（373）二月，桓温突然率军入朝。一时间流言四起，说桓温入京要杀王谢两家，颠覆朝廷。谢安、王坦之率百官迎接桓温。朝中位望稍高的人都惊慌失措。桓温没为难王谢两家，将另一个得罪他的世族门阀子弟陆始下狱。几天后，桓温病了，返回姑孰。

桓温病情渐重，不断派人催促朝廷给他加九锡之礼。谢安、王坦之寻找各种借口拖延时间。没等到加九锡，桓温就死了。他弟弟桓冲继承桓温的兵权，他小儿子桓玄袭封桓温的南郡公爵。世子桓熙不服，谋杀桓冲，失败。

桓冲吸取教训，为人很低调，努力搞好与其他世族门阀的关系。继而崛起的世族门阀谢安崇尚清谈，成为世族门阀新领袖。东晋世族门阀之间出现相对和谐的局面。

第十四章　前秦的崛起与崩溃

东晋内部斗争时，中原局势巨变，前秦迅速崛起，形成南北对峙局面。苻坚率倾国之兵进攻东晋，谢安派出北府兵对抗。淝水之战，前秦意外战败，在中原的统治崩溃。东晋获得空前战略机遇。

一、逐鹿中原，前秦崛起

永嘉之乱后，晋朝基本丧失中原统治。不过，匈奴汉没多久就陷入内讧，随之而来的是接连不断的政权更迭，从匈奴汉到前赵，到后赵，到冉魏，一次又一次血腥事件，不仅导致他们实力不断消耗，还导致中原边缘的其他少数民族势力壮大起来。慕容鲜卑人建立的前燕、拓跋鲜卑人建立的代国、氐族人建立的前秦，都对历史产生深远影响。

除代国发展稍微慢点外，前燕和前秦发展速度一个比一个快。前燕一举击败冉魏，占领中原大部分地区。前秦崛起后，积蓄力量，抓住时机，一举消灭前燕、代国等，统一中原，给东晋带来空前生存压力。

前秦崛起和崩溃是影响历史走向的事，对东晋历史发展也产生深远影响。决定前秦崛起和崩溃的都是大秦天王苻坚。

刘渊起兵反晋时，氐族首领苻洪率部在乱世中寻求自保。西晋永嘉四年（310），苻洪自称护氐校尉、秦州刺史、略阳郡公。东晋大兴二年（319），苻洪被前赵皇帝刘曜封为氐王。

东晋咸和四年（后赵太和二年，公元329年）九月，石虎在义渠大败前赵军，擒获前赵太子刘熙、南阳王刘胤及其将军、郡王、公卿、校尉以下三千多人，全数杀害。苻洪向石虎请求投降。石虎一向优待苻洪。石虎死后，他的儿子们混战。苻洪成为各方势力猜忌的对象。

东晋永和六年（350）三月，石虎旧部麻秋利用酒宴机会让苻洪喝下有毒药的酒。苻健杀掉麻秋后死去。临死前，苻洪叮嘱继承人苻健"迅速入关"。"迅速入关"成为前秦崛起的第一步。

苻健继承父亲遗志，积极策划率部进入关中。他采用欺骗手段麻痹了东晋在关中的守将杜洪等人，率氏族人分三路朝关中前进。杜洪慌忙之中率军抵抗。氏族军接连获得胜利，所到之处无不投降，迅速攻克长安。东晋永和七年（351），苻健称大秦天王、大单于，赦免境内死刑罪犯，年号皇始，国号大秦，史称前秦，并修建宗庙社稷，在长安设置百官。前秦皇始二年（352），苻健在太极前殿即皇帝位，诸公进位为王，把大单于授给太子苻苌。

随后，苻健率前秦军击败司马勋所部晋军，击败前凉军以及关中一些地方豪强，巩固了对关中的统治。东晋永和十年（354），权臣桓温率四万人直指长安，同时派偏将率军进入淅川，进攻上洛，派司马勋率军攻占关中西部边邑。苻健派太子苻苌、苻雄、苻菁等人率五万雄兵，在尧柳城（今陕西蓝田一带）愁思堆抵抗。长安附近的郡县多数投降桓温所部。在白鹿原，苻雄率七千骑兵，与桓冲所部晋军交战，晋军战败。苻雄所部前秦军又在子午谷击败司马勋所部晋军。

苻健采取坚壁清野战略。很快，桓温所部晋军非常缺粮，不得不撤军。苻苌等人率前秦军追击，在潼关打败桓温所部晋军。桓温北伐惨败而归。太子苻苌在交战中被流箭射死。苻生被册立为太子，引发其他宗室成员不满。

前秦皇始五年（355）六月初六，苻健卧病时，苻菁率军进入东宫，想杀太子苻生自立。苻健登上端门布兵排阵，一举镇压苻菁叛乱。几天后，苻健召鱼遵、雷弱儿、毛贵、王堕、梁楞、梁安、段纯、辛牢等高官，接受遗诏辅佐朝政。他特别叮嘱苻生："六夷酋长将帅以及大臣中握有权力的人，如果不听从你的命令，就应该逐渐把他们除掉。"第二天，苻健死去，太子苻生继位，改元寿光。

苻生是天下少有的暴君，视杀人如儿戏，无论是大臣，还是其他人，看谁不顺眼，就随即杀掉。他牢牢记住父皇的遗言，只要认为谁不听从他的命令，就不分青红皂白地将对方杀掉。朝中大臣太傅及以下，后宫皇后及以下，皇亲国戚亲舅舅等人，苻生只要不高兴，随时就大肆杀戮。苻生常弯弓露刃见朝臣，降发锤钳锯凿备置左右。他即位不久，上至后妃公卿，下至仆隶，杀死五百余人。前秦朝廷内外人人自危。

前秦寿光三年（357）六月一天晚上，苻生对身边侍婢说想杀死苻坚兄弟。那个侍婢及时报告给东海王苻坚。苻坚兄弟以及梁平老、强汪等人密商"免除灾祸的办法"。当晚，他们率数百壮士进宫，将残暴的皇帝苻生抓起来，拉到偏殿里幽禁起来。苻坚被推举为皇帝。

苻坚即位时，前秦社会一派混乱。关中本来是各民族杂居地区，民族仇杀此起彼伏。前秦在战乱中建国，法律制度都不健全。苻生又实施残暴统治，已有水旱灾害发生，致使千里秦川豪强横行、老百姓苦不堪言。

苻坚做东海王时，就痛感时弊误国害民，即位后决心开创清明的政治局面，整顿吏治，惩处不法豪强，平息内乱，实行与民休养生息的政策。他深知明政无大小、以得人为本，广招贤才，从调整朝廷入手，果断地处死苻生的帮凶董荣、赵韶等二十多人，同时恢复被苻生冤杀者的名誉，善待他们的后代。

苻坚抑制贵族豪强、扩大皇权，恢复魏晋士籍，承认世族门阀特权，吸收汉族读书人参政，扩大胡汉联合统治基础。当时，前秦朝廷世族门阀以京兆韦氏、略阳权氏、天水姜氏、安定皇甫氏、陇西李氏、清河房氏、河东裴氏为主。出任郡守镇将以及公侯、刺史幕僚的世族门阀，以燕郡韩氏、清河崔氏、敦煌索氏、渤海高氏、魏郡申氏、略阳垣氏、天水赵氏、河内常氏为主。

除重用世族门阀外，苻坚提拔一批精明廉洁的汉族读书人参与朝政，例如王猛、邓羌等人，对前秦崛起意义大。尤其是，苻坚重用王猛，对前秦迅速崛起起了重要作用。

王猛出身贫寒，人穷志不穷，为人严谨、博学多才。东晋权臣桓温曾以高官厚禄请王猛做幕僚。王猛认为东晋已经腐败不堪，世族门阀之间相互牵制，争权夺利，不思进取，他出身寒族，发展空间小，便坚辞不就。后来，王猛遇到苻坚，两个有梦想的人一见如故。王猛留在苻坚身边做参谋。

在京畿附近的始平郡，有很多从枋头返回来的豪强贵族目无王法，横行霸道，百姓叫苦连天。始平治安一塌糊涂。苻坚认为，要实现治国梦想，就要先让京师西北门户始平的豪强贵族遵纪守法。苻坚任命王猛为始平令，让他放手治理始平。

王猛刚到任，便雷厉风行，申明法纪，明辨善恶，执法严明，强力压制不法豪强。那些豪强与地方官吏勾结已久，霸道惯了，不把王猛放在眼里，照例恣意妄为。王猛言出即行，当即把一个作恶多端的奸吏当众打死。奸吏的狐朋狗党联名上告，勾结执法官将王猛逮捕，押送到长安狱中。苻坚亲自到狱中看望，在了解实际情况后，更坚信王猛是治理乱世的干才，当即宣布赦免他。

王猛出身寒门庶族，却接连得到苻坚重用提拔。前秦一些元老显贵不服气，妒火中烧。姑臧侯樊世资历深、功劳大，居功自傲，倚老卖老，当众侮辱王猛。王猛毫不客气地同等回击，气得樊世勃然大怒，誓不两立。后来，在朝堂上，樊世又和王猛争吵起来。他不顾场合，也不顾形象，破口大骂，对王猛拳打脚踢。左右急忙拉住，才避免朝堂上出现流血事件。苻坚见樊世如此狂妄，下令把他拉出去杀了。

此事在氐族豪强贵族中引起轩然大波。他们纷纷到皇帝面前诋毁王猛，为樊世讨回公道。苻坚非常生气，除责骂他们外，还举起鞭子揍了他们一顿。大部分氐族豪强贵族见此，只好收手，不再纠结那件事。

强德自恃是皇亲国戚，恣意妄为。强德酗酒行凶，鱼肉百姓，胡作非为。有一天，强德在大街上欺压百姓。不避权贵的王猛下令逮捕强德，斩首示众，陈尸街头。苻坚并没因此事说王猛一句话。

事后，御史中丞邓羌与王猛通力合作，全面查处扰民乱政的权贵。结果，二十多个不法的贵戚豪强相继被诛杀。京城内外百官震肃，豪强贵戚无不老实守法。社会风气大为好转，出现"路不拾遗，夜不闭户"的良好秩序。百姓拍手相庆。

社会风气和社会治安大为好转后，苻坚又进行礼治建设，设立学校，兴办教育，提高民众文化素质，培养治国人才。苻坚自幼学习汉族文化，仰慕儒家经典。为扭转胡人迷信武力，轻视文化知识的落后观念，他下令恢复太学和地方各级学校，广修学宫，招聘满腹经纶的学者执教，要求公卿以下子孙入学读书。后来，他还专门为后宫妃嫔设典学，请有学问的人教宫内宦官及宫婢经学。在学习内容方面，苻坚严厉禁止老庄以及图谶学说，提倡学习儒家经典，尤其是经学。

苻坚尊崇儒学，兴办学校，目的是培养合格统治人才。为激励学生读书，苻坚大力推行传统的"学而优则仕"措施。他亲自挑选品学兼优的学生到各级权力机构任职。苻坚还规定：俸禄百石以上的官吏，必须"学通一经，才成一艺"。如果不通一经一艺，则一律罢官为民。

将读书和选官结合在一起，改变了世族门阀垄断朝廷的局面，有利于有才有德的寒门之士参与到统治阶层中，也否定了许多统治者迷信武力、蔑弃文化知识的落后观念，有效地提高了前秦各级官僚的智能素质，"才尽其用、官称其职"的新局面日益形成。

苻坚继位之初，前秦经济形势极其困难。当时，关中久经战乱，天灾连年，经济残破，前秦国库空竭，民生凋敝。为迅速扭转百废待兴的萧条局面，苻坚决定暂停对外用兵，集中力量大力发展生产。他制定"课农桑，恤困穷"的基本国策，采取一系列措施保障百姓生产，加强农业生产，增加国家财富。

他通过凿山起堤，疏通沟渠，构筑梯田、改造盐碱地、召纳流民、减租减税，奖励耕种等途径，改善农业生产环境，发展农业生产。遇上天旱时，他还下令节俭及开山泽资源与民共享，督导百姓耕种，还亲自躬耕籍田，让苟皇后亲身养蚕，以示对农业的重视。

苻坚把发展农业作为基本国策，关中平原的经济得到恢复发展。几年后，便出现安定清平、家给人足的新气象。前秦国库得到充实，国力大大增强。这为前秦统一中原奠定了坚实基础。

二、统一北方，征服诸国

在发展经济几年中，前秦也爆发一些叛乱，但苻坚始终坚持"不轻易动兵"策略，尽力忍耐和安抚。这迷惑了前秦的对手，使他们低估了前秦势力。前秦军开始征战后，战斗力"爆棚"，抓住一个机会就能彻底击败对手，统一中原。

前秦甘露元年（359），匈奴铁弗部首领刘悉勿祈死去。他弟弟刘卫辰当上首领，派使者向前秦投降，请求在内地划给他们农田耕种，春天来秋天走。苻坚要集中精力恢复国内经济，因而同意此请求。当年四月，前秦云中护军贾雍派骑兵袭击铁弗部，满载而回。苻坚愤怒地责备了贾雍，命令他派人将所掠获的财物送还给铁弗部，并加以抚慰。铁弗部从此进入关内定居，经常向前秦进贡。

刘卫辰对前秦并不忠诚。第二年，他向代国请求结为婚姻。代王拓跋什翼犍把女儿嫁给刘卫辰。前秦甘露三年（361）正月，刘卫辰率匈奴军掳掠前秦边境五十多个百姓做奴婢。随后，他又将那些人进献给前秦。苻坚得知内情，斥责刘卫辰，让他把掳掠的百姓放回去。刘卫辰因此而背叛前秦。苻坚并没惩罚他。

前秦甘露六年（364），苻腾谋反被杀。苻腾是苻健七儿子，苻生七弟。当时，苻生还有五个弟弟在。王猛建议趁机杀掉他们，以消除祸患。苻坚没采纳。

前秦建元元年（365）正月，刘卫辰背叛代国。代王率军渡黄河，进攻铁弗部。刘卫辰又战败，归降前秦。苻坚原谅了他，又接纳了他。

同年七月，刘卫辰和曹毂一起背叛前秦。苻坚亲自率军镇压曹毂所部，派邓羌率军讨伐铁弗部。一个月后，邓羌在木根山擒获刘卫辰。几个月后，苻坚仍然封刘卫辰为夏阳公，让他继续统领铁弗部。原因是苻幼趁机率军进攻长安，只有苻宏、王猛及李威等人留守。

原来，苻幼认为，大秦天王远在朔方，长安空虚，机会已到，秘密联系苻柳、苻双起兵反叛。不过，苻柳、苻双并没及时响应，及时起兵配合苻幼。苻幼兴冲冲从杏城起兵，奔袭长安。李威率军迎击，一举击溃苻幼所部，俘杀苻幼。

尽管苻双没及时响应，但阴谋已败露。苻坚将绥靖政策执行到底，没将此事公布于众，也没下令杀他们。不过，苻柳和苻双内心的不安并没消除，也不相信苻坚的宽大，有种刀架在脖子上不知何时会砍下来的感觉。出于野心和自保，他们又串联上苻廋、苻武共谋，准备再次发动叛乱。苻廋、苻武都是苻生弟弟。

前秦建元三年（367）秋，苻柳、苻双、苻廋、苻武密谋消息泄露。苻坚征召他们入朝。他们一不做二不休，直接率军谋反。当年十月，苻柳据蒲阪、苻双据上邽、苻廋据陕城（今河南三门峡），苻武据安定，同时起兵造反，声势浩大，对长安形成包围势态。

苻坚有些慌张，试图妥协，分别派使者劝慰苻柳、苻双、苻廋、苻武不要造反，停止征战，各自罢兵，各安其位，一切如故，概不追究。苻柳等人拒绝罢兵。妥协失败，苻坚只能一战。

前秦建元四年（368）正月，苻坚宣布出兵平叛。他制定总战略：对西线苻双、仵武所部采取攻势，对东线苻柳、苻廋所部采取守势。他命令杨成世率军进攻上邽，毛嵩率军进攻安定，王猛、邓羌率军进攻蒲阪，杨安、张蚝率军进攻陕城。

这部署值得深味。王猛、邓羌、张蚝等人是前秦一流将才，却全部安排在主守的东线，在主攻的西线，只有杨成世和毛嵩。原因是守而不攻的东线更危险——担心前燕会趁火打劫，更担心逼得太紧，苻柳、苻廋投降前燕，将前燕拉入战争中；西面的前凉国力较弱，无需担忧。

苻坚怕什么来什么。苻廋本着"宁予外人，不予家人"的精神，以陕城投降前燕，请求前燕出兵接应。这一操作导致前秦门户大开，苻坚非常惊恐，不得不慌忙集结大量军队在华阴设防。

见前秦内乱，有人主动提交投名状，范阳王慕容德认为统一北方的机会来临，上书给皇帝慕容暐，建议立即派皇甫真、慕容垂、慕容评等人率军进攻前秦。很多大臣也认为机会难得，赞同这个提议。辅政大臣慕容评出于限制吴王慕容垂的需要，反对慕容德进攻前秦的建议，并一锤定音："保持国内安定团结的大好局面就行，平定关中不是我们该干的。"群臣见此，就不再议论出兵前秦的事。

苻廋见前燕不出兵，心里非常失落和不解，又写信给慕容垂和皇甫真，说前燕不趁机出兵的危害。慕容垂看了书信，非常赞同信中分析，但他深受慕容评猜忌，不敢多说话，也不想因此事给自己招灾。

前秦来自东边的危险暂时消失了，但西边战局却不顺利。前秦建元四年（368）三月，杨成世所部被苻双部将苟兴率军击败。毛嵩所部也被苻武率军打败。苻坚从容调动战略预备队，派王鉴、吕光、郭将、翟傉等人率三万大军赶往西线支援。

四月，苻双、苻武乘胜派苟兴率军为先锋进攻榆眉（今陕西千阳一带）。榆眉守将吕光应对得当，坚守不战，等苟兴所部士气衰弱，军粮供给不上时，率军袭击。苟兴所部大败。吕光乘胜率军进攻苻双、苻武所部，又大破之，斩获一万五千人。苻武大败后，不得不放弃安定，与苻双一起率着残部逃到上邽。王鉴、吕光等人率军紧追不舍，继续进攻反军。西线转败为胜。

在东线，苻柳多次率反军向王猛所部挑战。王猛示弱，不出战。苻柳认为王猛胆怯，便在五月留下苻良率军镇守蒲阪，亲自率两万精兵渡过黄河袭击长安。等苻柳率反军出蒲阪一百多里后，前后难以呼应，王猛派邓羌率七千精锐骑兵夜袭反军。苻柳所部大败，慌忙率残部向蒲阪方向撤退，途中又被王猛率军伏击，再次遭遇惨败。苻柳所部主力尽失。他率数百人逃入蒲阪。王猛、邓羌等人率军乘胜猛攻蒲阪。

七月，王鉴、吕光等人率军攻克上邽，斩杀符双和符武。西线战事结束后，王鉴等人率军驰援东线。九月，王猛、邓羌一起率军攻下蒲阪，斩杀符柳，而后率军会同王鉴、张蚝所部，一起进攻陕城。十二月，前秦军攻下陕城，生擒符廋。符坚下令赐死符廋。

前秦内乱从此彻底平定。前燕虽然没出兵介入，但已经引起符坚足够警惕——前燕是统一天下最大的障碍，消灭前燕是不可回避的任务。

前秦建元五年（369），前燕发生内讧，符坚意外渔翁得利。

前秦建元五年（东晋太和四年，公元 369 年）四月，桓温亲率五万步骑兵北伐前燕。檀玄率晋军攻克湖陆，俘获慕容忠。慕容厉出任征讨大都督，率军和晋军在黄墟大战，大败。邓遐、朱序又率晋军打败傅颜所部。慕容暐派李凤向前秦求援。七月，桓温率晋军进驻武阳（今河北易县一带）。前燕世族门阀孙元率宗族起兵响应晋军。桓温趁机率军到达枋头。晋军连战连胜，慕容暐、慕容评等人十分恐惧，商议欲逃归故都和龙（今辽宁朝阳）。在关键时刻，慕容垂请求率兵抗晋。慕容暐就任命慕容垂出任南讨大都督，率慕容德等部，共计五万步骑兵抵御桓温。

慕容暐又派乐嵩向前秦求救，答应割让虎牢关以西土地给前秦。符坚召集群臣商议后，采纳王猛"先援弱击强，后再乘燕衰而取"的建议。八月，苟池、邓羌率两万步骑兵去救援前燕。援军从秦洛州出发。出洛阳进屯颍川后，苟池派姜抚去前燕报信。

桓温所部晋军接连失利，粮草中断，又听说前秦援兵将到，就下令焚烧战船，丢下辎重、铠仗，率军从陆路撤回。慕容垂亲自率八千骑兵尾随，又大败晋军，斩首三万人。桓温北伐前燕以失败告终。

慕容垂率军大败桓温，威名大振，导致慕容评对他又忌又恨。慕容垂为手下将士请功。慕容评压住不报。慕容垂大为不满，与慕容评相争。可足浑太后素恨慕容垂，趁机诋毁慕容垂的战功，与慕容评相谋，准备找机会杀慕容垂。慕容恪儿子慕容楷得知消息，劝慕容垂先发制人。慕容垂心中不忍，不愿意骨肉相残，决定外出避祸。前燕建熙十年（前秦建元五年，公元 369 年）十一月，慕容垂以打猎为由，微服出邺城，准备回故都和龙。

到邯郸时，向来不为慕容垂所宠爱的小儿子慕容麟向慕容评告密。慕容评在慕容暐面前尽说慕容垂坏话，派慕容强率精骑追赶慕容垂一行。慕容垂左右也多有离去。慕容垂采取嫡长子慕容令的计谋，投降前秦，以避免爆发内战。慕容垂率部西行，到河阳后，斩杀防守官兵，渡河西行。

自慕容恪死后，苻坚便有伐燕之意，但一直未实现，一是因前秦内乱，二是忌惮慕容垂。苻坚得知慕容垂率部来归，大喜，召集群臣商议。王猛深知慕容垂有雄略，担心将来变成祸患，说："慕容垂是燕国皇室，当世英雄，对下属宽厚仁慈，结交了很多英雄豪杰，燕赵人士都想拥戴他当皇帝。他就像蛟龙猛兽一样，不是可驯服的，不如趁早除掉他。"苻坚认为自己正要招纳各方英豪建立不世之功，杀害了他，影响自己的声誉，因而并没有听从。苻坚亲自到郊外迎接慕容垂一行，给予慕容垂及慕容楷等人优厚待遇。

前燕纲颓纪紊，日益腐败。桓温败退后，前燕反悔食言，没如约将虎牢关以西的土地割让给前秦。苻坚以此为借口，于十二月派王猛、梁成、邓羌等人率三万步骑兵进攻前燕，任命慕容令为参军，充当向导。慕容令逃回前燕，但因忽叛忽归，受到猜疑，被杀。没多久，王猛、梁成和邓羌率军攻下洛阳。

前秦建元六年（370）六月，苻坚再次命令王猛等人率军进攻前燕，亲自送行。在潞川，王猛、邓羌率军击溃慕容评所率三十多万前燕军，并乘胜直取前燕首都邺城。苻坚得知消息，在王猛围攻邺城时，亲自率军到前线助战。拿下邺城后，出奔辽东的前燕皇帝慕容暐被前秦追兵俘虏。前秦吞并前燕这个争霸中原最强大的对手。

在前秦吞并前燕同一年，名义上臣服于前秦的仇池公杨世死。他儿子杨纂袭位后，只受东晋朝命，断绝与前秦臣属关系。前秦建元七年（371），苻坚派苻雅率军进攻仇池。杨统率部投降前秦，引领前秦军兵临城下。杨纂投降。前仇池国灭亡。

前凉皇帝张天锡得知前仇池国灭亡，甚为畏惧，被逼向前秦称臣。吐谷浑君主碎奚也因前仇池灭亡，派使者向前秦进贡。另外，苻坚又出兵攻伐陇西鲜卑首领乞伏司繁。乞伏司繁也向前秦投降。

前秦建元九年（373），杨广率晋军进攻仇池。仇池守将杨安率前秦军击败杨广所部晋军。杨安也趁机进攻汉川。不久，苻坚命令王统率前秦军进攻汉川，毛当等人率前秦军负责攻打剑门，大举进攻东晋梁州和益州。一番激战后，前秦攻下益州和梁州。第二年，益州发生叛乱。苻坚便命令邓羌、杨安率军入蜀平定叛乱。前秦巩固了对蜀地的控制权。

前秦建元十二年（376），前秦天王苻坚以前凉皇帝张天锡"虽称藩受位，然臣道未纯"为由，出动十三万前秦军进攻前凉。苻坚派阎负和梁殊出使前凉，征召张天锡到长安。张天锡不愿投降，决意与前秦决一死战，下令斩杀阎负和梁殊，派马建率军抵抗前秦军。

前秦军西渡黄河，攻下缠缩城（今甘肃永登一带），张天锡又派掌据到洪池协同马建作战，亲自率军到金昌助战。前秦军进攻洪池时，马建向前秦投降。掌据率军战死。张天锡惊惧之下率军退还姑臧（今甘肃武威境内）。前秦军直攻姑臧。张天锡被逼出降。前凉至此灭亡。

前燕、前仇池国、前凉灭亡后，北方仅剩拓跋鲜卑人建立的代国。在灭前凉同一年，苻坚以应铁弗部刘卫辰求救为由，命令幽州刺史行唐公苻洛率十万前秦军，另派邓羌率二十万前秦军，一起北征代国。代王拓跋什翼犍先后命白部、独孤部及南部大人刘库仁率军抵抗，都失败。在危急时刻，拓跋斤挑拨什翼犍儿子拓跋寔君，怂恿他趁机起兵夺取代王之位。代国内乱爆发，苻洛和邓羌得知消息，率前秦军前往云中。代国崩溃，为前秦所灭。苻坚让刘库仁和刘卫辰统管故代国诸部。

除西域外，前秦统一北方，四周诸国遣使通好，与东晋形成南北对峙状态。

三、秦晋摩擦，势均力敌

到前秦建元十二年（376），苻坚继位不到二十年间，就基本统一中原。不过，他面临的问题也不容小觑。

早在建元九年（373），前秦已统一中原大部，一部分氐族贵族便看出危机所在。前秦虽然灭掉前燕，但前燕势力并未遭重大损失。相反，鲜卑人的势力大到让一些前秦氐族贵族不安。

当年出现彗星，太史令张孟趁机对天王说："彗起尾箕，而扫东井，此燕灭秦之象。"他力劝苻坚诛杀慕容家族主要人物。苻坚不但不听，还任命故燕皇帝慕容暐为尚书，慕容垂为京兆尹，慕容冲为平阳太守，以示安抚和重用。

第二年十二月，前秦谣言四起，说鲜卑人图谋复国，甚至有人闯入明光殿大呼："甲申乙酉，鱼羊①食人……"朱彤、赵整等人趁机请求诛杀鲜卑人。苻坚依旧认为，氐族贵族和此前受重用的汉族大臣妒忌鲜卑贵族，攻击鲜卑人，依然没听从这个建议。慕容垂等人再逃一劫。

慕容垂等鲜卑贵族如履薄冰般地过了几年，到建元十一年（375）七月王猛病死后，局面才有所改善。前秦在短短十几年内崛起，无论是治理朝政，还是率军攻城略地，王猛都做出了无人能替代的贡献。王猛素来对慕容垂等鲜卑贵族非常警惕，无论是他率军消灭前燕前，还是他率军消灭前燕后，都主张对慕容家族要严加监管。遗憾的是，苻坚为向天下展示宽厚仁慈，并没采纳王猛的建议。

王猛积劳成疾，在建元十一年（375）六月病倒。苻坚亲为王猛祈

---

① 鱼羊，鱼羊即为鲜卑的鲜字，暗指鲜卑人。

祷，派侍臣遍祷名山大川。王猛的病情好转，给苻坚上书，提出治国建议。苻坚读一行字，抹两行泪，悲恸欲绝。

同年七月，苻坚见王猛病危，赶紧询问后事。王猛睁开双眼，望着苻坚，说："晋朝虽然僻处江南，但为华夏正统，而且上下安和。我死之后，您千万不可图灭晋朝。鲜卑、西羌降伏的贵族贼心不死，是我国仇敌，迟早要成为祸害，应逐渐铲除他们，以利于国家。"说完，王猛便死去。苻坚下令按照汉朝安葬大司马大将军霍光那样的最高规格隆重地安葬王猛。

半年之中，苻坚恪遵王猛的遗教，兢兢业业处理国事，着重抓扩大儒学教育和关心民间疾苦，都大有成效。一年多后，苻坚迅速灭掉前凉、代国，完全实现北方统一，东夷、西域二十六国、西南夷都派使者来朝贡；原属东晋的南乡、襄阳等郡也被攻占。前秦进一步强大起来。

前秦变强时，内部潜伏的社会危机也逐渐暴露。建元十二年（376），慕容绍觉察到前秦"兵疲于外，民困于内，危亡近矣"，对慕容楷说慕容垂"必能恢复燕祚"。前燕皇族们私下已悄悄地讨论"反秦复燕"。建元十三年（377），慕容农也暗中劝慕容垂"宜结纳英杰以承天意，时不可失也"。当时，为防止泄密，慕容垂笑着对慕容农说："天下大事不是你小孩子能看明白的。"

建元十四年（378），为实现统一天下愿望，在灭凉并代后，又经一年休整，苻坚准备对东晋用兵。不过，此时东晋已经走出危机，各世族门阀之间空前团结起来。

桓温病死后，桓氏家族发生内讧，桓冲继承兵权，桓玄袭封南郡公爵。根据国内外形势，桓冲采取与其他世族门阀和解的政策。谢安、王坦之等人也积极配合，各世族门阀之间的争斗走向缓和。皇帝司马曜年幼，桓冲交出辅政大权，专门负责长江中上游的军事事务。谢安请崇德太后褚蒜子临朝听政，由王坦之、谢安、王彪之三个世族门阀共同掌控朝廷。王彪之出身琅琊王氏，因先辈王导、王敦的教训，在朝政中表现得非常低调。

东晋宁康三年（375）五月，王坦之死去，谢氏势力更盛，与桓氏分处中外，形成权力结构平衡形势。同年八月，司马曜大婚，迎娶太原王氏名士王濛孙女王法慧为皇后，他弟弟司马道子也迎娶王坦之侄女为王妃。太原王氏影响力继续存在。加上保持低调态度的琅琊王氏，东晋形成桓氏、谢氏、太原王氏和琅琊王氏四大门阀共治政局。四股势力差距并不悬殊，都有和平相处意愿。

太元元年（376）正月初一，崇德太后归政，皇帝司马曜接手朝政，谢安以中书监录尚书事，成为名副其实的宰相。谢安当权的最大弱点在于没可靠的军事力量作为支撑。盘踞在荆州的桓冲掌管了东晋战斗力最强的军事集团。鉴于历史教训，他是谢安以及其他世族门阀的主要防范对象。不过，前秦日益强盛，已经统一中原，给东晋造成的威胁越来越大。谢氏建立一支武装力量变成迫在眉睫的事。

世族门阀之间保持平衡是时代需求，也是维护共同利益的需求。谢安能否建立一支武装力量，不取决于他本身，也不取决于朝廷，而取决于其他世族门阀，尤其是掌握最大武装力量的桓冲。

桓冲是桓氏家族中知识渊博、有军事才干的一位。宁康元年（373）桓温病重时，桓氏家族面临被皇室和其他世族门阀清算的危险。桓冲接管军队，收捕桓熙、桓济等不满的人，然后与皇室、其他世族门阀和解，成功化解桓氏家族危机。他尽忠于王室，拒绝专掌权力，努力与其他世族门阀和平共处，赢得了尊重。事后，桓冲出任中军将军、都督扬豫江三州诸军事、扬豫二州刺史，假节，镇姑孰。

宁康三年（375），谢安辅政，声望极重，众望所归。桓冲以气量和涵养都不及谢安为由，解任扬州刺史，让给谢安。桓氏家族成员坚决反对。与桓冲关系亲密的另一个世族门阀郗超也极力劝阻。桓冲心意已决，完全没为放弃扬州刺史这个权位极重的职位感到可惜，只尽心匡国。太元元年（376），谢安让桓冲出任车骑将军、都督豫州的历阳、淮南、庐江、安丰、襄城及江州的寻阳二州六郡诸军事，出镇姑孰。桓冲很配合。

桓冲与陈郡谢氏有冲突，人人皆知，但桓冲仍以国家为重，牺牲家族利益，处处退让和迁就谢安，将扬州刺史让给谢安，自愿出镇外地，为谢安建立武装力量提供了巨大的便利。

太元二年（377），桓氏家族的桓豁死去，桓冲出任都督江荆梁益宁交广七州诸军事、领南蛮校尉、荆州刺史，持节，出镇江陵，将江淮一带掌控的数个州郡让出来，交给朝廷管理。皇帝司马曜、谢安等人亲自为他送行。桓冲到荆州的目的，既是加强长江中上游防线的防守，也是将长江下游以及江淮一带势力范围让出来，方便谢安更好地布防。

同年，谢安推举侄子谢玄出任兖州刺史，镇守广陵，两年后又兼领徐州刺史，驻守北府①。在此期间，谢玄招募刘牢之、何谦、诸葛侃、高衡、刘轨、田洛、孙无终等将领，整合他们麾下以流民为主的武装力量，迅速组成赫赫有名的北府兵。北府兵战斗力强，巩固了陈郡谢氏的势力，也为东晋存续提供了又一坚强保障。这一切的实现，得益于谢安的筹划，更得益于桓冲的配合和迁就。他们保卫王室目标一致，又能牺牲家族利益维护朝廷利益，成为日后战胜前秦的基本因素。

在军事上，桓冲也积极配合朝廷，为抵御前秦军进攻尽力尽责。这直接影响到前秦的决策，在长江中上游军事行动不利，便将进攻重点转移到江淮一带。

太元三年（378）二月，苻坚派苻丕、苟苌、慕容暐率七万步骑兵进攻襄阳，命令杨安率军作为先锋；派石越率一万精锐军队，从鲁阳关出发；派苟池、毛当、王显率四万人从武当出发；派慕容垂、姚苌率军五万从南乡出发，攻南阳，各军会合后，一起进攻襄阳。

数月后，彭超请求进攻彭城，上言请派重将出兵淮南，与进攻襄阳的苻丕所部配合，形成东西并进之势，一举消灭东晋。苻坚非常高

---

① 北府，今江苏省镇江市。

兴地采纳建议，派俱难、毛盛等人率军进攻淮阴等地，由彭超都督东讨诸军事。

苻丕所部进攻目标是桓冲荆州兵的防区。桓温、桓豁、桓冲等桓氏家族成员在长江中上游经营多年，防御工事坚固，兵员配备精良。在太元元年（376）前秦攻打前凉时，桓冲就派朱序等人率军在沔水、汉水一带游巡，声援前凉。太元二年（377）三月，桓豁临死前，还不忘上表朝廷任命朱序出任监沔中诸军事、南中郎将、梁州刺史，镇守襄阳。

前秦军分兵四路会合攻打襄阳，于太元三年（378）四月抵达沔水以北。起初，朱序认为前秦军没舟船，便未作防备。等到石越率五千前秦骑兵顺流渡过汉水后，朱序惶恐惊骇，率军固守襄阳中城。石越率军攻克襄阳外城，缴获一百多艘船，用来接运其余兵众。苻丕率领众将所部攻打襄阳中城。朱序率晋军依托地形，进行顽强抵抗。双方都全力以赴，都势在必得，被迫进行长期鏖战。

太元四年（379）正月，朱序屡屡率军主动出击，击败前秦军。前秦军被迫后撤。襄阳守军军心劳顿松懈，朱序认为前秦军已逐渐远退，必定不会前来，便不再设防。太元四年（379）二月，襄阳督护李伯护秘密派儿子到前秦军营投降，请求作为内应。苻丕命令各路军队再次进攻襄阳。这一次，前秦军攻克襄阳，抓获朱序，将他送到长安。苻坚认为，李伯护不忠诚，把他杀掉示众；朱序能保持气节，非常赞赏他，任命他为度支尚书。

前秦军围攻襄阳时，桓冲并未派兵全力决战，而是在观察之中。他率七万荆州兵，因畏惧前秦军，而不敢趁机率军反攻。他派出的援军也因畏惧而不敢前进。朱序兵败被擒，襄阳失陷。桓冲战术上失误，在战后上疏请求解职。朝廷没批准他辞职，而是派张玄之到他身边咨谋军事。

在江淮一带，北府兵的防线也非常危险。前秦军围攻彭城。太元四年（379），谢玄率军救援彭城。经过一番苦战，虽然护送沛郡太守戴逯以及城内晋军安全离开了，但彭城仍落入前秦军之手。不仅如此，前秦军先后攻下盱眙和淮阴，并围困三阿，威胁广陵。在危急局势下，谢玄调整部署，率晋军主动反击前秦军，结果成功击败围攻三阿的俱难所部，逼他们退到盱眙。第二个月，晋军又攻下盱眙。前秦军被迫退保淮阴。晋军水军乘潮北上，焚毁前秦军建在淮河上的桥，击败俱难等部，逼迫他们退还淮北。谢玄所部继续追击，在君川又大败前秦军。得知东线大败，苻坚大怒，下令收捕彭超，吓得彭超自杀。俱难也被贬为庶民。

前秦与东晋第一轮交锋，以西线惨胜和东线惨败结束。而苻坚并不知道，前秦军以绝对优势在西线惨胜，重要原因是桓冲当时没积极迎战，仅仅凭襄阳城朱序所部硬扛而已。如果桓冲主动出战，那么战局又将是怎样的呢？

四、淝水之战，前秦崩溃

桓冲战术失误，襄阳被攻下，很愧疚。他决定主动出击前秦，找回面子。

太元四年（379），桓冲派毛虎生率三万晋军攻打巴中，救援魏兴守军。李乌聚集两万人围攻成都，响应毛虎生所部晋军。得知蜀地出现动乱，苻坚任命吕光为破虏将军，率军入蜀，负责镇压李乌起义。吕光不负众望，出色完成任务。

太元五年（380），苻坚再度命苻重为镇北大将军，镇守蓟城。同年，苻坚任命苻洛为征南大将军，镇守成都，还特别命令苻洛从襄阳沿着汉水西进去上任。苻洛灭亡代国有大功，但事后没得到提拔，一直出任边境州牧，官职甚至不如降臣，内心早就对苻坚不满。他怀疑命令他路过襄阳是苻坚想借刀杀人，因为那是两国边疆，路过那里非常不安全。正好有人挑拨离间，苻洛决定叛变。

苻洛派使者前往高句丽、新罗等国，希望各国协助自己。各国都明确表示忠于前秦天王。只有苻重派兵支援苻洛反叛。虽然只有苻重支持，但苻洛亲自率七万大军进攻长安，公开谋反。关中百姓恐惧战乱，人心骚动，盗贼兴起。苻坚试图劝降苻洛，便以永封幽州作为请苻洛罢兵条件。苻洛拒绝，声言要"还王咸阳，以承高祖之业"，还说如果苻坚在潼关候驾，他会封苻坚再做东海王。

苻坚大怒，决定出兵镇压苻洛造反。在群臣商议时，吕光建议说："苻洛作为宗室反叛，是天下人共同厌恶的。如果您派我率五万步骑兵平定叛乱，将毫不费力取得成功。"

苻坚说："苻洛兄弟占据东北重镇，兵精粮足，不可轻视。"

吕光自信地回答："他们的部众都是迫于威势一时蚁聚起来的。如果朝廷大军压进，他们就会土崩瓦解。您不必忧虑。"

苻坚便命令吕光、窦冲率军前去平叛。苻重率军镇守蓟城。他再次起兵叛乱，响应苻洛所部叛军。他们在中山城会师。在中山城打，建元十七年（381）五月，吕光等人率四万军队败了苻洛和苻重所率十万叛军，生擒苻洛，送往长安。在逃归蓟城途中，苻重被吕光所部斩杀。幽州、冀州平定。

在镇压苻洛叛乱后不久，苻坚就派阎震和吴仲率军进攻东晋的竟陵。这一次前秦军进攻时，桓冲没再消极抵抗，决定趁此机会找回颜面。他立即派出桓石虔、桓石民率荆州兵精锐去抵抗。桓石虔勇猛矫捷，颇有才干，屡建奇功。他和桓石民率荆州兵精锐，出其不意地进攻都贵、阎振、吴仲所部前秦军，逼迫他们退守管城，以激水阻拒晋军。桓石虔率晋军继续进攻，用计骗过都贵、阎振、吴仲等人，率军在夜晚成功渡过激水，出现在激水对岸。桓石虔率晋军力战，最终成功攻下管城，擒获阎振和吴仲，斩杀前秦军七千人，俘虏一万人以及大批战利品。都贵战败后，被迫率残部退保襄阳。

这一战，荆州兵发挥了自身应有战斗力。都督江荆梁益宁交广七州诸军事兼任荆州刺史的桓冲找回了自信心。太元六年（前秦建元十七年，公元381年），桓冲又派朱绰率荆州兵进攻襄阳城，向前秦军施加压力。朱绰率荆州兵焚毁前秦军在沔北的屯田，抢掠六百多户，满载而归。

无论是前秦内部叛乱频发，还是东晋不时局部战胜前秦军，都显示前秦军全面进攻东晋的时机不成熟。因为虽然前秦在整体上占有优势，但晋军的战斗力也有所提升，内部也因前秦军给的外部压力团结起来，且有淮河以及长江天险，前秦军想一举歼灭东晋，是根本不可能完成的任务。但是，苻坚已经被胜利冲昏头脑，不听王猛临死前叮嘱的统一中原后要着力解决国内民族问题的建议，而是想趁胜前进，完全实现天下统一。

建元十八年（382），车师前部王弥寘及鄯善王休密驮请求征伐西域不服前秦的国家。苻坚派吕光等人率七万前秦军去征伐西域诸国。他对这次用兵信心十足，认为胜利早已到来。事实证明，吕光率前秦军远征西域诸国，确实很快就取得胜利。不过，他率军取得胜利时，前秦已经遭遇战略失败而崩溃，最终只得在西域建立后凉。

安排吕光率军远征西域诸国后，苻坚又将注意力转移到东晋。建元十八年（382），苻坚在太极殿召见群臣，说："我从继承大业以来，将近三十年。如今，四方大致平定，只有东南一角，还没蒙受君王教化。我粗略计算了一下兵力，能征集九十七万。我准备亲率大军东伐。你们以为如何？"

朱彤表示支持。权翼、石越等人以东晋君臣和睦，且重臣谢安及桓冲都是杰出人才，反对进攻东晋。群臣也各有意见，没有达成共识。

苻坚见此，说："在道旁建房子，去问路人的意见，最终就会因听太多不同意见而一事无成。我心中自有决断。"

群臣退下后，苻坚留下苻融继续讨论进攻东晋。然而，苻融也以天象不利、晋室上下和睦以及兵疲将倦为由，反对进攻东晋。苻坚大怒。苻融哭着劝谏，重提王猛死前的话，最终也未能说动苻坚。

原绍、释道安、苻宏、苻诜、宠妃张夫人等，都反对进攻东晋，苻融等人也屡次上书反对。苻坚仍然不肯放弃出兵东晋计划。苻坚当时早已下决心，且为实现灭晋梦想丧失了理智。

已有二心的慕容垂却极力怂恿符坚进攻东晋。他私下对符坚说："弱并于强，小并于大，这是谁都懂的道理……晋武帝当年渡江灭吴时，所依仗的也只不过是张华、杜预等两三个大臣而已，如果听从朝臣们的建议，哪里能建立统一天下的功绩啊！"

符坚听后十分高兴，对慕容垂说："世上能与我平定天下的人，只有你一个啊！"他赐给慕容垂五百匹布帛，作为奖赏。从此，他将进攻东晋作为既定战略。

东晋太元八年（383）五月，桓冲亲自率军收复襄阳，同时派刘波、桓石虔等人率晋军进攻沔北诸城，命令杨亮率晋军进攻蜀地，攻下五城后，再继续进攻涪城。郭铨率晋军攻下武当后，派别将率晋军继而进攻万岁和筑阳。很快，这支晋军也攻克万岁和筑阳。

晋军主动进攻襄阳后，符坚派符睿、慕容垂率军去救援襄阳。慕容垂率军为前锋。大军到沔水后，慕容垂便命令每人手持十把火炬，在夜里行军，伪装成兵力强大的样子。结果，桓冲中计，畏惧前秦军兵多，不敢进一步进军，又因晋军中出现传染病，下令撤回驻防地上明①。杨亮也因前秦援军入蜀而撤军。在武当，桓石虔及郭铨所部击败来援的张崇所部前秦军，率军俘虏两千户人，向南撤回驻地。

桓冲所率荆州兵退却后，符坚下令大举出兵东晋：每十丁派一人为兵；二十岁以下良家子弟，但凡有武艺、骁勇、富有、有雄才的，都任命为羽林郎。符坚一下子召集了三万多人。

前秦建元十九年（383）八月，符坚命令符融、张蚝、梁成、慕容垂等人以二十五万步骑兵作为前锋，自己随后从长安发兵，率领六十余万步兵、二十七万骑兵作为主力。大军旗鼓相望，前后千里。

与此同时，符坚任命姚苌督益梁二州诸军事、龙骧将军，命令他领益州新建的水军牵制东晋桓冲所部荆州兵，又派慕容垂等人率军进

---

① 上明，地名，在如今湖北省松滋市西北。

攻江夏附近的郧城。桓冲见前秦倾力南侵，派三千精兵赶赴建康，以求保全京都。然而，谢安认为，即使多三千人也少于敌军，反而不利于他向敌人展示悠闲从容，于是拒绝荆州兵入援，反而要求桓冲负责守住荆州，其他的一概不管。

十月，苻融率军攻陷寿阳后，让梁成率五万军队驻守洛涧，负责阻止谢石和谢玄等人率领的晋军主力进攻。苻融所部捕获胡彬派去联络谢石的使者，得知胡彬所部晋军陷入粮尽乏援困境，就派使者向赶到项城的苻坚联络："晋军兵少易擒，就怕他们会逃走，应该加快进攻他们。"苻坚留下大军，亲自率八千轻骑兵，快马加鞭赶到寿阳。

前秦军直扑江淮地区，有一举渡江攻下建康的架势。东晋君臣非常着急。朝野急切盼望谢安拿主意。谢安镇定自若。前秦军在长江中上游的荆州防线作战不利，选择全力突破长江下游江淮防线。江淮防线在北府兵掌控中，有来自江南的世族门阀支持，只要守住防线，击败前秦军是迟早的事。

苻坚势在必得，一到寿阳，就派朱序去劝降晋军。到晋军营后，朱序不但没劝降，反而向谢石报告前秦军的实际情况，鼓励他先发制人，主动进攻。朱序私下对谢石等人说："如果秦军百万将士全部抵达，确实难以与他们抗衡。如今趁着各路军队尚未会集，应迅速攻击他们。如果能打败他们的前锋部队，那他们就丧失士气，最终就可以攻破他们。"

谢石改变作战方针，转守为攻，主动攻击前秦军，派刘牢之率军进攻洛涧；同时亲自率军水陆并进，阻止前秦军渡过淝水。

苻坚和苻融从寿阳城观察时，见晋军军容整齐，连八公山上的草木都以为是晋军，感叹说："这是劲敌，怎能说他们弱呢！"苻坚怅然失意，面有惧色。

刘牢之率五千精兵奔袭洛涧。防守在洛涧的梁成战死，五万前秦精兵死了一万多，其余争先恐后地渡淮河逃命。洛涧大捷极大鼓舞了晋军士气，打击了前秦军的锐气。

前秦军在淝水西岸布阵，晋军无法渡河，隔岸对峙。谢玄派人去见苻融，激将他说："你沿河布阵，又不主动渡河，是想长久耗下去，而不是想速战速决。如果你们稍微后退一点，让晋军渡河，再一决胜负，不也非常好吗？"前秦诸将反对后退。

苻坚却答应晋军稍微后撤，让晋军渡过淝水作战。他认为，待晋军半渡淝水之时，前秦军进攻晋军，就必定获得胜利。

苻融命令前秦军后撤。前秦兵士气低落，前后扎营几十里，一旦后撤，容易阵势大乱。谢玄率八千骑兵抢渡淝水，猛攻前秦军。见前秦军出现混乱，朱序趁机在阵后大叫："秦兵败了！秦兵败了！"后面的前秦兵不知真相，信以为真，竞相奔逃。各族士兵原本就不愿意为前秦打仗，纷纷撤退。朱序与张天锡、徐元喜等人趁机一起投奔东晋。

苻融急忙前去阻止，马被乱兵冲倒，本人被杀死。失去主将，前秦军越发混乱，非常惊恐。溃逃形成连锁反应。那些溃兵沿途不敢停留，听到风声鹤唳，都以为是晋军追来。晋军乘胜追击，一直追到寿阳附近。前秦兵人马相踏而死的，满山遍野。

苻坚与慕容垂所率三万军队会合后，一直沿途收集逃散败兵。到洛阳时，苻坚身边聚集了十余万人，百官、仪物和军容都大致齐备。接着，苻坚返回长安，哭悼苻融并告罪宗庙后下令大赦，下令锻炼兵器、监督农务，抚慰孤老及阵亡士兵家属，下令淝水死难者的家属永世不需向朝廷交纳赋税。

苻坚没有因为淝水大败就心灰意冷，反而更加努力，试图重建国家秩序。历史再没给苻坚任何机会，苻坚及其子孙力挽狂澜，但前秦崩溃局势并没出现好转。他此前征服的鲜卑、羌族等民族，纷纷趁机复国。

慕容垂率先逃回前燕故地复国称王，慕容家族的慕容麟、慕容凤、慕容农、慕容隆等人起兵四处抢掠；拓跋珪在牛川称王复国；羌族姚苌建立后秦；丁零、乌桓相续反叛。北方重新四分五裂。

野心家慕容垂所率三万军队是唯一没溃散的。他一路护送苻坚到洛阳后，便处心积虑想办法逃回前燕故地。苻坚对慕容垂依然非常信任。建元十九年（383）十二月，慕容垂顺利逃到安阳。此后，慕容垂与镇守邺城的苻丕斗智斗勇，在邺城西暂时站稳脚跟后，与前燕旧臣暗中联系，准备重建燕国。正好，洛阳附近的丁零人翟斌起兵反叛前秦，准备进攻驻扎在洛阳的苻晖所部。翟斌所部中有大批前燕人。苻坚便派慕容垂与苻飞龙一起率部去镇压丁零反军。趁着这机会，慕容垂在河内募兵，并在夜里兼并苻飞龙所部，然后收集各路反前秦的势力。翟斌所部，扶余王余蔚所部，想投降慕容垂。慕容垂军至荥阳，称燕王，正式反叛前秦，开始率军在邺城一带与苻丕所部征战。

晋军也进攻前秦军，苻丕战败后，无可奈何投降东晋。前秦在黄河以南地区为东晋占领，黄河以北地区逐渐被慕容垂占领。东晋太元十一年（386）正月，慕容垂称帝，建立后燕。

慕容冲、慕容永、慕容暐以及姚苌等人在关中反叛，给予了苻坚致命一击。在慕容垂逃走反前秦后不久，前燕皇室贵族慕容冲、慕容永起兵，率军围攻长安。苻坚率部困守长安。慕容冲多次率军攻城，多次被窦冲、杨定、苻宏等人率前秦军击败。慕容冲也很畏惧杨定。因慕容永所部反军协助，慕容冲所部才反败为胜。双方在长安城内外长期对峙，城中非常缺粮。

慕容冲率军进攻长安城，苻坚亲自督战，满身中箭流着鲜血，依然号召将士继续抵抗。不久，苻坚听信传言，率亲信离开长安，留太子苻宏负责守城。慕容冲率军攻下长安，纵兵大肆抢掠。

苻坚到五将山后，姚苌率羌族反军包围苻坚。前秦军溃奔。吴忠追上苻坚，把他捆起来，送到新平。姚苌派人向苻坚索要传国玉玺。苻坚大骂。姚苌又派人逼苻坚禅位给他。苻坚又大骂。东晋太元十年（385）十月十六日，姚苌命人将苻坚绞死。姚苌在前秦建元二十年（384）自称大将军、大单于、万年秦王，大赦，改元白雀，史称后秦。

符坚死后，中原混战更激烈。符丕得知父皇死去，在邺城称帝。前秦太初元年（386）十月，符丕兵败被杀。十一月，符登得知符丕死讯，即皇帝位，在境内大赦，改元太初。符登率前秦残余力量，全力与姚苌所部的后秦军鏖战。

前秦军与后秦军鏖战了半年，双方互有胜负。东晋太元十九年（394）正月，姚苌病死，姚兴继位。符登率前秦军继续与姚兴所部作战。遗憾的是，符登根本不是姚兴的对手。东晋太元十九年（394）七月，在废桥之战中，符登所部被姚兴所部大败。符登被俘杀。太子符崇称帝几个月后，又被西秦首领乞伏乾归驱逐，死于乞伏轲弹之手。兴旺一时的前秦彻底消失在历史长河之中。

第十五章　复兴门阀趁乱建国

淝水之战后，谢安、谢玄相继死去，司马道子父子掌控朝政。他们冷落北府兵将领，挑拨世族门阀之间矛盾。桓玄率军攻下建康，控制朝廷，建立楚国。这触动了世族门阀共同的利益，也触犯了北府兵利益。刘裕率北府兵反击，桓玄败亡。

一、谢氏谢幕，皇室掌权

晋军捷报送到时，谢安正在与客人下棋。他静静地看完捷报，便放在座位旁，不动声色地与客人继续下棋。客人憋不住问他前方的战况如何，他淡淡地说："没什么，孩子们[①]已经打败敌人了。"

直到下完棋，客人告辞后，谢安才抑制不住心头喜悦，舞跃入室，把木屐底上的屐齿都碰断了。高兴之余，他又谋划如何趁胜进一步扩大东晋领土。

皇帝司马曜得知前线晋军取得胜利，立即派殿中将军前去慰劳谢玄，加授谢玄前将军、假节。谢玄坚决推辞不接受。司马曜又赏赐谢玄所部上百万钱，上千匹彩绸。谢玄所部士气更旺盛。

不久，谢安上奏皇帝，认为前秦军在淝水之战溃败，应乘有利时机，任命谢玄为前锋都督，率桓石虔所部直指涡阳、颍川，随后进攻洛阳。谢玄又率晋军进驻彭城，派刘袭率晋军攻打驻扎在鄄城的前秦兖州刺史张崇所部。赶走张崇所部后，谢玄派刘牢之率晋军驻守鄄城。

---

① 孩子们，此处指谢玄等人。

平定兖州后，谢玄担心水道险阻不通，运粮艰难，便采纳闻人奭的建议，下令筑土坝，拦截吕梁河流的水，树立栅栏，合并七埭①为一支流，承接两岸的流水，以利于漕运。

谢玄再派高素率三千晋军进攻广固（今山东青州一带）。高素率军击败前秦青州刺史苻朗，逼迫苻朗率部投降。谢玄又率军讨伐前秦冀州，派刘牢之、丁匡率部据守碻磝（今山东茌平一带），派郭满率部据守滑台（今河南滑县），派颜雄率部渡过黄河建造营垒。苻丕派桑据率前秦军进驻黎阳，抵抗晋军前进。

谢玄命令刘袭率晋军夜袭桑据所部。桑据所部战败，逃走。苻丕惶恐不安，准备投降东晋。谢玄答应苻丕的请求。苻丕又说他们饥饿，严重缺乏粮食。谢玄又下令送给苻丕两千斛军粮，随后派滕恬之率晋军渡过黄河，据守黎阳。洛阳周边郡县都归降东晋。

因收复兖州、青州、司州、豫州，朝廷任命谢玄都督徐兖青司冀幽并七州军事。谢玄上疏朝廷，认为刚平定河北之地，幽州和冀州必须专门任命将领来管辖，司州遥远，应归豫州统管。朝廷论功时，准备封谢玄康乐县公。谢玄请求把他先前所封东兴侯爵位赐予侄子谢玩，朝廷许可，封谢玩为豫宁伯。谢玄又派寮演率晋军讨伐占据魏郡的申凯所部前秦军。寮演率晋军击败申凯。谢玄准备让朱序镇守梁国，自己坐镇彭城，向北可巩固河北之地，向西可以援救洛阳，向内可以捍卫朝廷。不过，谢玄的想法，在东晋当时政治环境下，注定要落空。

淝水之战后，晋军占领黄河以南地区。谢氏家族声望达到顶峰，但也到了该退出历史舞台的时刻。淝水之战时，各世族门阀之间势均力敌——四个大世族门阀互相牵制：以桓冲为代表的桓氏家族，掌控着长江中上游的荆州兵，负责长江中上游防御；以谢安为代表的谢氏家族，掌握着朝政大权，后来形势危急，组建北府兵，负责长江下游以及淮河流域防御；实力削弱的太原王氏以及保持在野的琅琊王氏，也有

---

① 埭，指堵水的土坝。

人担任要职，但左右局势的还是谢氏和桓氏。

面对前秦军进攻，谢氏和桓氏既斗争又妥协，但整体上都以最高利益为先。尤其是桓冲，深知桓氏曾经因实力太过强势，遭皇室和各世族门阀敌视，在前秦军压境时，必须取得朝廷及其他世族门阀支持，因而对谢氏采取了很多友好措施。

前秦将主要进攻方向锁在谢氏负责的长江下游防线时，桓冲担心谢氏守不住，在加强长江上游防线、牵制姚苌所部和慕容垂所部同时，主动派三千精锐荆州兵到建康支援。谢安坚决谢绝。桓冲依然很担心，对将士们说："谢安的气度确实叫人钦佩，但不懂得打仗。眼看敌人就要到了，他还那样悠闲自在。北府兵的兵力那么少，又派一些没经验的年轻人去指挥。我看我们都要失败被俘了。"

桓冲对谢安派谢玄等人抵抗前秦军没抱期待，认为此战必败，要做好最坏准备。然而，谢玄率军在淝水前线击溃前秦军，以前在襄阳被俘的朱序也在战后重返朝廷。桓冲自感失言之余，又因当日战术失误而导致紧密合作的朱序被俘，朱序却与谢玄等人暗中合作，击败前秦后成功回国，感到惭愧不已。淝水之战捷报传到荆州时，桓冲正在打猎。听到捷报后，他感叹良久，对左右说："谢家那群小子打败了强大的敌人。"没过多久，桓冲就病死了。

桓冲死了，辅政的世族门阀谢安却深感不安。东晋世族门阀之间的势力平衡又被打破，新的政治斗争又要来临。他便从长远考虑，努力安抚桓氏家族成员，避免他们仇视谢氏。他拒绝让谢玄任荆、江两州刺史的建议，相反担心桓氏失去荆州、江州控制权会不服。

桓石虔有战功，谢安考虑到桓石虔骁猛善战，据有险胖之地，恐怕难以控制，就采取"压制桓石虔，提拔其他桓氏家族成员"的办法，任命桓石民出任荆州刺史，任命桓伊出任江州刺史，任命桓石虔出任豫州。三桓统辖三州，彼此无怨言，各得其所。这样，谢玄率军趁机夺取前秦领土，桓氏就不会拆台了。

对政敌桓氏家族，谢安为什么不趁机下死手，夺过荆州兵指挥权呢？谢安担心桓氏家族成员反击，导致世族门阀斗争又激化。当然，更深层次的原因是，他是当时世族门阀领袖，崇尚清谈，执政理念与当年王导非常相似，落井下石，赶尽杀绝，不是他的行事风格。他已经感受到皇帝对他的不信任。谢氏成为势力最强的世族门阀，与之相互制约的桓氏过于衰落，对谢氏也不利。

桓氏家族在外掌军，谢氏家族在内主政，太原王氏家族和琅琊王氏家族参政，其他世族门阀比较满意，皇帝司马曜见过桓温的霸道，听说过历史上琅琊王氏家族的强盛，也担心谢氏家族势力进一步坐大，早已经在尽力拉拢太原王氏家族。司马曜和弟弟司马道子都娶了太原王氏家族的女子。司马曜已将司马道子当作心腹。

为了抑制各世族门阀势力，司马曜早在太元八年（383）九月，秦晋之间战争尚未分出胜负时，就任命司马道子录尚书六条事，与谢安一起处理朝政大事。桓冲死后，谢氏家族一时间成为无可匹敌的世族门阀。无论是皇室司马家族，还是其他世族门阀，都感到害怕。一直在企图趁机夺回权力和巩固皇权的司马曜及时出手，力挺皇室代表人物司马道子向最强大的世族门阀谢氏家族挑战。

太原王氏家族的王国宝等人也趁机离间皇帝和谢安的关系，让谢安辅政非常艰难。谢安崇尚清谈玄学，有名士情结，不愿争权夺利，便作出让步，在太元九年（384）八月自请北征，不再管朝政事务。司马道子成为事实上的辅政大臣。第二年四月，谢安干脆搬到广陵住。到八月，他就病死了。

谢氏家族首领谢安死了。东晋又回到世族门阀势力相对均衡时期。不过，与以往不一样的是，皇室司马家族崛起了。司马道子顺理成章地成为扬州刺史、录尚书事、都督中外诸军事。他掌握大权后，将进一步削弱世族门阀势力作为核心政策。

谢安死后，谢玄孤掌难鸣。他统率北府兵作战也心有不安。朝议认为军队已经长时间征役，应当撤军南归，转攻为守。在中原，谢玄所率晋军与丁零人翟辽所部作战，陷入胶着状态中。谢玄上疏谢罪。

加上身体不好，他生病了。皇帝司马曜趁机在太元十二年（387）正月解除谢玄的兵权，将他调去当会稽内史。一年后，谢玄病死。

谢玄死前兼任着徐、青、兖三州刺史职务。谢玄死后，司马曜并没按照传统在谢氏家族成员中寻找继任者，而是让司马道子兼任徐州刺史，让司马恬兼任青、兖二州刺史。两位皇室成员瓜分了谢氏家族权势范围，标志着陈郡谢氏家族的门阀政治落下帷幕，也标志着皇帝成功收回了皇权。此时，东晋政治格局发生了巨大变化，司马曜成为东晋开国以来第一个实现亲政、"威权己出"的皇帝。

不过，历史证明，皇室成员掌权并不比世族门阀辅政出色。司马曜与司马道子一起沉湎酒色，把宫廷搞得乌烟瘴气，又信奉佛教，宠幸僧尼，朝政日益昏暗。司马道子出任录尚书事兼扬州刺史，权倾天下。王国宝卑下讨好司马道子，特别受宠信。司马道子宠信的人都趁机玩弄朝权，贿赂买官、政治和刑律都混乱。不过，司马曜与司马道子表面"酣歌为务"，兴趣爱好相同，非常亲密无间，私下却潜藏着皇权与相权的矛盾。

司马曜能迅速从声望达到顶点的谢氏家族收回权力，依赖于司马道子，也依赖于太原王氏家族。不过，在太原王氏家族内部，王皇后出自的王恭一系和琅琊王妃出自的王忱、王国宝一系之间斗争不断。太原王氏家族虽继陈郡谢氏家族而兴，但既无人才，也无事功，不足以制约皇权并维持政局平衡，只能分别依附司马曜和司马道子，为自己谋私利。

司马道子成为宰相，权势越来越大。司马曜亲自主政后，并不希望司马道子成为另一个权臣，自己再次沦为傀儡皇帝。双方之间矛盾随着掌握朝政大权的世族门阀退出而逐渐显现。

由于朝政混乱，中书郎范宁向皇帝陈述朝政得失。朝政是由司马道子负责的。司马曜了解情况后，对司马道子逐渐心生不满。不过，他表面上仍然优待司马道子。王国宝阿谀奉承司马道子，范宁看不过眼，又劝皇帝贬黜王国宝。王国宝反诬陷范宁。司马曜无奈，只好将范宁派到豫章去当太守。司马道子一党权势更盛。赵牙和茹千秋因贿赂，得以亲近司马道子，一个耗费巨资为司马道子宅第建筑山水设施，一个卖官贩爵，聚敛了过亿钱财。贪污腐化令人惊讶。

司马道子又恃着皇太妃李陵容[①]宠爱，因酒意做失礼的事。司马曜难以忍受他的一举一动，但因皇太妃之故没采取废黜行动。太元十四年（389）六月，荆州刺史桓石民死去，司马曜准备任命殷仲堪为荆州刺史，司马道子却抢先任命王忱为荆州刺史。太元十四年（389）十一月，袁悦之劝司马道子一人专揽朝政。司马道子非常赞同。这意味着皇帝的权力将会被限制。王恭上奏，请求皇帝杀死袁悦之。司马曜借口其他罪名在市中将袁悦之杀掉。一时间，朝野议论四起，有支持皇帝的，有支持司马道子的，相互攻击。皇帝和宰相之间矛盾公开化了。

第二年一月，镇守京口的青、兖二州刺史谯王司马恬死去，司马曜认为司马道子不是治国之能臣，又因王国宝与王珣等人不和，抢先任命王恭为青、兖二州刺史，将王恭作为外援，抗衡司马道子的势力，同时留王珣及王雅等人在朝。司马道子也没闲着，不久就任命同党庾楷为豫州刺史，提拔王国宝出任中书令、中领军，又将王绪作为心腹，加强同党势力。

太元十七年（392）十月，王忱病死在荆州刺史任上，司马曜又想夺回荆州控制权。司马道子想让王国宝出任荆州刺史，司马曜不愿意，迅速采取行动，不经司马道子所控制的吏部铨选，以"中诏"任命心腹近臣殷仲堪出任荆州刺史。与此同时，他还任命郗恢代替以老病退的朱序为雍州刺史，镇守襄阳。通过这一系列人事变动，司马曜在权力争夺中占了上风。

不过，司马曜疯狂揽权，却栽在后宫一个妃子手中。

司马曜的皇后是"嗜酒骄妒"的王法慧。太元五年（380），王法慧死后，司马曜没再册立皇后，但非常宠幸陈淑媛和张贵人，经常跟

① 皇太妃李陵容，司马曜和司马道子的生母。

宠妃一起酗酒。

太元二十一年（396）九月二十日，司马曜在清暑殿与张贵人一起喝酒。司马曜喝高了，跟张贵人开玩笑，说："你年近三十岁，美色大不如前，又没生孩子，白占着一个贵人名位，明天我就废了你，另找个年轻貌美的。"张贵人听后，内心妒火中烧。烂醉如泥的司马曜毫无察觉，玩笑越开越厉害。张贵人遂起杀心。

张贵人先让司马曜周边的宦官们也喝醉，等他和宦官们纷纷醉倒睡去后，召来心腹的宫女，趁他熟睡机会，用被子把睡梦中的他给活活捂死。

随后，张贵人谎称皇帝于睡梦中"魇崩"。中书令王国宝深夜前来，叩打禁宫大门，准备替皇帝撰写遗诏，被侍中王爽阻止。司马道子终日声色犬马，由儿子司马元显处理朝政。司马道子、司马元显与司马曜争夺权力有矛盾，此前又被压制过，对司马曜死去求之不得，因而对张贵人并不予追究。

东晋最有权力的皇帝司马曜就这样莫名其妙地死了。凶手居然没被追究责任。随后，司马德宗即位，司马道子、司马元显继续辅政，依然没任何人追究司马曜的死因。短短十几年时间，东晋从顶峰落到如此腐败不堪，令人唏嘘。

二、门阀混战，桓玄崛起

在淝水之战后，皇室宗王司马道子成功排挤世族门阀势力，夺取朝政大权，并熬死皇帝司马曜，拥立司马德宗继位，成为东晋实际最高统治者。以司马道子为核心、太原王氏家族为辅的政治势力也达到顶峰。不过，他们的崛起也同样引起其他世族门阀不满。

太元二十一年（396），司马德宗继位，一度疏远的王国宝再次投向司马道子，推荐以奸邪闻名的族弟王绪出任琅琊内史。王国宝出身太原王氏家族，是中书令王坦之三儿子，太保谢安女婿，但因人品不好，不受谢安重用，后凭借姻亲关系，投靠司马道子门下。司马曜杀死袁悦之后，王国宝大惊，又转而讨好司马曜。司马道子整天沉迷酒色，又因亲戚关系，原谅了王国宝，再次将他视为心腹，让他参与朝廷事务，被时人所痛恨。青、兖二州刺史王恭厌恶王国宝乱政，有意起兵诛除王国宝，更曾劝司马道子要远离王国宝，令王国宝十分恐惧，也令司马道子既怨悍也忿恨。

隆安元年（397），王国宝出任尚书左仆射，加后将军、丹杨尹。司马道子又将东宫卫士全交给他掌管。他因恐惧王恭，又请司马道子削减王恭的兵权。王恭不能再忍受王国宝弄权，联合殷仲堪一起起兵，讨伐王国宝。同年四月，王恭以讨伐王国宝之名在京口起兵。荆州刺史殷仲堪宣布支持王恭。

王恭起兵的檄文送到建康后，王国宝因恐惧而慌乱，不知该做什么。王绪劝王国宝杀死王珣和车胤，消除他们的声望，挟制皇帝讨伐王恭所部。王国宝并没采纳王绪的计谋，而是见到王珣和车胤后，向他们询问应对王恭起兵的策略。王珣和车胤都劝王国宝放弃抵抗，辞去职位，以求得让王恭撤军，维护朝廷内部团结。王国宝恐惧王恭率军打过来，就采纳了王珣和车胤的建议，辞职待罪。不久，王国宝后悔了，假称诏命要让他官复原职，准备率兵抵抗王恭所部。

司马道子畏惧王恭，想息事宁人，将所有罪责推给王国宝，命司马尚之收捕王国宝到廷尉，不久便赐死王国宝，处死王绪，派使者向王恭道歉。王恭得知司马道子杀了王国宝和王绪，也主动率军退回京口。

这件事过去了，朝内外都看到司马道子外强中干，遇到强硬军事对抗便非常软弱。这给另一个对司马道子有刻骨仇恨的世族门阀子弟极大鼓舞。

对司马道子有刻骨仇恨的世族门阀子弟，不是谢氏家族的某某，而是桓氏家族的桓玄——两人的仇恨是司马道子亲自培育并激化的。

桓玄是桓温最小的儿子，自幼为桓温所喜爱。宁康元年（373）桓温病死，他弟弟桓冲接任扬州刺史，统率军队，同时五岁的桓玄承袭南郡公爵位。桓玄成长于桓氏家族丧失辅政大权时期，但他依旧有雄心壮志。长大后，他相貌奇伟，神态爽朗，博通艺术，善写文章，对自己的才能和门第颇为自负，以英雄豪杰自许。不过，朝廷一直对桓玄深怀戒心，不敢任用他。

桓玄做了几年小官，感觉不得志，就弃官回封地南郡赋闲。离开建康时，桓玄特意去拜访辅政大臣司马道子。桓玄想借机会与司马道子改善一下关系，但万万没想到司马道子却趁机揭伤疤，让他从内心恨上了司马道子。

原来，司马道子酒喝多了，当着众人的面对桓玄说："你父亲晚年想当反贼，你怎么看这事？"这一句话令桓玄吓得跪地磕头不停。他没想到父亲死了二十多年，司马道子还当众说父亲是反贼，还问他怎么看。长史谢重见此，急忙帮助桓玄解围，才结束尴尬场面。桓玄从此深恨司马道子，想置之于死地而后快。

桓玄回南郡后，日子并没他想象得轻松，反而非常难过。南郡治所江陵也是荆州治所。荆州刺史王忱是司马道子的亲信，处处跟桓玄作对，对他加以压制。桓玄辞职在家，却不得不受王忱的气。

太元十七年（392）十月，王忱病死任上，司马曜准备让王恭接任荆州刺史。王恭虽然不是司马道子的亲信，但桓玄也惧怕王恭，担心王恭继续压制他，派人入京贿赂皇帝所宠信的尼姑支妙音，请求她推荐黄门侍郎殷仲堪当荆州刺史。皇帝从妙音尼建议，任命殷仲堪出任荆州刺史。

殷仲堪喜欢玄学清谈，擅长写文章，深受文人雅士喜爱羡慕，是皇帝亲信。司马曜与司马道子之间有分歧，想提拔所宠信的人拱卫朝廷，就任命殷仲堪为都督荆益宁三州军事、振威将军、荆州刺史、假节，镇守江陵。

殷仲堪上任后，施行小恩小惠笼络荆州各阶层。无论夷人，还是中原人，都乐意归附他。同样擅长写文章和清谈的桓玄成为殷仲堪座上宾。随着了解越来越深入，桓玄发现可以利用殷仲堪做东山再起的垫脚石。

隆安元年（397）王恭起兵反王国宝时，派人来联络殷仲堪，请求他出兵，一起反对共同的政敌司马道子。桓玄虽无官职，但对这件事特别积极。他主动劝说殷仲堪起兵响应王恭，推举王恭为盟主，共同兴兵讨伐王国宝。因为他认为，反王国宝，事实上就是反给王国宝撑腰的司马道子。

殷仲堪赞同起兵。桓玄认为王恭在京口，距离建康不足两百里，从荆州远道联合起兵，势必无法联合，又建议殷仲堪假意答应王恭起兵，实则不挥兵东下，到时看情况再作出决定。殷仲堪采用其计谋，得知王恭已逼迫司马道子诛杀王国宝等人，才上表朝廷说要兴义兵，派杨佺期率军进驻巴陵。司马道子派人送信好言相劝。殷仲堪率军返回原地。这件事后，殷仲堪对桓玄刮目相看。桓玄也不费吹灰之力就打击了他的仇人司马道子。

司马道子担心王恭和殷仲堪以后还以军事相逼，决定加强皇室力量。司马尚之和司马休之有才略，司马道子将他们作为心腹。司马尚之建议司马道子要注重培养地方势力，作为朝廷外援。司马道子便任命王愉为江州刺史。此举招来豫州刺史庾楷不满。庾楷上表抗议不果，便鼓动王恭起兵讨伐司马尚之。

隆安二年（398），桓玄请求朝廷任命他为广州刺史。司马道子忌惮桓玄，不想让他继续待在江陵，便让皇帝下诏任命他督交州广州二州军事、建威将军、平越中郎将、广州刺史、假节。桓玄受命，却不赴任，继续待在江陵。

不久，在庾楷劝说下，王恭再度举兵，讨伐江州刺史王愉及司马尚之等人。消息传来，殷仲堪集众商议，认为朝廷去年诛杀王国宝后，王恭的声威名望已大显于天下，如今王恭再次举兵，势将攻无不克。荆州兵去年缓兵不进，已失信于王恭，如今应该整顿军队及早出征，参加王恭建功称霸的行列。桓玄也是王恭拉拢的对象，也参与了商议。

一番商议后，殷仲堪命令杨佺期率五千水师为前锋，桓玄率部随其后，亲自率两万主力，相继东下。杨佺期、桓玄所部到溢口时，王愉闻讯逃向临川。桓玄派偏师追击，成功抓获王愉。杨佺期等人率部到达横江时，庾楷兵败，投奔桓玄。司马尚之等败逃。司马恢之所率水军全军覆没。桓玄率军到达石头，殷仲堪率军到达芜湖，才得知王恭已死的消息。当时，刘牢之已经背叛王恭，率北府兵驻扎在新亭。桓玄等三军大惊失色，再也没进军的决心，便回师驻扎在蔡洲。

司马道子刚平息王恭、庾楷起兵，却无法猜度荆州兵的想法。殷仲堪等人拥兵数万，遍布建康郊区，朝廷内外非常担心。桓修对司马道子说："荆州兵可以通过劝说方式瓦解。我深知其内情。如果以重利许诺杨佺期等人，便能使他们对殷仲堪倒戈相向。"桓修是桓氏家族成员，荆州兵由桓氏家族多年经营。桓修如此一说，司马道子想都没想就采纳了，便任命桓玄为江州刺史，杨佺期为雍州刺史，改任殷仲堪为广州刺史，任命桓修接任荆州刺史，派殷仲堪叔父殷茂前往军中宣读诏令，命令荆州兵退回驻地。

殷仲堪被贬广州刺史，十分恼怒，认为王恭所部虽然失败，凭自己的兵力也足以成事，就命令桓玄等人火速进军。桓玄等人乐意接受任命，想顺从朝廷，犹豫不决。殷仲堪弟弟殷遁担任杨佺期的司马。殷遁连夜奔告殷仲堪，告知杨佺期、桓玄等人乐意接受朝廷任命，已接受桓修出任荆州刺史。

殷仲堪惶恐不安，即刻从芜湖退兵回荆州，同时派人对桓玄等三军宣示："如果不各自散归州郡，大军到江陵，当杀掉所有存活的人。"殷仲堪部将刘系此前率两千人归杨佺期指挥，得到命令，迅速率部回荆州。

桓玄等人大为恐惧，急忙调头，率部去追赶殷仲堪，追至寻阳时才赶上。殷仲堪失掉了荆州刺史职务，但想倚仗桓玄所部为外援。桓玄等人也想凭借殷仲堪的势力。他们彼此猜疑，但也不能反目为敌。于是，殷仲堪与杨佺期以子侄交换做人质，在寻阳结盟，推举桓玄为盟主，登坛歃血盟誓，共同拒绝接受朝廷诏命，同时，上表朝廷为王恭辩护申冤，请求皇帝诛杀刘牢之、司马尚之等人。

皇帝司马德宗和司马道子十分畏惧。司马道子让皇帝下诏慰问殷仲堪等人，请求和解，又让殷仲堪复任荆州刺史，危机才得以解决。殷仲堪等人都遵从诏令，各率所部返回州郡。桓修即将到手的荆州刺史被挤掉，桓玄却成为最大赢家，成为荆州兵新盟主。

桓玄在江陵赋闲时，就有人劝殷仲堪杀死他，但殷仲堪没采纳。被推为盟主后，桓玄更加矜侉倨傲。杨佺期被桓玄以寒门相待。出身弘农杨氏的杨佺期却自以为他的家族是华夏贵胄，认为其他世族门阀根本比不上他家。他对桓玄十分不满，准备袭杀桓玄。殷仲堪顾忌桓玄死后无法控制局面，阻止杨佺期采取行动。桓玄也知道杨佺期想杀他，便有先下手消灭杨佺期的想法，他采纳卞范之的谋划，在夏口屯驻水师，准备随时动手。

隆安三年（399），桓玄请求扩大辖区。执政的司马元显想趁机离间桓玄、殷仲堪、杨佺期之间的关系，加桓玄都督荆州长沙郡、衡阳郡、湘东郡及零陵郡四郡诸军事，任命桓玄哥哥桓伟接替杨佺期哥哥杨广出任南蛮校尉。

此举触怒杨佺期兄弟。杨佺期以支援后秦围攻洛阳为名起兵，被殷仲堪阻止。荆州有大水，殷仲堪开仓赈济灾民。桓玄趁此机会起兵，也以救援洛阳为名。桓玄写信给殷仲堪，称要消灭杨佺期，并要求殷仲堪杀掉杨佺期的兄长杨广，否则率军进攻江陵。不久，桓玄率军袭取殷仲堪在巴陵的储存粮食，又欺骗路经夏口的梁州刺史郭铨，说朝廷命令郭铨率军讨伐杨佺期所部。郭铨不知道是欺骗，率军急速进攻杨佺期所部。

桓玄的内应桓伟惶恐，向殷仲堪自首，被挟持为人质。殷仲堪命令桓伟写信给桓玄，苦劝桓玄罢兵。桓玄不为所动，认为桓伟必因殷仲堪优柔寡断的性格而有惊无险。殷仲堪派殷遹率七千水军到西江口迎战。桓玄派郭铨和符宏率军击败了殷遹所部。

当初，殷仲堪收到桓玄的信，急速召杨佺期。杨佺期说："江陵没粮食，你将靠什么迎敌呢？你可以来投靠我，共守襄阳。"殷仲堪认为，要保全地盘和军队，没理由弃城逃跑，担心杨佺期不率军来救助，便骗他说："我近来收集了一些粮食，已经有了储备。"杨佺期相信了，率军赴援。杨佺期率八千步骑兵赶来救援后，殷仲堪只给他们供给饭食，无法提供粮饷。杨佺期大怒，说："这次要失败了！"

桓玄率军到离江陵二十里的零口。杨佺期、杨广率军攻击桓玄所部。桓玄畏惧杨佺期所率的精锐之师，便在马头渡江。第二天，杨佺期率一万精锐军队乘舰出战。桓玄率部抵御，不能前进。杨佺期率几十条战舰，径直渡江，直奔桓玄所在的船。不久，他又回兵攻击郭铨所部，几乎擒获郭铨。恰好，桓玄率诸军赶到救助。杨佺期退逃，所率的军队全部覆没，单骑逃奔襄阳。桓玄所派追兵赶到，杀死杨佺期和杨广。得知杨佺期大败后，殷仲堪出奔，又被冯该率军追上俘获，被逼自杀。

隆安四年（400），桓玄向朝廷要求出任荆、江二州刺史。当时司马道子因生病兼每天醉酒，朝望已失，大小政事都由司马元显掌握。面对新崛起的世族门阀桓玄，司马元显没什么办法，同意任命桓玄都督荆司雍秦梁益宁七州诸军事、后将军、荆州刺史、假节，另外任命桓伟为江州刺史。桓玄坚持要兼任江州刺史，司马元显只好同意让桓玄加都督江州及扬州豫州共八郡诸军事，兼任江州刺史。桓玄接受后，又要求桓伟出任雍州刺史。司马元显也只能答应。

随后，桓玄在荆州任用腹心，训练兵马，发展壮大势力。桓氏家族成功复兴。

三、桓玄篡晋，触犯众怒

司马道子父子专权，朝廷内部斗争加剧，世族门阀桓玄顺势实现复兴。东晋朝廷非常害怕。当年桓温掌控朝廷，很多人还记忆犹新。

桓玄复兴桓氏家族，又会给朝廷带来什么影响呢？司马道子父子还来不及想出办法，三吴就爆发孙恩起义。

原来，隆安二年（398），出身琅琊孙氏的世族门阀孙泰见王恭起兵反朝廷，认为晋朝国祚将倾，便准备造反。会稽内史谢輶揭发了孙泰的造反阴谋。孙泰遭司马道子诛杀。孙泰侄子孙恩逃入海岛，收集余部百余人，伺机复仇。

为对抗王恭所部，司马元显下令三吴各公卿以下，原为官奴而被门阀转为荫客的人都到建康去，以增加兵源。这招致三吴世族门阀严重不满。孙恩得知三吴民心不稳，率部从海岛进攻上虞。孙恩所部攻陷会稽后，三吴八郡都响应他。南方世族门阀与晋朝的矛盾彻底爆发了。

面对如此严峻局面，朝廷内外戒严，司马元显自任中军将军，率军讨伐孙恩所部反军，同时命令谢琰率军参加讨伐。不久，谢琰与刘牢之率军击退孙恩所部反军，八郡稍为安定。司马元显因功加录尚书事。

当时，司马道子父子都是录尚书事，但司马道子已将朝政大权都交给司马元显处理。住西府的司马元显被称为"西录"，每天拜访的人众多，门庭若市。而被称"东录"的司马道子府上门可罗雀。不过，司马元显并无良师益友，他的亲信都是好阿谀奉承的奸佞小人。那些人都称司马元显为一时英杰、风流名士。司马元显渐渐变得骄傲豪侈，便暗示礼官建立礼仪，自己德高望重且总掌国事，应该受最大的恭敬——公卿以下见司马元显都要下拜。

当时战事频生，国库虚耗枯竭，司马元显却趁机聚敛钱财，比皇室还富有。司马元显依旧不知足，不仅贪财，还贪权。隆安四年（400），孙恩再度率部从海岛进攻。谢琰率部迎战时战死。司马元显趁机要求皇帝让他兼任徐州刺史，加侍中、后将军、开府仪同三司、都督扬豫徐兖青幽冀并荆江司雍梁益交广十六州诸军事。权臣如此给自己加官，在晋朝前所未有。

吏部尚书车胤不满司马元显骄傲放纵，去见司马道子，请求禁抑一下司马元显，提醒一下他别肆意狂妄。谁都没想到，车胤此举刺激了司马元显，让他更狂妄。

司马元显得知车胤私下见司马道子后，去问司马道子究竟跟车胤说了什么。司马道子不愿意说。司马元显一直追问，司马道子大怒，说："你想幽禁我，不让我和朝士见面！"

司马元显认为，车胤离间他们父子，暗中派人谴责车胤。车胤吓得自杀。车胤是当时寒门实力派，为官刚正不阿，不屈权贵，深受朝内外敬重。司马元显逼死车胤，朝内外感到震惊。

隆安五年（401），孙恩再度率反军进攻，被刘牢之率军击退。随后，孙恩率反军沿海北上，进逼京口。司马元显令人以栅阻断孙恩水军进入石头城，然后率兵前去抗击，但屡战不利。建康危急。最终，因刘裕率北府兵击败孙恩所部，逼迫孙恩退到江北，才暂时解决危机。

桓玄借孙恩反军威胁建康的机会，公开宣传他要率军讨伐孙恩反军，不等朝廷下令就发兵东进。司马元显认为，桓玄是想趁机扩张势力，掌控朝廷。在孙恩率部撤退江北后，司马元显让皇帝下诏命令桓玄率军回荆州。桓玄只好罢兵，率军返回荆州。

桓玄重新进行部署，任命桓伟为江州刺史，负责镇守夏口，又任命刁畅督八郡，负责镇守襄阳，桓振、皇甫敷、冯该等人率军驻扎在溢口，还建立武宁郡、绥安郡安置迁徙的蛮族人以及招集的流民。

司马元显对桓玄十分畏惧，张法顺趁机劝他出兵消灭桓玄。司马元显自身实力不够，便派张法顺到京口去联结刘牢之。刘牢之是北府兵代表人物之一。他知道，如果支持司马元显攻打桓玄，会导致北府兵和荆州兵打起来，因而没答应。张法顺回去后，认为刘牢之有二心，建议司马元显杀刘牢之。司马元显拒绝。

元兴元年（402）正月，司马元显又出任骠骑大将军、征讨大都督，都督十八州诸军事，加侍中、黄钺、班剑二十人，宣布讨伐桓玄，任命刘牢之为前锋都督，率军先行。张法顺又建议司马元显逼刘牢之杀掉桓谦以示忠心。桓谦被认为是桓玄的耳目。司马元显认为，没有刘牢之协助，就不可能打败桓玄，如果刘牢之不肯听命令，战前诛杀大将也不利人心，张法顺的建议不可取，直接拒绝。不过，司马元显有意向杀光桓氏家族成员，只因桓修的舅舅王诞劝阻，才没实行。司马元显决定，让桓谦代替桓玄出任荆州刺史，借助桓谦父亲桓冲在荆州的名望博取荆州人的支持。

司马元显率军将出发时，桓石生就派使者飞马将消息告知桓玄。桓玄仇恨司马道子，不怕司马道子的儿子司马元显，当即决定率军顺江抵抗，同时传檄到建康，全面列举司马元显的罪状。复兴的世族门阀桓玄和皇室宗王权臣司马元显之间的大决战不可避免地爆发。

二月，皇帝司马德宗在西池为司马元显饯行。司马元显登船后却迟迟没率军出发。桓玄率军到寻阳时，仍然没看到司马元显所率军队，原本存在的担忧一扫而光，十分高兴，所部的士气也大涨起来。当司马元显内应的庾楷被桓玄发现，遭到囚禁。

司马元显派司马柔之带驺虞幡去命令桓玄撤军。司马柔之被桓玄的前锋军所杀。几天后，桓玄率军到达姑孰，派军击败并俘虏司马尚之。司马休之弃城逃走。刘牢之担忧击败桓玄所部后，会不容于司马元显，便想借助桓玄的力量除去司马元显，然后率军伺机消灭桓玄所部，因而一直不肯出军。也因司马元显日夜酒醉不得见，皇帝司马德宗饯行时也未见司马元显对自己以礼相待，刘牢之一气之下，在元兴元年（402）三月率军投降了桓玄。

桓玄率军逼近建康时，司马元显才率军出发，但听说桓玄已到新亭后，便弃船，退到国子学堂驻扎。在宣阳门外列阵时，军中有人说桓玄所率荆州兵已到，司马元显便准备率军回宫城。有人拔刀在后面大声喊叫："放下兵器！"司马元显所率军队迅速溃散。当时，他的僚属大多已逃走，只有张法顺一直伴随在他身边。

司马元显入相府向司马道子问计。司马道子不断哭泣。随后，桓玄派毛泰率军收捕司马元显，将他捆绑到舫前数落。司马元显辩解说：

"我是被王诞、张法顺误了。"

桓玄进入建康后，宣称自己奉诏罢黜司马道子父子，自任总掌国事，出任侍中、都督中外诸军事、丞相、录尚书事、扬州牧，兼任徐州刺史，加假黄钺、羽葆鼓吹、班剑二十人。他历数司马道子、司马元显的罪恶，流放司马道子到安成郡，下令杀掉司马元显、庾楷、司马尚之以及司马道子太傅府中属吏。数月后，桓玄又派人杀死了司马道子。

取代司马道子父子掌控朝政大权后，桓玄还想除去刘牢之，便先任命刘牢之为会稽太守，令他远离京口。刘牢之想起兵反叛，但得不到北府兵其他将领支持。刘牢之只好向北逃到广陵，投靠广陵相高雅之。在途中，刘牢之自杀。

桓玄分派桓氏家族成员和亲信出任内外职位。他任命桓伟出任荆州刺史，任命桓修为徐、兖二州刺史，任命桓石生为江州刺史、卞范之为丹阳尹、桓谦为尚书左仆射。他还亲自出任太尉、平西将军、都督中外诸军事、扬州牧、豫州刺史。皇帝司马德宗只好一一同意。

同年四月，桓玄出镇姑孰，辞去录尚书事，但朝中大事仍要咨询他，朝中小事由桓谦和卞范之做主。从司马德宗继位以来，东晋国内战祸连年，百姓都厌战。桓玄掌控朝政后，罢黜奸佞之徒，擢用俊贤之士。建康城中出现一片欢欣景象，给了百姓过安定日子的希望。

不过，这种景象昙花一现。桓玄凌侮朝廷，豪奢纵欲，政令无常，令百姓失望。三吴大饥荒，很多人饿死，即使是富有的人也是守着金玉财宝活活地饿死在家中。桓玄虽曾下令赈灾，但米粮不多，给予不足，还是有很多人饿死。原本对朝廷不满的三吴百姓认为桓玄跟司马道子一丘之貉，对他充满厌恶。

在这种不利情况下，桓玄没及时反思，还做了一个导致他灭亡的决定。桓玄率荆州兵讨伐司马元显时，刘牢之等北府兵将领选择支持司马元显。桓玄对北府兵非常不满。刘牢之自杀后，桓玄对北府兵的怨气并没消失，企图消灭北府兵，趁机杀死高素、竺谦之、竺朗之、刘袭、刘季武、孙无终等北府兵将领。

元兴二年（403），桓玄又升任大将军，上奏请求让他率军北伐后秦。不过，他随后就暗示朝廷下诏不准。桓玄本身无意北伐，装作尊重诏命的姿态，停止了北伐。同年，桓伟死去，桓玄宣布因公简约礼仪，脱下丧服后便又寻欢作乐。桓伟一直是桓玄依仗的人。桓伟死后，桓玄不得不独自面对各种危机，发现天下对他有怨气，便准备篡夺皇位。

殷仲文、卞范之等人劝桓玄早日登基称帝，连朝廷加授桓玄九锡的诏命和册命都提前暗中写好了。桓玄下令提拔桓谦、王谧、桓修等人，让皇帝任命自己为相国，划出南郡、南平郡、天门郡、零陵郡、营阳郡、桂阳郡、衡阳郡、义阳郡和建平郡设置楚国，封楚王，加九锡，设置国内官属。

桓玄的举动引起其他世族门阀的反抗。庾仄率七千人起兵反抗。趁接任荆州刺史桓石康未到，庾仄抢先率部袭取襄阳，震动江陵。不久，庾仄所部反军被桓石康等人率军镇压。至此，反桓玄已经成为很多人心照不宣的共识。事后，桓玄并未足够重视，又假意上表归藩，之后代朝廷作诏挽留，然后再请归藩，又要皇帝下手诏挽留，制造一种朝廷和皇帝离不开他的假象。但这些举动，在别人看来，就是对政令执行无坚定意志的表现。

元兴二年（403）十一月十八日，卞范之写好禅让诏书。桓玄命令司马宝逼迫皇帝司马德宗抄写。二十一日，司徒兼太保王谧奉玺绶，请求司马德宗将帝位禅让给桓玄。司马德宗不得不下令禅让，搬到永安宫，然后迁太庙诸帝神主到琅琊国。百官去姑孰劝进桓玄称帝。桓玄又假意辞让。官员又坚持劝请。桓玄便筑坛告天，在元兴二年（403）十二月初三日正式登位为帝，改元永始。

桓玄登基称帝后，骄奢荒侈，游猎无度，通宵玩乐。他性格急躁，呼召时都要快速，当值官员都在省前系马备用，宫禁内十分繁杂，已经不像朝廷。他又兴修宫殿，建造可容纳三十人的大乘舆。百姓因而疲惫困苦，民心思变。北府兵将领刘裕、何无忌与刘毅等人趁机起兵反桓玄。

元兴三年（404）二月二十七日，刘裕等北府兵将领在京口、广陵、历阳和建康一同举兵。经过一番激战，刘裕率北府兵成功夺取京口和广陵，杀死当地镇将桓修和桓弘。见此，对桓玄不满的各种势力纷纷转向支持北府兵。就这样，皇室成员与世族门阀桓玄之间的冲突转变成北府兵和荆州兵之间的对决。

刘裕率北府兵攻到竹里时，桓玄让桓谦出任征讨都督。桓谦请求桓玄派兵主动进攻刘裕所部北府兵。桓玄畏惧北府兵的旺盛士气，准备屯兵在覆舟山，等待北府兵来攻。到时，桓玄率军坚守不出，北府兵求战不得，就会自动散走。桓谦坚持要主动出兵，桓玄最终才派吴甫之、皇甫敷率军迎击北府兵。在作战中，吴甫之和皇甫敷都战死。没多久，荆州兵与北府兵在覆舟山西大战，又遭到惨败。

桓谦等人战败后，在元兴三年（404）三月初二日，桓玄挟持废帝司马德宗，与一众亲信向西撤走。桓玄一行一直退到寻阳时，得江州刺史郭昶之供给的物资及军队。随后，桓玄挟持司马德宗到江陵，在江陵署置百官，且大修水军。不足一个月，他已有两万水军，楼船和兵器都显得很强盛。

何无忌率北府兵击败何澹之等人所率荆州兵，攻陷溢口，进占寻阳，然后与刘毅等人率北府兵一直西进。桓玄也从江陵率荆州兵迎战。

元兴三年（404）五月十七日，东晋两支精锐军队——荆州兵和北府兵在峥嵘洲相遇。桓玄所率荆州兵虽然占兵力优势，但因桓玄经常在船侧泛舟，预演败走时动作，导致将士们毫无斗志，在刘毅率北府兵进攻下溃败，最终不得不焚毁辎重趁夜逃走。桓玄部将郭铨向刘毅投降。桓玄便挟持废帝司马德宗继续西撤，抛下废皇后何法倪及晋安帝皇后王神爱在巴陵。殷仲文以收集散卒为名移驻别船，趁机背叛桓玄，将两个皇后接回建康。

五月二十三日，桓玄率荆州兵回老巢江陵。冯该劝桓玄率军再战，桓玄不肯，更想投奔梁州刺史桓希。当时人心已离散，桓玄下达的命令没人执行。第二天，江陵城中大乱，桓玄与心腹数百人出发。到城门时，随行有人想暗杀桓玄，但没击中。彼此厮杀。桓玄勉强登船，准备撤到汉中。

三天后，在江陵城西枚回洲，桓玄所率西撤队伍遭到袭击。益州督护冯迁跳上桓玄的坐船，抽刀杀掉桓玄。桓玄死后，桓谦在沮中为他举哀。桓玄的头颅被送到建康城。朝内外欣喜欢舞。

桓玄死后，桓氏家族成员依然占据着荆州大部分地盘，但已经无法阻挡灭亡势头。刘裕率北府兵攻下江陵，驱逐当地桓氏势力，将废帝司马德宗接回建康，重新恢复晋朝。在北府兵支持下，灭亡一年多的东晋复辟了。这是晋朝历史上的一件大事。

第十六章　建宋代晋进入新王朝

击败荆州兵后，刘裕率北府兵镇压各地叛乱，北伐中原。因数年动乱，世族门阀势力遭到严重打击。寒族出身的刘裕无法实现治国梦想，便建宋代晋，将历史带入南朝时期。

一、起兵复晋，北伐南燕

刘裕一举击败桓玄，终结桓玄的皇帝梦想，成功恢复晋朝。

刘裕是一个在世族门阀掌握朝政时代崛起的寒门庶族子弟。因琅琊王氏家族王谧的赏识，刘裕被推荐给冠军将军孙无终做司马。隆安三年（399）十一月，孙恩在会稽起兵反晋，刘裕转到刘牢之麾下担任参军。在几年征战中，刘裕作战勇猛，披坚执锐，冲锋陷阵，指挥有方，富有智谋，善于以少胜多，赢得了声望。桓玄杀北府兵旧将时，刘裕被北府兵残余兵将拥为盟主。他率北府兵与桓玄的荆州兵进行生死搏斗，并赢得最终胜利。

桓玄连战几次失利后，慌忙放弃建康城。刘裕率军进入建康城。在王谧等人推举下，刘裕出任使持节、都督扬、徐、兖、豫、青、冀、幽、并八州诸军事、镇军将军、徐州刺史。不久，武陵王司马遵又推荐刘裕承制总百官行事。刘裕成为晋朝实际的掌控者。

在进建康城后，刘裕派诸将率军追击桓玄。桓玄死后，桓氏家族成员拥护废帝司马德文在江陵复位，继续与北府兵对抗。整顿朝廷后，各阶层看到了晋朝复兴的希望，刘裕也获得了广泛支持。北府兵不断向江陵进攻。义熙元年（405），北府兵才收复江陵，驱逐当地桓氏家族势力，迎接皇帝司马德文返回建康。

司马德文返回建康后，刘裕派使者到长安，要求后秦归还之前占领的南乡、顺阳、新野、舞阴等淮北诸郡。鉴于西面战事吃紧，姚兴不想再在东面又与东晋为敌，两面开战，便答应将淮北的南乡、顺阳、新野、舞阴等十二郡归还给东晋。这件事让刘裕的声望进一步提升。义熙二年（406），刘裕因功受封豫章郡公。

义熙三年（407）正月，侍中、扬州刺史、录尚书事王谧死后，刘裕升任侍中、车骑将军、开府仪同三司、扬州刺史、录尚书事、徐兖二州刺史，正式入掌朝政大权。

东晋自建立以来，时时面临着北方的威胁。祖逖、庾亮、褚裒、殷浩、桓温都先后北伐过，但无一成功。义熙五年（409），慕容超继任南燕皇帝，纵兵肆虐淮北东晋各州郡，俘虏阳平太守刘千载、济南太守赵元，驱掠了千余家百姓。

南燕的势力范围仅限黄河下游部分州县。南燕主动侵扰东晋是一种战略藐视。如果东晋不作出反击，那么中原其他政权，也会趁机进攻东晋。刘裕决定趁机兴师北上，彻底消灭南燕，外扬声威，收复中原领土。

为抗击南燕，刘裕在义熙五年（409）四月亲自率军从建康溯淮水入泗水，向南燕发起全面进攻。一个月后，他率晋军到达下邳，留下船舰、辎重，改由陆路进军到琅琊。为防南燕派出奇兵断后，他命令在晋军所过地方都修筑城垒，留兵防守。

南燕由后燕与北魏争雄失利后一部分尚未北逃的贵族建立。他们打不过北魏军，但在晋军面前恃勇轻敌，根本不将东晋放在眼里。慕容超没采纳公孙五楼"占据险要之地""坚壁清野""断晋粮道"的策略。当年六月，刘裕所部晋军未遇抵抗，经过莒县，翻越大岘山，直逼南燕境内。

慕容超先派公孙五楼、贺赖卢、段晖等人率五万步骑兵进据临朐。得知晋军已过大岘山，他自率四万步骑兵作为后援。南燕军到临朐后，慕容超派公孙五楼率骑兵在前面，控制临朐城南巨蔑水 ①。公孙五楼所部南燕军与孟龙符所部晋军遭遇，一场激战后败走。刘裕命令四千辆战车分成左右翼，兵车相间，骑兵在后，逐步向前推进，对南燕军紧追不舍。

晋军进抵临朐南后，慕容超派精锐骑兵前后夹击。两军拼力厮杀，胜负未决。为了打破僵局，刘裕采纳参军胡藩的计谋，派胡藩、檀韶、向弥率一支精锐晋军，悄悄绕到南燕军背后，乘虚攻克临朐。慕容超被打了个措手不及，单骑逃往城南段晖所部营中。刘裕趁机纵兵追击，大败南燕军。段晖等十余南燕将领被斩杀。慕容超侥幸逃回广固 ②。

刘裕率晋军乘胜追击北上，攻克广固外城。慕容超被迫率残部退守广固内城。刘裕下令晋军将士筑围，死死困住广固内城，同时招降纳叛，争取民心，就地取粮养战。慕容超被困于广固内城，派使者赶往后秦求援。

同年七月，后秦皇帝姚兴派姚强率一万步骑兵，与洛阳守将姚绍所部会合，然后统兵一起去救援南燕。与此同时，姚兴派使者向刘裕宣称，已经派出十万后秦军屯驻在洛阳，如果晋军不迅速撤回，后秦军将长驱进攻东晋。面对赤裸裸的战争威胁和讹诈，刘裕并没惊慌，很快识破姚兴在虚张声势，不为所动，继续率军围攻广固内城。

不久，后秦局势发生巨大转变。在贰城，姚兴率后秦军与赫连勃勃率的大夏军决战，惨败。姚兴命令姚强率后秦军撤回国内加强防御。慕容超长时间被困在广固内城，等不到后秦援兵，准备向东晋割地称藩，以求刘裕撤军结束战争。刘裕此次出兵目的是灭掉南燕，振奋晋军士气，坚决拒绝割地称臣求和。鲜卑慕容家族向晋朝称臣然后反叛的事件，在历史上发生过多次。在各方面占据优势情况下，刘裕答应慕容超求和，无疑是放虎归山。双方在广固内城继续对峙。

---

① 巨蔑水，即今山东弥河。

② 广固，南燕都城，在今山东青州西北。

义熙五年（409）九月，刘裕截获去后秦借兵的南燕使者韩范。他命令韩范绕城而行，向广固内城喊话，说后秦救兵无望。广固内城的守军惊恐。十月，在降将张纲帮助下，晋军制成飞楼、冲车等攻城器具，极大提升进攻能力。晋军利用飞楼、冲车等器具强行攻城，南燕军拼死作战，固守待援。这一僵持，又过去了几个月。

义熙六年（410）二月，贺赖卢、公孙五楼率南燕军挖地道，出城反击晋军。晋军并未放松警惕。发现南燕军后，晋军迅速击败他们，把他们逼回内城。随后，刘裕趁机率军从四面攻城。悦寿打开城门迎降。晋军攻入广固内城。慕容超率数十骑突围时，被晋军追获。南燕灭亡。

这是晋军与南燕军之间一场旷日持久的攻坚战。作为进攻的一方，晋军付出了巨大代价。入城后，刘裕以广固久守不降为由，下令杀死王公以下三千人。慕容超被押送回建康，在建康街头斩首示众。五胡乱华以来，东晋首次凭一己之力消灭胡人政权，极大提升了朝野的信心。刘裕的声望再次获得巨大提升。

不幸的是，因东晋长期世族门阀势均力敌的政治环境，刘裕北伐空前的成功引发内部惊恐。一些对刘裕不满的世族门阀，相继发动武装叛乱。刘裕不得不将主要精力从征伐中原转移到镇压反对派上。

二、镇压叛逆，成功灭蜀

刘裕一举消灭南燕，无论是中原人，还是江南人，都对他刮目相看。对东晋来说，这未必是什么好事。因为有些人坐不住了，爆发了一起又一起的内乱。

义熙六年（410），趁刘裕率军在中原作战，岭南的卢循、徐道覆起兵叛乱，一起进攻江州。

卢循这个人身份比较独特。他是孙恩反军的余部首领。义熙元年（405）四月，卢循派使节到建康进献贡品。当时，刚刚诛灭桓玄，内外多事，朝廷没精力派兵去镇压卢循反军。四月二十一日，朝廷任命卢循为征虏将军、广州刺史、平越中郎将，徐道覆为始兴相。造反的卢循转身成为地方官员。

徐道覆得知刘裕率晋军北伐南燕，派人劝说卢循乘朝廷空虚之机率军袭击建康城。卢循没听从。徐道覆又亲自来到番禺，游说卢循："我们住在五岭以南，难道你以为是因为理应如此，且乐意把它传给子孙吗？我们是因刘裕力量强大，很难跟他为敌，才这样的。如今，刘裕率军集结在坚固的城池之下，什么时候回来还说不定。我们用希望回到故乡的敢于拼命的士兵，突然进攻何无忌、刘毅那些小辈，不过像把手掌翻过来那样容易而已。不趁这个时机起事，只是追求一天的平安，朝廷却一直把你当作心腹大患。如果刘裕平定三齐，让军队休息一两年，再先用诏书征召你进京。随后，刘裕亲自在豫章屯兵，派几个将领率军翻过五岭，即使你再神机勇武，恐怕也不一定能抵挡。如今，这个机会是万万不可错过的。如果我们抢先攻克建康，把他们的根基全部摧毁，即使刘裕回来，也没有什么办法。你如果不同意，我就率始兴的兵直接进攻寻阳。"卢循不愿意起事，却没说服徐道覆的办法，只好同意。

当初，徐道覆秘密造船，派人到南康山砍伐造船用的木材，谎称要到下游城中卖。后来，徐道覆谎称劳力少无法运到下游，在始兴廉价出售，价格比市面上低好多，百姓贪图便宜，卖掉衣物，争相购买木材。赣江水流急且多石，出船难，木材都储存在当地。因这样许多回，百姓船板积存得极多，却没任何怀疑。徐道覆起兵后，根据卖木材收据一一索取，不准隐藏不报。许多人拼装战船，十多天便完成。卢循率军从始兴出发，进犯长沙，徐道覆率军进犯南康、庐陵、豫章诸郡、所到之处，地方官员都放弃职守逃跑。

镇南将军何无忌率晋军从寻阳出发，迎击徐道覆所率反军。三月二十日，在豫章，何无忌与徐道覆所率反军遭遇。何无忌兵败阵亡。不久，卢循率反军向北方进犯，派徐道覆率反军进攻寻阳，亲自率反军攻打湘中各郡。荆州刺史刘道规率军迎战卢循所率反军，在长沙战败。卢循所率反军进攻到巴陵，准备直奔江陵。徐道覆得知刘毅所部晋军就要攻过来，派信使飞马报告卢循，建议集中兵力，先一举击败刘毅所部。卢循当天便率军从巴陵出发，与徐道覆所部反军会合，然后顺流而下。当时，反军有十万人，数千艘战舰。

五月初七日，在桑落洲^①，卢循所部反军与刘毅所部晋军展开决战。刘毅所率晋军大败。刘毅扔掉船只和堆成小山的军需物资，只带着几百名部下步行逃走。反军一直追击到江宁，俘虏刘毅所部其他士兵。

朝廷得知卢循所部造反后，急忙征召刘裕率军返回建康。刘裕率晋军刚灭掉南燕，收到诏书，立即撤回建康。过山阳时，刘裕得知何无忌已战死，便加速回防建康，在四月完成建康布防。

卢循率反军抵达寻阳时，听说刘裕已经北伐回师，有些不相信。击败刘毅所部晋军后，卢循才从俘虏口中证实刘裕返回的消息。他和党羽们面面相觑，脸色大变。卢循准备率军退回寻阳，然后攻克江陵，占据荆州。徐道覆有胆略和决断力，准备率反军与晋军拼死一战，对卢循说应该趁胜发起进攻，且坚持要率军继续进攻。卢循犹豫好几天，最终依从了徐道覆。

五月十四日，卢循率反军抵达秦淮河口。建康城内外戒严。徐道覆建议从新亭进军白石，然后烧掉战船登陆，分几路进攻刘裕所部晋军。卢循多智谋而少决断，以尽可能保险为目的，对徐道覆说："我们大军还没有到，只听见一些风声，孟昶便被吓得自杀。根据大趋势来判断，敌人会在几天内崩溃散乱的。现在，决定胜负也就是一个早上的事，一味凭侥幸在战场投机取利，既不是能战胜敌人的办法，也会损伤我们的士兵。我看，不如按兵不动，等他们上来。"

徐道覆因卢循疑心太重而缺决断，叹息说："我终将被卢公耽误了，事情一定不会成功。"

① 桑落洲，是古之练兵地，在今安徽省宿松县汇口镇程营村和归林村一带。

刘裕担心卢循所部反军突然发起袭击，采纳虞丘进的建议，砍伐树木，在石头城和秦淮河口等地立起栅栏。卢循把伏兵布置在秦淮河口南岸后，命令一些老弱将士坐船向白石发起进攻，声称所有军队将从白石登岸作战。刘裕并没被迷惑，下令留下沈林子、徐赤特等人率军守卫南岸，负责切断通往查浦的交通，叮嘱他们坚守阵地，不要轻举妄动。随后，刘裕、刘毅、诸葛长民等人率军向北，亲自迎击卢循所部反军。

五月二十九日，卢循反军火烧查浦，进攻张侯桥，大败徐赤特所部晋军。徐赤特乘船逃往秦淮河北岸。沈林子、刘钟等人率晋军守栅栏，奋力作战，朱龄石也率援军赶来援助。卢循所部反军作战失利，被迫撤退。卢循率一支精锐反军急进，迅速攻到丹阳郡。卢循不久因攻打栅栏失利，战舰遭暴风吹翻，淹死的人非常多，率反军在南岸列阵交战，再次大败。东晋局面才真正好转。

六月，卢循反军进攻京口，掠夺各县，但什么都没有抢到。卢循对徐道覆说："军队出征时间太长，已经疲惫不堪，我看，不如回到寻阳，合力攻取荆州。这样，我们占据三分之二的天下，可以慢慢地与建康争夺天下。"

七月初十日，卢循率反军从蔡州向南撤，退回寻阳，同时留下范崇民率五千人据守南陵。七月十四日，刘裕派王仲德、刘钟、蒯恩、孟怀玉等人率晋军追击，亲率大军随后进击。在雷池，刘裕率晋军打败卢循所部反军。

卢循想逃回豫章，拼全力在左里设置栅栏。见状，刘裕命令晋军全力进攻栅栏。卢循所部反军虽然死战，但最终不能抵抗住晋军进攻。卢循战败，单船逃走，收拢一千多名逃散士兵后退回广州。

刘裕已经抢先派孙处率军从海道占据了番禺城。卢循率反军攻城不下。徐道覆退保始兴，依险固守。卢循转而率反军袭击合浦。攻克合浦后，他率反军继而进攻交州。到龙编时，杜慧度用巧计击败卢循所部反军。

卢循所部反军势力丧败。卢循知道不能免死，先毒死妻子儿女十余人，随后召集伎妾们说："我现在要自杀，谁愿意跟我一起死？"多数人说："麻雀老鼠还贪生呢，让我们去死实在是强人所难。"有的说："你尚且准备死，我岂能想活着！"卢循下令把那些不愿随死的伎妾全部毒杀，然后投水自尽。卢循反叛至此彻底失败。

卢循反叛是孙恩起义的延续，是江南世族门阀反晋朝统治的侧面反映。刘裕成功镇压卢循反叛后，在义熙七年（411）班师回到建康，受太尉、中书监职位。东晋依旧不稳定。另一个北府兵旧将刘毅逐渐按捺不住。

刘毅自认为能力不亚于刘裕，在表面上拥戴刘裕，内心却极度妒恨，不服刘裕。刘裕宽容刘毅，刘毅却越来越骄纵跋扈，多次阻挠刘裕推行政令和布置人事，还准备扩充自己势力，伺机击败刘裕。在镇压卢循叛乱时，刘毅多次战败。刘裕率晋军镇压卢循反军时，皇帝司马德文诏令刘毅主持内外留守事务。

刘裕率军镇压卢循反军，刘毅在后方也做出较大贡献。义熙八年（412）四月，刘毅因功升为都督荆宁秦雍四州及司州河东、河南、广平，扬州义城四郡诸军事、卫将军、开府仪同三司、荆州刺史，持节，开国公不变。趁此机会，刘毅上表请求加强广州防御。皇帝又加任刘毅都督交州、广州二州。这样，刘毅成为足以制约刘裕的强大实力派。

到江陵后，刘毅擅自选取江州士兵及豫州西府文武将佐一万余人，留用不遣散，又以疾病困苦，请求皇帝派刘藩出任佐官。刘裕因刘毅存心背叛他，上书奏报朝廷。皇帝司马德文下诏宣布刘毅的罪恶，下令杀死刘藩和谢混。

刘裕亲率军队讨伐刘毅，命令王弘、王镇恶、蒯恩等人率军进驻豫章口。在江津烧毁舟船后，他们继续向前挺进。朱显之与王镇恶所部遭遇后，率所属一千人奔赴江陵去保护他的上司刘毅。

王镇恶等人率军一直前进，于同年十月率军到豫章口。他们攻下江陵外城后，刘毅被迫率残部防守内城，率数千精兵全力作战。王镇恶派人向刘毅出示诏书、敕文以及刘裕的亲笔书信。刘毅非常愤怒，不看，就将它们即时烧毁。刘毅的部众得知刘裕亲自率军来镇压后，顷刻间没了斗志。王镇恶下令焚烧城门，率军不间断地进攻。刘毅部众溃散。他趁乱率三百多人从北门突围逃走。

突围到外城后，刘毅率三百多人冲击王镇恶所部晋军，不能成功，便回攻疲累的蒯恩所部晋军，最终成功从外城东门逃出江陵。刘毅率残部逃到江陵以北二十里的牛牧寺时，准备投宿。寺中僧人拒绝刘毅等人留宿。刘毅深感绝望，自缢而死。一夜过后，当地百姓报告官军，刘毅的尸体被拖到街市上斩首示众。

刘裕率军攻克江陵，逐步消灭刘毅的残余势力，成功吞并豫、江二州。鉴于江州、荆州凋敝残破，法令残缺不全，百姓疲惫匮乏，为赋税劳役所困，难以为生，刘裕下令减免税役，同时一律免除对未作军用的州郡县的屯田、池塘、边塞税收，一律放还因战争被征发的百姓。

消灭刘毅后，刘裕没丝毫松懈，又策划伐蜀。义熙八年（412）十二月，刘裕不顾他人反对，破格提拔朱龄石为益州刺史，命令朱龄石、臧熹、蒯恩、刘钟、朱林等人一起率两万军队伐蜀。刘裕将作战策略写成密函，交给朱龄石，特别叮嘱他到白帝才能打开看。从江陵出发后，晋军上下一直都不知从哪条道路进攻蜀地。谯蜀也无从以晋军势态察知刘裕的图谋。

到白帝城，朱龄石看了密函内容后，率军加快速度前进，出其不意，攻其不备，绕过谯蜀设置的防御阵线，一举攻占益州，灭掉谯蜀，还趁胜出击汉中，反攻仇池守军。仇池一溃千里，被迫撤出汉中，献上降表，向东晋称臣。

义熙九年（413）时，刘裕成功镇压内部反对者，将蜀地再次纳入东晋统治范围，进一步巩固了权威，为实现他的政治理想奠定了基础。

三、发愤图强，改天换地

从东晋建立以来，朝廷纲纪松弛紊乱，世族门阀之间互相兼并，百姓流离失所，不能保持产业。寒族出身的刘裕掌握朝政后，面对内忧外患，不得不一边全力消除内外忧患，一边采取措施进行整顿，力图从根源上纠正弊病。

东晋是晋朝在江南的延续。东晋用人"举贤不出世族，用法不及权贵"，世族门阀子弟天生可以做大官，做大官也横行不法，而寒门庶族子弟，只有极少人遇到世族门阀子弟全力推举，才可能有发挥才干的机会。

东晋皇权旁落，世族门阀挟持皇帝专横，彼此之间相互斗争。北方南下世族门阀持续侵犯江南经济，排挤南方世族门阀入朝做官。在政治及经济上，南北世族门阀的冲突一直存在。不仅如此，世族门阀歧视寒门庶族，与朝廷分庭抗礼。朝廷与方镇对立，世族门阀相互攻击，东晋始终动荡不安。后期皇室崛起，司马道子父子当权，贪污奢侈，政治败坏到无以复加的地步，百姓负担沉重，社会矛盾加剧。

刘裕出身寒门庶族，依靠军功和手下北府兵，登上历史舞台，开创寒人掌权局面。为巩固政权，刘裕不得不在政治、经济、军事方面全面矫正弊政，加强集权，铲除分裂割据势力，同时还要努力发展经济，实施北伐，消除外部威胁。因而，刘裕掌控下的东晋到了不得不进行大变革的时候。

吏治一直是晋朝顽疾。刘裕掌权后，就整顿吏治，毫不手软，罢掉或处死许多世族门阀或皇族出身的官吏，即使是亲信功臣中有"骄纵贪侈，不恤政事"的人，他也严厉惩罚，该处死的毫不犹豫地处死。

与吏治紧密相关的是选才。东晋朝廷和州郡大权一直掌握在王、谢、庾、桓四大家族手中，选拔官吏主要依据门第。"上品无寒门，下品无势族"，朝廷选出的官吏多是无才无识之辈。刘裕掌权后，下令按照初置九品中正制时的精神选拔人才，唯才是举，不依照出身。像他一样出身寒微的人，例如刘穆之、檀道济、王镇恶、赵伦之等，有才华，都获得了重用。

不仅如此，刘裕还恢复秀才、孝廉策试制度。之前，州郡所举荐的不经策试的秀才、孝廉，多非其人，大多是靠门第关系进来的。义熙八年（412），刘裕上表，请求遵循旧制，并主张用考试来甄别。通过人才选拔，他将决定权集中到朝廷，限制和打击世族门阀的势力。

土地兼并是晋朝社会不稳定的根源。刘裕出身寒族，对土地兼并感同身受。义熙九年（413），刘裕下令实行土断①政策，抑制土地兼并。除南徐州、南兖州、南青州在晋陵②界内，不在土断之列，其余的都依界土断。多数侨置郡县被合并或取消，归入本地郡县。在户籍上，不再分土著和侨人。对世族门阀隐藏户口的，严厉清查；禁止世族门阀封锢山泽、乱收租税，百姓可任意樵采捕捞。会稽余姚世族门阀虞亮抗命，藏匿了千余亡命的人。刘裕果断将虞亮处死刑。见此，其他世族门阀肃然。这次土断比较彻底，成功打击了世族门阀势力，对维护朝廷兵役来源和租赋收入起了重要作用，也使刘裕赢得了广大中下层百姓的拥护。

整顿赋税制度是刘裕获得民心的又一重要措施。他下令减轻杂税、徭役等，严禁地方官吏滥征租税、徭役，规定租税、徭役都以现存户口为准。凡是州郡县官吏利用官府之名占据的屯田、园地，一律废除。

东晋末年，置官滥乱，给百姓带来沉重负担，刘裕发现弊端后，也能及时制止，规定"荆州府置将不得过两千人，吏不得过一万人；州置将不得过五百人，吏不得过五千人"。等他继位后，他还果断下令免去一些苛捐杂税，一律放还那些原来因战争需要被征发的人。

为贯彻轻徭薄赋政策，刘裕继位后，下令凡宫府需要物资都要到

---

① 土断，指为解决侨置问题而推行的整理户籍及调整地方行政区划的政策，主要内容指划定州、郡、县领域，居民按实际居住地编定户籍，即以土著为断。

② 晋陵，在今江苏镇江、常州一带。

市场采购，照价给钱，不得向百姓征调。又下令官员不可征百姓的车牛，也不能以官威逼迫百姓献出车牛，减省繁多的交易税项，以便利商业交易。

他还对东晋以来苛刻的刑法也进行改革，且非常注重学校教育，改善社会风气。刘裕认为，东晋末年以来，学校荒废，便下令选备儒官，弘振国学。

通过对政治、经济的整顿，刘裕打击腐朽、黑暗的贵族、世族门阀势力，改善了政治和社会状况，对百姓痛苦也有所减轻。他的改革彻底终结魏晋以来皇室与世族门阀共治天下的政治模式，通过一系列举措限制世族门阀特权，削弱世族门阀经济实力，标志着中央集权政治模式经历魏晋以来低潮波折后开始走向复兴。

在进行改革的同时，刘裕也没放松整合内部势力。因为刘裕崛起后，许多既得利益者因各种原因造反。刘裕镇压刘毅造反后，宗室司马休之占据荆州。司马休之拥兵自重，利用荆州兵与北府兵的旧怨，收买荆州当地民心。

正当刘裕想武力征服司马休之时，义熙十年（414），司马休之的儿子司马文思在建康城招集轻侠，欲谋杀刘裕。事情泄露后，刘裕抓住司马文思等人交给司马休之，让他酌情处置。司马休之并没杀司马文思等人，只是上表请求废除他的谯王爵位，写信向刘裕道歉。刘裕对司马休之大感不满，坚定了武力解决的决心。

义熙十一年（415），刘裕下令杀死司马休之二儿子司马文宝及侄子司马文祖，出兵讨伐司马休之，自加黄钺，兼任荆州刺史。司马休之上表罗列刘裕的罪状后，起兵反抗。雍州刺史鲁宗之自感不被刘裕所容，与司马休之联结，联合起兵。初战，司马休之所部占优势。刘裕亲自率军猛攻，最终击溃司马休之反军。义熙十一年（415）四月，刘裕率军击败司马休之反军四万多人，攻占江陵，直捣襄阳。司马休之及鲁宗之等人被迫北投后秦。

自桓玄作乱以来，南方各大割据势力全部灭亡，归为一统。刘裕获得剑履上殿、入朝不趋、赞拜不名的崇礼。义熙十二年（416）正月，刘裕加任平北将军、兖州刺史、都督南秦州诸军事。至此，刘裕已经都督徐州、南徐、豫、南豫、兖、南兖、青、冀、幽、并、司、郢、荆、江、湘、雍、梁、益、宁、交、广、南秦共二十二州。

义熙十二年（416）正月，刘裕的权势到达空前状态，晋朝在江南的领土得到空前统一，中原又发生巨大变化。后秦皇帝姚兴死了，姚泓继位。后秦内部叛乱迭起，政权不稳。在刘裕北伐时，后秦曾援助过南燕。刘裕早想灭掉后秦。这一刻，刘裕认为灭亡后秦的机会来了。

义熙十二年（416）八月，刘裕任命刘穆之为尚书左仆射，负责内总朝政，外供军粮，亲自率晋军分四路北伐后秦。刘裕率军一路北进。由于北魏不肯借路，还一路派出小股骑兵骚扰，刘裕不得不一边派兵攻击骚扰的魏军，一边沿着黄河向西前进。东军进展非常缓慢，在中原时几乎变成晋军与北魏军作战。

为击败北魏军袭扰，刘裕命令数千勇士，车百乘，由丁旿、朱超石率领，携带强弓利箭，登上黄河北岸，列阵而进。长孙嵩率三万北魏骑兵从四面围攻晋军。晋军拼力死战，北魏军被利箭射杀的非常多，死尸堆积遍地。北魏将领阿薄干战死。北魏军败退。朱超石率胡藩、刘荣祖等部晋军追杀，又斩俘了一千多人。此后，北魏军只是远远跟踪着晋军。

到义熙十三年（417）八月，刘裕才率晋军主力到达潼关，与先期到达的诸部晋军会合。随后，几路晋军逼向长安。姚疆和姚难率后秦军迎战，被王镇恶率晋军击败。姚疆战死，姚难逃回长安。姚赞得知晋军迫近长安，率后秦军从定城退往郑城（今陕西华州）。刘裕率晋军主力随之逼近。后秦皇帝姚泓谋划先消灭沈田子所部，再抵御刘裕所部，率数万步骑兵急忙赶到青泥。出乎意料，姚泓所率后秦军被沈田子所部击败。姚泓率军退回长安时，长安已被王镇恶率晋军一举攻占，被迫率群臣投降。后秦灭亡。刘裕率晋军又灭掉一个国家。

义熙十三年（417）冬天，刘裕率晋军进入长安不久，传来负责

"内总朝政，外供军粮"的尚书左仆射刘穆之病死的消息。刘裕召集文武将佐讨论后，留下他十二岁的儿子刘义真以及王修、王镇恶、沈田子等人一起镇守长安，自己班师回朝。刘裕东归后，赫连勃勃率大夏军抢占潼关，率军进攻长安。在关键时刻，留守长安的官员发生内讧，沈田子杀王镇恶，王修杀沈田子，义真又杀王修。刘裕得到消息，惊恐不已，急令朱龄石负责率晋军镇守长安，命令刘义真速回建康。赫连勃勃率大夏军趁机进攻。一番恶战后，朱龄石阵亡，刘义真单骑逃逸。

长安得而复失，良将精兵损失颇多。不过，潼关以东收复的土地和河南地区仍然在晋军掌控中。经过两次北伐，晋军占领黄河以南、淮水以北以及汉水上游大片地区。东晋国土面积空前强大。

巨大军功使刘裕在朝廷地位显赫无比。义熙十四年（418），刘裕出任相国、总百揆、扬州牧，以十郡建宋国，受封为宋公，受九锡殊礼。元熙元年（419）正月二十八，皇帝司马德宗死去，刘裕拥立司马德文为皇帝。同年，刘裕晋爵宋王，宋国又加十郡增益。

元熙二年（420）六月，刘裕代晋称帝，他改国号为宋，改元永初。东晋灭亡。刘裕以司马氏为前车之鉴，削弱强藩，集权中央。鉴于荆州屡为祸乱之源，他裁并荆州辖区，限制其文武将士额员。他还适当降低农民租税，废除苛繁法令，让百姓在宽松环境中休养生息，发展生产。魏晋以来，皇室、官府崇尚奢华。刘裕出身孤寒，知道稼穑艰辛，因而平时清简寡欲，生活节俭，不喜奢侈，尽力让百姓负担轻松点。

刘宋永初三年（422），刘裕计划出征北魏，但因患病而作罢。五月，刘裕病重，遗命徐羡之、傅亮、谢晦及檀道济为顾命大臣，辅佐太子刘义符。不久，他在西殿死去，刘义符继位。之后，徐羡之、谢晦等人发动政变，改立刘义隆为皇帝。刘义隆继续刘裕所制定的政策，全力发展经济，谋划军事，筹划北伐中原。

南朝宋与北魏进入南北朝对峙状态之中。以世族门阀执政为主要特征的魏晋也随刘裕死去而进入历史中。